¿QUÉ SIGUE?

20 LECCIONES PARA SER CIUDADANO ANTE UN PAÍS EN RIESGO

¿QUÉ SIGUE?

20 LECCIONES PARA SER CIUDADANO
ANTE UN PAÍS EN RIESGO

DENISE DRESSER

El papel utilizado para la impresión de este libro ha sido fabricado a partir de madera
procedente de bosques y plantaciones gestionadas con los más altos estándares ambientales,
garantizando una explotación de los recursos sostenible con el medio ambiente y beneficiosa para las personas.

¿Qué sigue?
20 lecciones para ser ciudadano ante un país en riesgo

Primera edición: noviembre, 2023

D. R. © 2023, Denise Dresser

D. R. © 2023, derechos de edición mundiales en lengua castellana:
Penguin Random House Grupo Editorial, S.A. de C.V.
Blvd. Miguel de Cervantes Saavedra núm. 301, 1er piso,
colonia Granada, delegación Miguel Hidalgo, C.P. 11520,
Ciudad de México

penguinlibros.com

ISBN: 978-607-383-853-5

Impreso en México – *Printed in Mexico*

Para el dueño de Óscar

Uno no escoge el país donde nace,
pero ama el país donde ha nacido.
Uno no escoge el tiempo para venir al mundo,
pero debe dejar huella de su tiempo.
Nadie puede evadir su responsabilidad.
Nadie puede taparse lo ojos, los oídos,
enmudecer y cortarse las manos...
Gioconda Belli

La historia juzgará a los cómplices
Anne Applebaum

ÍNDICE

AGRADECIMIENTOS

Este libro me salió a borbotones. Lo escribí con urgencia al ver la situación en la que se encuentra México, y lo que nos espera si seguimos por el mismo camino. Nació de la indignación, como gran parte de mi trabajo. Nació de lo que empecé a percibir en las clases de Política y Gobierno de México y Política Comparada I que enseño en el Instituto Tecnológico Autónomo de México (ITAM). Sentía que mis alumnas y alumnos sabían poco de la época autoritaria del PRI, de cómo se logró la transición a la democracia electoral, y por qué lo que se hizo mal —o se dejó de hacer— llevó a la elección de Andrés Manuel López Obrador. Las discusiones en el aula comenzaron a cambiar; se centraban menos en el análisis del sistema político y más en la figura de AMLO. Como en los viejos tiempos de la presidencia imperial, para entender al país, teníamos que descifrar el pensamiento del presidente. Y eso era una mala señal para la democracia, para la política pública, para el manejo económico.

Además, al escudriñar al mundo y compararlo con México, era cada vez más evidente que nuestro país había ingresado al club deshonroso de las democracias en proceso de erosión. En diversas latitudes crece el número de regímenes liderados por hombres democráticamente electos, que llegan al poder y una vez ahí se valen de las instituciones de la democracia para desmantelarla. Hay una literatura creciente de lo que se conoce como *democratic backsliding*, y México cumple con casi todos los criterios de un proceso pernicioso a nivel global, junto con Hungría, Turquía, Tailandia, Filipinas, Polonia e incluso Estados Unidos, influenciado por Donald Trump. Hay un ciclo histórico ocurriendo en el mundo, y —como analistas y ciudadanos— nos corresponde determinar si nuestro país está entrando a una nueva versión del autoritarismo con fachada democrática. Es imperativo acordarnos de nuestra historia autocrática, para impedir que resurja y frenar la regresión antes de que sea demasiado tarde. Timothy Snyder hizo lo mismo en *Contra la tiranía: lecciones del siglo XX*; una advertencia para las nuevas generaciones del siglo XXI de lo que ya se padeció y podría volver a pasar si no reaccionamos a tiempo.

Las señales recientes deberían preocuparnos. En nombre de la agenda del combate a la corrupción y la pobreza, López Obrador ha ido desmantelando pesos y contrapesos incipientes, ha debilitado instituciones creadas para ser autónomas, y ha tomado control discrecional del presupuesto para manejarlo a su antojo, sin proveer garantías de ascenso social para los pobres a futuro. Argumentando que las policías no pueden lidiar con la crisis de violencia e inseguridad, le ha otorgado poder sin precedentes a las Fuerzas Armadas, que actúan sin controles civiles. Hoy el Ejército es un pilar de la llamada Cuarta Transformación, sin que ello se haya traducido en una pacificación necesaria del país. La intención es edificar un sistema de partido dominante —antes fue el PRI, ahora lo será Morena— pero con un gobierno militarizado. Su guion ha sido el de otros hombres fuertes que concentran el poder para llevar a cabo cambios fundacionales, insistiendo que ellos representan al pueblo, promoverán la democracia "real", y encararán a élites inmorales y rapaces. Los resultados contradicen esa narrativa.

El estilo personal de gobernar de López Obrador, y la forma en la cual quiere asegurar la continuidad vía la selección personal de su sucesora, atándole las manos con las Fuerzas Armadas, constituye una forma de regresión democrática. AMLO ha erosionado, con palabras y hechos, la institucionalidad deficitaria, reemplazándola con el poder concentrado en un solo hombre, rodeado de verde olivo. Por improvisación, por prisa, y por mala administración, heredará un montón de bombas de tiempo. Ello no augura ningún bien para el futuro del país, gane quien gane, gobierne quien gobierne. El asalto institucional tiene serias implicaciones para las libertades, los derechos humanos, la política social y la posibilidad de la paz. El lopezobradorismo ha hecho más difícil la tarea pendiente de construir un país moderno, próspero e incluyente en el futuro.

México tiene una larga historia de colocar su destino en manos de una sola persona providencial, mientras zigzaguea de crisis en crisis, de oportunidad perdida en oportunidad perdida. La gobernanza performativa de los últimos años, más interesada en la popularidad que en los resultados, nos está conduciendo por un camino conocido: no a una democracia plural, y no a un país que aspira a la modernidad compartida, sino a una cleptocracia sin leyes, con una nueva élite propensa a la corrupción, apoyada por personas que deberían combatir ese desenlace en lugar de apoyarlo.

Mis conversaciones con la historiadora Anne Applebaum imbuyen el escrito, por las similitudes del caso mexicano con los que ella conoce a fondo como Polonia, Hungría y Rusia. Su propio trabajo se centra en entender cómo cualquier sociedad —dadas ciertas condiciones— puede volcarse a favor del autoritarismo y darle la espalda a la democracia, o sentir que construye una versión más "verdadera" de ella.

Yo también he tratado de entender y explicar por qué tantos se sienten atraídos a un líder claramente no apto para gobernar, peligrosamente impulsivo, viciosamente connivente e indiferente a la verdad. ¿Por qué, en ciertas circunstancias, la evidencia de mendacidad, crudeza o crueldad no funciona como una desventaja fatal, y al contrario, atrae a seguidores ardientes? ¿Por qué personas, en otros tiempos congruentes, respetuosas de sí mismas y de los demás, se someten a las afrentas del autoritario, a su espectacular indecencia, y a su sentido de que puede hacer lo que se le dé la gana? Stephen Greenblatt aborda este tema milenario en el libro *El tirano: Shakespeare y la política*: en su obra, el dramaturgo describió de manera teatral el costo trágico de la sumisión —la corrupción moral, el desperdicio masivo del tesoro nacional, la pérdida de vidas— y los pasos heroicos y desesperados que se necesitan para devolverle la salud a un país dañado. Aquí no encontrarán una defensa del pasado, pero sí una explicación sobre cómo errores que no se corrigieron en sexenios anteriores fueron aprovechados por AMLO para instalar el tipo de gobierno que ha instalado. Uno que debió corregir los males heredados, pero terminó exacerbándolos.

No estoy argumentando que AMLO sea un tirano, pero sí ha creado las condiciones para que la sociedad mexicana abrace pulsiones autoritarias que en el pasado combatió. Este libro es una réplica para quienes lo aman desaforadamente, aplauden la continuidad prometida por Claudia Sheinbaum, y no se fijan en lo que ha destruido o el legado que dejará.

El problema no ha sido solo un hombre que goza la dominación, el bullying a quienes lo cuestionan, la mofa y el insulto. La responsabilidad también recae en una fatal conjunción de respuestas autodestructivas de quienes lo rodean y lo justifican. Quienes en el ámbito político, intelectual y periodístico han sido atraídos irresistiblemente a normalizar lo que no es normal. Quienes no pueden resistir las grandes mentiras, reiteradas sin pudor. Como escribe Greenblatt, el autoritario siempre encontrará verdugos dispuestos.

Escribí estos textos para que tú no seas o no te conviertas en una facilitadora o un facilitador. Incluso los que callan y se imaginan libres de culpa, la comparten. El poder siempre busca marginalizar a los escépticos, crear confusión y acallar la protesta vilipendiando a quienes protestan. Como le digo a mis alumnos, no quiero que tú seas de los que permita el vuelco al pasado por indiferencia o miedo o porque piensas que lo que hagas no importará. No quiero que dejes de resistir y aquí van 20 lecciones para hacerlo. Para que cultives el juicio independiente en lugar de sucumbir a la seducción autoritaria y promuevas la decencia colectiva en lugar de la polarización populista. Para que seas ciudadano ante un país en riesgo.

He presentado las ideas en forma de 20 lecciones: breves ensayos repletos de historias, anécdotas, reflexiones personales y citas de los textos que me han guiado durante este periodo. Ojalá lo relatado sobre mí como analista, activista y mujer ayude a ilustrar el significado de vivir y trabajar en un país en regresión democrática. Intento compartir lo que he aprendido, lo que enseño en el salón de clases, cómo he intentado usar la pluma y la voz para crear un dique ante la desdemocratización. En estas páginas encontrarás un testamento personal, y también una celebración de todos esos hombres y mujeres, alumnos y alumnas, activistas y periodistas cuya adscripción política principal es ser demócratas.

Muchas personas contribuyeron a la existencia de este libro. Las enlisto aquí aunque en realidad querría abrazarlas por caminar conmigo, vuelta al sol tras vuelta al sol, debatiendo desde la convergencia o desde la divergencia, pero animadas por la búsqueda de un México mejor. Anne Applebaum, Mario Arraigada, Carmen Aristegui, Maika Bernard, Carlos Bravo Regidor, Mariana Calderón, Pamela Cerdeira, Sofía Charvel, Julia de la Fuente, Martha Ferreyra, Rossana Fuentes Berain, Marta Lamas, Fernanda Muñoz Castillo, John Lear, Juan Pardinas, Julia Preston, Consuelo Sáizar, Mary Beth Sheridan, Jesús Silva Herzog Márquez, Francisco

Varela, Paula Sofía Vázquez, Andrea Viloria y Fernanda Zavaleta. Mis adoradas "Las Bravas": Maite Azuela, Ixchel Cisneros, Katia D'Artigues, Eréndira Derbez, Ivonne Melgar, Jaina Pereyra, Peniley Ramírez, Claudia Ramos, Marta Tagle y Gabriela Warkentin. Mi indispensable "Team Dresser": Perla Catalán, Yadira Mascorro, Valentina Muñoz Castillo, Karolina Poll, Olaya Reyes y Raymundo Roalandini. Mi editora invaluable, María del Carmen Vergara. Mis interlocutores en *Es la hora de opinar*. Mis colegas del ITAM. El equipo de Latinus. Mis compañeras de *Opinión 51*. El equipo de Penguin Random House. Los alumnos que me obligan a entender, explicar y argumentar de mejor manera. Mi madre Ana Eugenia Guerra. Mis padres adoptivos, Gabriela y Miguel Jáuregui. Mis tres hijos humanos y mis dos hijos perrunos. Y a tantos más que me leen, me escuchan, me reviran, me reclaman y me recuerdan el "amor perro" que le tengo a mi país.

El libro puede leerse como *Rayuela* de Cortázar. De corrido, de atrás para adelante, empezando con algunos capítulos, saltando otros para regresar a ellos después. Contiene veinte lecciones, pero ojalá el ejercicio de brincar a lo largo de ellas te lleve a crear veinte más. La respuesta a la pregunta ¿Qué sigue? también la debes responder tú.

INTRODUCCIÓN

LA SEDUCCIÓN AUTORITARIA

Alguna vez escuché a la historiadora Anne Applebaum decir que —para muchos— la democracia es como "agua de la llave". Parece que siempre está ahí. Le das vuelta a la manija y saldrá cristalina, aparentemente inagotable y a disposición cada vez que la necesites. Creemos que no es necesario cuidarla, mantenerla limpia, construir presas y diques, y a veces ir por ella, cargarla en una canasta sobre la cabeza, para evitar que se evapore o escasee. Durante al menos los últimos treinta años de la transición democrática, así la hemos percibido, así la hemos tratado. Como si jamás fuera a estar en riesgo. Nuestro "Manantial Mexicano" era un hecho dado, y no supimos entender que, dadas las condiciones apropiadas, "cualquier sociedad puede volcarse contra la democracia". Nuestro país actualmente corre ese riesgo.

Yo soy miembro de la generación de la transición democrática que empezó en los ochenta. Muchos ya no recuerdan cómo era el México autoritario y todo lo que hicimos para cambiarlo. Junto con tantos mexicanos y mexicanas fui a marchas y manifestaciones al Zócalo decenas de veces. Estuve ahí para protestar por el fraude de 1988, para recordar el 2 de octubre de 1968, para exigir la despenalización del aborto y el fin de los feminicidios, para celebrar la victoria de Cuauhtémoc Cárdenas en 1977, para vitorear cómo sacamos al PRI de Los Pinos en 2000, para protestar contra la militarización, para acompañar a las víctimas de la violencia y la guerra contra las drogas, para exigir justicia en el caso de la Guardería ABC, para impulsar #YoSoy132, para saber la verdad sobre Ayotzinapa, para presenciar la victoria de AMLO en 2018 y enarbolar más causas ciudadanas, antes y ahora.

Jamás pensé que estaría ahí defendiendo al Instituto Nacional Electoral de la evisceración planeada por un presidente democráticamente electo. Jamás imaginé que sería sacada de ahí a gritos y a empujones por un grupo de sus seguidores. Jamás preví que un gobierno ostensiblemente democrático colocaría vallas alrededor de Palacio Nacional para defenderse de mujeres reclamando justicia, a las que además gasearía y desacreditaría. Jamás creí que estaría ahí peleando batallas que muchos de mi generación considerábamos ganadas. Nadie iba a cerrar la llave de la democracia. La tarea pendiente era construir más llaves, asegurar la limpieza del líquido vital, lograr que llegara a todos.

Nunca preví que llegaría alguien a dinamitar las presas, despedir a los plomeros, vaciar los pozos, y dejarnos sin aquello que ya estábamos acostumbrados a beber. Quizás a veces el agua estaba turbia, o era insuficiente, o algunos trataban de jalarla para su molino, pero no concebíamos la posibilidad de una sequía provocada desde el poder. A pesar de los pleitos partidistas y las insuficiencias democráticas de las últimas décadas, no imaginábamos que un hombre trataría de volver a México un desierto, para controlarnos. Lastimosamente, así ha sido el sexenio de Andrés Manuel López Obrador. Un radicalismo inesperado que viola la Constitución, atenta contra los contrapesos, demuele a las instituciones, inventa enemigos existenciales, y va contra la democracia electoral, en aras de instalar un "autoritarismo competitivo".

Hemos presenciado un plan antidemocrático, cruel y conspiratorio, sin mandato para lo que hace, que exhibe intolerancia ante la complejidad y la competencia. Que demuestra alergia al pluralismo y al pensamiento divergente. Que revela ignorancia sobre las luchas de la transición y cómo fue impulsada desde abajo, por ciudadanos y ciudadanas que llevan años luchando para mejorar nuestra democracia deficitaria, para encarar la desigualdad, para combatir la corrupción, para ensanchar las libertades.

Pero las imperecederas pulsiones autoritarias y las viejas tradiciones se instalaron en Palacio Nacional. Lo que nunca se había ido del todo —la visión tutelar, los rasgos paternalistas, la vocación clientelar— fue revivido.

El presidente y sus lugartenientes han buscado desfigurar la historia de la transición y presentar sus causas inacabadas como un complot, en vez de una lucha por derechos. Quienes criticamos las falencias del gobierno y su aversión a las reglas democráticas no defendemos a García Luna, o encubrimos al Partido Acción Nacional (PAN), o toleramos a los corruptos, o respaldamos a los narcos o estamos en contra del pueblo. Quienes resistimos la erosión democrática lo hacemos para que nuestros hijos tengan una credencial de elector expedida por el INE y no por el gobierno; para que los funcionarios de casilla sean ciudadanos y no funcionarios del partido Movimiento de Regeneración Nacional (Morena); para que la oposición pueda contender en condiciones de equidad y no en elecciones de Estado, con resultados determinados por dedazos disfrazados. Para que México pueda ser un país más próspero, equitativo, en el que quepamos todos y no solo los que apoyan a un partido.

Escribí este libro por varios motivos. Primero para responder a la pregunta que me hacen con frecuencia, en clase tras clase, conferencia tras conferencia, entrevista tras entrevista: "¿Qué podemos hacer los ciudadanos?". Aquí va un esbozo de respuesta, con algunas sugerencias, a las cuales podrían añadirse decenas más. Pero también me motivó el deseo de hacerme cargo de mi voto y sus implicaciones: explicar, asumir responsabilidad y ayudar a corregir el rumbo antes de que sea demasiado tarde.

El día que ganó López Obrador publiqué una carta pública al presidente electo en la que manifesté mis sentimientos encontrados. La esperanza y la zozobra. La alegría y el temor. Gozo por lo que decidimos dejar atrás e inquietud ante lo que vendría. Reflexioné sobre cómo el voto se volcó en su favor, y por qué AMLO capturó el sentir de los indignados, los ignorados. Pensé que habían sido demasiados años de democracia diluida, transición trastocada, desigualdad creciente, pobreza lacerante. Demasiados años de instituciones puestas al servicio del poder y no del ciudadano. Y López Obrador, el insurgente, ofreció lo que tantos queríamos oír. La transformación. El rompimiento con el viejo régimen. Aunque lo hice con ambivalencia, voté por AMLO y el cambio que prometía. Me equivoqué. Reconozco lo que advierte el historiador Timothy Snyder en su libro *Sobre la tiranía*, el cual ha inspirado las reflexiones que comparto aquí. Él cita a Leszek Kołakowski: "En política ser engañado no es excusa".

Precisamente porque voté por López Obrador, mi responsabilidad de alertar sobre sus errores y sus pulsiones antidemocráticas es mayor. La militarización peligrosa, la captura del Estado contraproducente, el clientelismo reforzado, la concentración del poder en manos del presidente, y en las manos de las Fuerzas Armadas, impunes desde 1968, impunes hoy.

No quiero que ningún político o política nos vuelva a engañar o a seducir o a traicionar, y no quiero que tratemos de excusarnos si eso sucede. Este libro intenta ser una vacuna contra la seducción del autoritarismo, y un argumento a favor de la democracia como antídoto colectivo.

Comienzo con las excusas, las justificaciones, y las explicaciones que seguramente muchos compartirán, o al menos —ojalá— entiendan. En 2018 me animó el perfil de personas que avalaban al AMLO moderado, al AMLO pragmático, como Gerardo Esquivel, Tatiana Clouthier, Carlos Urzúa y Arturo Herrera. Me convenció el espíritu de renovación que los acompañaba, la promesa de la moderación que defendían. Millones de personas pensamos que había dejado atrás el radicalismo, el antinstitucionalismo, y la rijosidad rabiosa que lo caracterizó en el pasado. Creímos que los contrapesos construidos durante la transición democrática serían lo suficientemente robustos para contenerlo y encauzarlo. Supusimos que México había cambiado y sería inmune a la atracción seductora del presidencialismo protagónico.

Pero rápidamente comencé a escuchar las alarmas sísmicas. Los ataques a la prensa, el desdén al Congreso, la denostación a la Suprema Corte, la descalificación a la sociedad civil, la amputación del Estado, la división entre los "buenos" que apoyan incondicionalmente al gobierno y los "malos" que lo son solo por cuestionar. Muchas prácticas del pasado dentro del entramado institucional eran indefendibles. Pero había que remodelarlo, no dinamitarlo como se ha intentado hacer con el INE.

Había que sacudir al *statu quo*, pero sin destruir lo que habíamos logrado —de manera imperfecta— construir. Era imperativo romper el pacto de impunidad que permitió la supervivencia política de la podredumbre, pero sin suscribir otros pactos igualmente perversos. Había que retomar el camino de la transición trastocada, pero el gobierno lopezobradorista le ha dado una estocada mortal, al intentar cambiar el yugo priista por el yugo morenista. Antes, permitimos que el neoliberalismo a la mexicana concentrara la riqueza y perpetuara la pobreza, pero la autollamada "Cuarta Transformación" no ha encarado ninguno de esos dos males de forma estructural. Ignoramos la violencia que fue convirtiendo pedazos del país en tierra de nadie, pero en los últimos años el sembradío de cadáveres solo ha aumentado. Vimos cómo la guerra contra las drogas de Felipe Calderón se convirtió en una guerra contra los mexicanos, liderada por militares que no saben estar en las calles, y ahora hay más cadáveres y más desaparecidos. Las cifras del México descompuesto hoy son las cifras del México roto.

Algunos hemos manifestado de manera abierta nuestra desilusión, hemos mantenido una crítica consistente al autoritarismo del gobierno actual, hemos explicado el porqué de la ambivalencia que acompañó una decisión difícil, ante las falencias de gobiernos anteriores. Y para quienes continúan regañándonos por haber votado como lo hicimos, va el siguiente mensaje. Recuerden cómo votaron antes, en quiénes creyeron antes, a qué político redentor le apostaron en sexenios pasados. Muchos aseguraron que Carlos Salinas era un genio modernizador hasta el hermano incómodo y la crisis de 1994, que Vicente Fox era un demócrata consistente hasta el desafuero y el empoderamiento de Marta Sahagún, que Felipe Calderón era un conservador compasivo hasta la militarización mortífera, y que Peña Nieto era un representante del "nuevo PRI" hasta que permitió la corrupción desbocada en sus filas. Esas metamorfosis de dioses en demonios tampoco pudieron predecirse. Y una ciudadanía de baja intensidad no logró detener o componer las fallas de presidentes pasados.

Hay una paternidad responsable del pasado que explica el presente. Como sugirió Beatriz Paredes, López Obrador es producto de "los errores que cometimos". AMLO lleva años atizando el enojo, impulsando la enjundia y alimentando la exasperación contra el país de privilegios. Y los privilegiados nunca han entendido que para frenar a un populista no bastaba con denostarlo; había que componer lo que denunciaba. Tendrían que haberlo hecho, y durante décadas quienes fuimos críticos del PAN y del PRI lo señalamos. Para entender cómo comportarse y qué ofrecer en el futuro, la oposición debe recordar las fallas de sus gobiernos. No crearon riqueza para distribuirla mejor, no despolitizaron la justicia, no acabaron con la expoliación oligopólica a los consumidores, no se preocuparon lo suficiente por la persistencia de una subclase permanente de millones de pobres, no combatieron la corrupción de forma frontal, no desmantelaron la partidocracia impune, no hicieron más incluyente al sistema económico ni más representativo al sistema político.

López Obrador llegó a presidente no por la calidad de su campaña, o la claridad de sus planteamientos o el mismo proyecto de país que ofreció desde hace años. Su arribo al poder se explica por factores coyunturales y estructurales; por lo que ocurrió en la contienda de 2018 y por lo que no ha ocurrido en las últimas dos décadas. Años de sacar al PRI de Los Pinos para verlo regresar, más corrupto, más rapaz, más desalmado. Años de instituciones puestas al servicio del poder y no del ciudadano. Ricardo Anaya y José Antonio Meade no supieron competir y el sistema político y económico de México no se supo reformar lo suficiente. Hubo causa y efecto.

Lo que en 2006 parecía radical, en 2018 parecía necesario. Lo que en 2006 producía miedo, en 2018 producía esperanza. La mayor parte del electorado —con convicción o con ambivalencia— estuvo dispuesto a apoyar a AMLO debido a lo vivido y padecido. Gobierno tras gobierno que no respondía a las expectativas más básicas. Élites políticas y económicas indiferentes. La ausencia de respuestas urgentes a problemas apremiantes. La disfuncionalidad institucional. La partidocracia rapaz. La cuatitud corrosiva. La pobreza lacerante. La desigualdad creciente.

Y los responsables de esta realidad han estado cómodamente apoltronados en la punta de la pirámide, extrayendo rentas, repartiéndose contratos, privatizando lo público, asignándose concesiones, distribuyéndose porciones del erario, comprando elecciones y yates y vestidos y relojes y Casas Blancas y Ferraris y departamentos en Miami. Cuando López Obrador clama que las élites son corruptas resulta imposible defenderlas; edificaron ese capitalismo de cuates —maquilador de monopolistas millonarios—. El lopezobradorismo atiza la desilusión con expectativas económicas frustradas, el resentimiento contra reglas manipuladas para beneficiar a los mismos de siempre, el rechazo a lo que parecía una democracia simulada y deficitaria.

Quienes trastocaron la transición democrática no entienden por qué AMLO ganó, por qué sigue siendo popular, por qué la población apoya a su gobierno. El resultado de no haber modernizado a México para las mayorías es el empoderamiento de López Obrador. Élites extractivas y antidemocráticas engendraron un hijo que ahora destruye lo bueno, sin corregir lo malo, y empeorándolo. El diagnóstico correcto ha derivado en decisiones autoritarias que exacerban los males heredados. Eso es cierto, y los datos duros en múltiples ámbitos —salud, educación, corrupción— lo comprueban.

El reto para adelante es transformar el temor y la aversión a los partidos tradicionales, al *establishment* político, y al ánimo antiprianista en una movilización ciudadana que busque la transformación real del país. No una simulación, no el regreso a más de lo mismo, no al borrón y cuenta nueva sin tomar en cuenta el repudio mayoritario que fue la elección de 2018.

Tendremos que trabajar para disminuir la polarización, porque es una amenaza a la democracia, aquí y en todas partes. Aunque preexiste a la 4T, y está enraizada en un país elitista, racista y clasista, López Obrador polariza de forma deliberada a través de la narrativa presidencial, diseminada a diario desde la mañanera. "Ellos contra nosotros". Las élites contra el pueblo. Los que quieren defender sus privilegios contra los que quieren un proyecto alternativo de nación. Es una polarización que no deviene de la ideología, sino de la identidad. No es un clivaje de "derecha" versus "izquierda", sino de la vieja opción política versus la nueva transformación, la democracia "verdadera". El facsimilar versus la epopeya. El PRIAN versus la retórica exitosa del populista enardecido. En una contienda de identidades, no importan los datos, ni la verdad, ni la razón, ni las preferencias programáticas, ni el discurso de la democracia en riesgo. He escrito este libro precisamente para tratar de encauzar el debate a donde debería estar: en los problemas reales del país, y no a qué bando perteneces, o a cuál mayoría moral obedeces.

Porque el futuro de México no debe reducirse a una batalla campal entre "chairos y fifís". Los retos y las dificultades son más profundos. Son históricos, de larga duración. A diferencia de los que reclaman de manera sardónica que "no podía saberse", no temo que México se vuelva Venezuela. Temo que México siga siendo el mismo México. Un país de privilegios para las nuevas élites y pagos clientelares para los mismos pobres. Un país que permite la corrupción entre los cuates, solo que se rotan sexenalmente. Un sistema de partido dominante que rehúye contrapesos y rendición de cuentas. Un andamiaje institucional antes controlado por priistas o panistas y actualmente colonizado por lopezobradoristas. México todavía es expoliado por la clase política de la 4T, exprimido por los intereses enquistados de la 4T, victimizado por la oligarquía empresarial de la 4T.

México aún es saqueado por los de arriba, que defienden retóricamente a los de abajo mientras los mantienen ahí, sin rutas claras para la movilidad social de largo plazo.

Esa es la realidad y a cada ciudadano le corresponde reconocerla y encararla. Yo estaré haciendo la tarea que me toca como escritora y activista. La misma que he llevado a cabo desde hace 30 años, motivada por mi pasión por México: salir a la calle a defender derechos, señalar cada error, nombrar cada traición, someter la verdad oficial al escrutinio, examinar cada institución que será imperativo edificar de nuevo y mejor que antes, participar donde pueda y como pueda. Este libro intenta ser un mapa de ruta y una invitación a "ser ciudadano" en tiempos donde es imperativo seguir desmontando la persistencia y el regreso de versiones arcaicas del poder. Porque los gobiernos van y vienen, los partidos ganan y pierden, pero debemos asegurar que eso sea así a través de una defensa robusta de la democracia siempre en riesgo, y más ahora. La Cuarta Transformación algún día caerá por sus contradicciones internas, pero nosotros, los ciudadanos, seguiremos aquí, impidiendo que cierren la llave de la democracia. Peleando activa y críticamente para que México rompa sus tradiciones patrimonialistas, clientelistas y presidencialistas. Pongámosle fin al retraso cívico. Vuelvo a decirlo: México no es el país López Obrador o Morena o el PRI o el PAN. Es el país de uno. El país nuestro. Ahora y siempre.

1

NO TE VUELVAS PORRISTA

En 2012 el regreso del Partido Revolucionario Institucional (PRI) parecía impensable. Resultaba difícil creer que la población promovería la restauración del sistema de partido dominante que tanto daño le había hecho al país. Un mexicano votando por el PRI era como un alemán votando para reconstruir el muro de Berlín. Así de improbable: así de regresivo.

Pero millones salieron a apoyar a Enrique Peña Nieto y después de haber sacado al priismo de Los Pinos el votante mexicano lo regresó ahí, como si no hubiéramos aprendido las lecciones del pasado, o catado los costos que impone el antiguo PRI como forma de vida y repartición el botín. Fue un *déjà vu* fatídico. Un sexenio del "nuevo PRI" tan parecido al viejo PRI en sus usos y costumbres. Una oferta de modernización que se volvió tapadera para la corrupción.

En 2018 el voto por Andrés Manuel López Obrador parecía el antídoto adecuado; una forma de rescatar la democracia perdida y el gobierno corrompido. Ahora sorprende ver cómo muchos de sus seguidores, promotores y facilitadores fueron seducidos por una promesa de cambio que se distancia de las aspiraciones democráticas y la transformación deseable. El lopezobradorismo fomenta una plétora de ideas francamente xenofóbicas, visiblemente patrioteras y abiertamente autoritarias. Al inicio de su mandato esto no era evidente, porque durante la campaña presidencial AMLO se moderó, se domesticó, jamás dijo que pensaba desmantelar al Instituto

Nacional Electoral (INE), o embestir a la Suprema Corte, o militarizar aún más a México, o elegir por dedazo a su sucesora. Pero ya en el poder se radicalizó, y su ataque a los medios, su agresión al INE y al Instituto Nacional de Transparencia, Acceso a la Información y Protección de Datos Personales (INAI), su promoción de la Ley de la Industria Eléctrica, su defensa de Félix Salgado Macedonio y su endiosamiento de las Fuerzas Armadas son solo algunos botones de muestra. La 4T es cada vez más antinstitucional, anticonstitucional, antifeminista, antiglobalista, antiderechos y antidemocrática.

El oficialismo lopezobradorista se ha revelado tal como es. Su objetivo no ha sido que el gobierno funcione mejor. La meta es que el gobierno sea más partidista, que la justicia sea más politizada, que la Suprema Corte sea más dócil, que los órganos autónomos sean más gubernamentales, y que los ciudadanos sean más dependientes del presidente. Para justificar que rompen la ley o se saltan la Constitución o toman decisiones contraproducentes, AMLO y los amloístas han creado enemigos existenciales. El PRIAN, los conservadores, los constructores privados, las energías renovables, las mujeres, Iberdrola, los acaparadores de vacunas, la prensa sicaria, la Organización de las Naciones Unidas (ONU). La división de México en bandos de puros e impuros hace difícil mantener la conversación con quienes antes eran aliados o interlocutores o compañeros de luchas cívicas. En cualquier momento, cualquier analista, escritor, periodista o activista es transformado en el artífice de una conspiración. ¿Qué está pasando?

Como sugiere Anne Applebaum en *Twilight of Democracy: The Seductive Lure of Authoritarianism*, en ciertas condiciones, cualquier sociedad puede voltearse en contra de la democracia, y más aún si era frágil o fallida. Ello requiere un líder protoautoritario con un cortejo de escritores, intelectuales, propagandistas, moneros, youtuberos, directores de medios y de comunicación social que moldean su imagen para el público. Los nuevos autoritarios necesitan personas que den voz a los agravios, manipulen el descontento, canalicen el enojo y planeen la panacea. Necesitan de aquellos que sacrificarán la búsqueda de la verdad en nombre de una lealtad tribal o una "pasión de clase".

La proclividad autoritaria está viva hoy en la nueva élite de la 4T, que es más conservadora, machista, robespieriana e incongruente de lo que se cree. Son hombres y mujeres que quieren derrocar, saltar, minar o destruir instituciones existentes, en lugar de dedicar tiempo a su remodelación. Algunos han demostrado ser profundamente religiosos. Profundamente antigringos. Profundamente misóginos. Muchos buscan redefinir a México conforme a sus cánones, quieren reescribir el contrato social para colocarse en la punta de la pirámide, rechazan la cacofonía del pluralismo, e intentan alterar las reglas de la democracia disfuncional para nunca perder el poder. Son los seducidos por el autoritarismo disfrazado como preocupación por los pobres y recuperación de la soberanía perdida.

¿Qué habrá pensado el exsecretario de Hacienda Arturo Herrera sobre los recortes presupuestales exigidos constantemente por AMLO y cómo iban destruyendo la capacidad operativa del gobierno? ¿Qué habrá sentido Marcelo Ebrard al anunciar los vuelos provenientes de China y Argentina, con insumos o medicamentos que debieron comprarse con antelación para el covid-19, por los cuales después paga un sobreprecio? ¿Qué habrá opinado Luisa María Alcalde sobre la pérdida brutal del empleo que el gobierno no protegió durante la pandemia, y que los apoyos provistos por Jóvenes Construyendo el Futuro no alcanzaron a compensar? ¿Estuvo de acuerdo Graciela Márquez con la falta de protocolos para los semáforos que definieron el regreso a la actividad económica? ¿Nadine Gasman asumió que la 4T apoyaba a las mujeres cuando se recortó 75% el presupuesto al Instituto Nacional de las Mujeres (Inmujeres) y se eliminaron los programas de género? ¿Alfonso Durazo podía defender honestamente el carácter y mando civil de la Guardia Nacional cuando se ha decretado su militarización?

En público, miembros prominentes del gobierno han vindicado o guardado silencio ante políticas que lastiman a la economía, convierten a la Cancillería en una oficina de bomberos o propagandistas, transfieren recursos públicos a obras faraónicas que violan la normatividad o empiezan sin proyectos ejecutivos o estudios de impacto ambiental, colocan a la intemperie a millones que ahora no tienen acceso a los servicios de salud pública, dejan indefensas a las mujeres víctimas de violencia, y empoderan —sin vigilancia— a las Fuerzas Armadas.

La duda es si las personas pensantes del gabinete han decidido suspender el uso de la razón. O si callan por miedo a ser despedidas o humilladas en público por el presidente, cuando las contradice. O si han recortado su conciencia para ajustarla a los imperativos ideológicos de los tiempos. O si su propia ambición las lleva a hincarse ante AMLO en vez de corregirlo. Los más congruentes se han ido, pero la mayoría ha tragado sapos. Sea cual sea la razón política o personal, puestos clave de la "Cuarta Transformación" parecen estar ocupados por anémonas sin espina dorsal. Mujeres de arena sin columna vertebral. Hombres de paja sin convicción real. Una colección de catatónicos que contemplan cómo López Obrador dinamita la casa de todos.

Complacientes que asisten a las reuniones con el presidente pero no pronuncian una sola palabra cuando propone políticas públicas que corren en contra de la democracia o de las mejores prácticas o del sentido común. Silentes cuando van a reuniones de trabajo a Palacio Nacional, pero no se atreven a enmendarle la plana a quien la ha redactado mal. Sumisos, asustados, disciplinados. Como si no fueran expertos en los temas sobre los cuales AMLO no sabe nada, pero aun así dicta decretos destructivos. Como si no supieran las consecuencias que acarreará aniquilar al Estado, poner en riesgo la parte pujante de la economía y los compromisos del Tratado entre México, Estados Unidos y Canadá (T-MEC), poner en peligro el papel de la Suprema Corte como defensora de la Constitución, ignorar a las mujeres atrapadas en casa con su victimario porque ya no hay refugios públicos para ellas. Como si no alcanzaran a vislumbrar los efectos de actos que avalan en cada mañanera a la que asisten, y dicen lo que les dijeron que debían decir. Aunque eso que anuncian contradiga su formación profesional y su credibilidad personal. Aunque el gobierno al que se sumaron con entusiasmo y esperanza los use como desinfectante o como trapeador.

Se vuelven mecanógrafos de AMLO aunque redacten actas de defunción para su área. Constituyen una camarilla de conformistas, dispuestos a acabar con la ciencia y la evidencia, porque les insisten que para combatir la corrupción es necesario producir una implosión. Lo escribe Cass Sunstein en *Conformity: The Power of Social Influence*: cuando uno o la mayoría de nosotros se conforma, la sociedad acaba incurriendo en errores graves. Cuando los poderosos no ven y no aprenden de los disidentes, las instituciones terminan acatando una sola voluntad.

Bob Dylan cantaba que "para vivir fuera de la ley, debes ser honesto". Y en esta coyuntura crítica para México, muchos dentro del gobierno no lo están siendo. Ni consigo mismos ni con la población con la cual tienen una responsabilidad fiduciaria. Las consecuencias de su doblegamiento han sido dañinas, porque la disidencia interna funciona como correctivo, y en el gabinete no existe. Las reuniones de trabajo con el presidente parecen una escuela de taquimecanografía; una academia de amanuenses que prefieren obedecer a su jefe, en vez de servir al país.

Y no solo en el gabinete hay quienes se sienten satisfechos con el platillo único que el presidente les pone sobre la mesa. Hay muchos que lo saborean y recalientan, lamiéndose los dedos. No vislumbran la brecha entre las promesas y los resultados; entre la propaganda y la realidad; entre el autoritarismo y el pluralismo. Otros creemos que no es congruente traicionar nuestros ideales así, porque la democracia es un enorme *buffet* de ideas. En su mesa coexisten distintos platillos, salsas, aderezos y a nadie se le obliga a comer un menú fijo. Lo compartido es el comedor: las reglas para elaborar leyes, dirimir conflictos, crear o remodelar instituciones, procesar diferencias.

Pero el lopezobradorismo exige que dejemos de ser comensales de la democracia; demanda que nos transformemos en colaboradores de una regresión que pone en riesgo la capacidad de componerla. No está en busca de ciudadanos libres, críticos, capaces de pensar por sí mismos, sin necesidad de un caudillo carismático que les diga cómo hacerlo. No promueve la deliberación, sino la colusión; lo suyo no es la libertad sino la complicidad; no exalta la independencia sino la connivencia. Y los colaboradores que recluta son aquellos capaces de traicionar su ideología de izquierda, su moralidad, sus valores con tal de servir a un hombre.

Porque en esencia de eso se trata: defender, justificar, legitimar y racionalizar una voluntad única. Si los colaboradores fueran congruentes con la causa de desmantelar los privilegios y combatir la corrupción y poner a los pobres primero, se opondrían a una larga lista de decretos que contradicen esa narrativa. Ahora más bien excusan los abusos de poder, minimizan la evidencia, tergiversan los datos, despliegan dobles estándares, y utilizan distintas varas de medición. Lo que fue inaceptable bajo Peña Nieto se vuelve palatable bajo AMLO; lo que hubiera sido condenable con Felipe Calderón se vuelve aplaudible con López Obrador.

Me lo pregunto con frecuencia. ¿Por qué hay grupos de analistas, moneros, escritores y personas reconocidas por su inteligencia y su talento que aún apoyan a la llamada "Cuarta Transformación" sin dudarlo? ¿Por qué, aunque han presenciado la persistencia de la corrupción, la profundidad de la militarización, y el aumento de la violencia, han guardado la fe en la causa y luchan por su continuidad vía alguna corcholata elegida? ¿Cómo explicar que, por ejemplo, dos grandes mentes mexicanas como lo son Sergio Aguayo y Lorenzo Meyer, hayan optado por caminos tan divergentes; el primero manteniendo la distancia dubitativa y el segundo optando por el acercamiento acrítico? ¿Por qué unos han pasado a formar parte del amasijo ideológico del régimen, mientras otros cuestionan sus falencias? ¿Por qué algunos siguen siendo tan libres como siempre, mientras otros han entrado al cautiverio intelectual por voluntad propia?

Antes del advenimiento de la polarización, y el arribo de AMLO, Lorenzo Meyer, Sergio Aguayo y yo estábamos unidos por las mismas causas, marchando por los mismos motivos, en el mismo programa de radio con Carmen Aristegui. Los tres habíamos sido formados en El Colegio de México y compartíamos los mismos valores. Ahora, las diferencias nos han colocado en bandos que no se hablan ni se escuchan. De un lado, quienes pensamos que López Obrador en el poder ha traicionado esos valores. Del otro, quienes no quieren o no pueden distinguir la diferencia entre propaganda y realidad. Unos continúan siendo colaboradores entusiastas, mientras que para otros la tergiversación falaz de ideales compartidos ha sido una terrible desilusión.

Quizás en los porristas orgánicos hay una necesidad de reconocimiento, de pertenencia identitaria, de motivos profesionales o económicos. O un deseo de ingresar a las filas de la élite dominante, por parte de quienes se sentían injustamente ignorados. O en el contexto de la 4T —donde la lealtad importa más que el mérito— ciertos grupos han logrado ocupar posiciones que antes jamás habrían obtenido, y por ello se alinean. O saben que personalmente les irá mejor: publicarán sus libros, producirán sus obras de teatro o sus programas de televisión, emplearán a sus familiares, les otorgarán contratos lucrativos, serán invitados a ser parte del círculo cercano. O tal vez necesitan sentirse acompañantes de algo grande, heroico, trascendental como "el pueblo" o "la transformación".

En su ensayo *La mente cautiva*, el premio Nobel Czesław Miłosz explica por qué sus compañeros se volvieron colaboradores del comunismo represivo. Querían formar parte de un movimiento masivo, sentirse cerca de los desposeídos, y representarlos, escribe. Después de estar en guerra con el Estado durante años, justificarlo también les proveía cierta paz mental:

la posibilidad de escribir algo "positivo" por fin. Sentir, por primera vez, el placer de la conformidad, el bienestar de la benevolencia que provee la comunión con el poder y los poderosos. Gozar la sensación de importancia que trae consigo ser parte del círculo cercano del rey, y susurrarle en el oído. O quizás algunos simplemente temían ser expulsados y exhibidos por su tribu.

De manera similar a otros tiempos y en otras latitudes, el gobierno de López Obrador ha puesto las convicciones a prueba. Personas provenientes de la izquierda como Roger Bartra, José Woldenberg y Sergio Aguayo la han superado, manteniéndose congruentes con demandas de largo aliento como la equidad y la democracia. Otros han abandonado posturas que antes enarbolaban, en defensa de un proyecto muy distinto al progresismo que ansiábamos. Los críticos feroces de la militarización hoy la justifican. Las feministas que en privado se quejaban de Claudia Sheinbaum hoy la vitorean. Los denunciantes del dedazo priista hoy aceptan su resurrección. Los críticos del clientelismo construido por la política social hoy defienden su profundización.

Y los seducidos por el autoritarismo normalizan lo que alguna vez consideraron moral y éticamente incorrecto, mientras justifican su propia incongruencia. Tienen un "indiómetro", un "pueblómetro", un "corruptómetro", un "oligarcómetro" y un "conservadómetro" con los que descalifican a cualquiera que se les opone, excepto al gobierno/partido al que sirven. Y han decidido defender a un gobierno mocho, militarizado y machista, porque la jaula que habitan tiene barrotes de oro.

Adam Przeworski definió que la democracia es "la institucionalización del conflicto", pero en los tiempos actuales se ha vuelto cada vez más difícil procesarlo. ¿No les ha sucedido que ya es imposible hablar de política con ciertas personas? ¿Que la interlocución se ha perdido por grietas políticas que antes no existían? ¿Que las diferencias sobre el gobierno de López Obrador alienan afectos y condicionan colegas? Hace tiempo que no hablo con mi exalumno y amigo Genaro Lozano, porque me resulta incomprensible su defensa de decisiones gubernamentales que antes cuestionábamos juntos.

Me ha dolido ver cómo mi amiga Eugenia León —que antes cantaba en mis comidas de cumpleaños— retuitea mensajes donde me llaman "loca" o "malcogida" en las redes sociales. ¿Qué decir de Sabina Berman, sugerida por mí para participar en una mesa con Carmen Aristegui, a la cual renunció después de un par de meses porque no pudo con el fragor de un debate que no ajustara a su guion? Ahora me agrede sin cesar y afirma falsamente que soy "de derecha" y que no quiero debatir públicamente con ella. Me quiere cerca solo porque es redituable criticarme. ¿Qué pensar sobre Epigmenio Ibarra, con quien hice el "pase de lista" por los 43 de Ayotzinapa durante años, ahora convertido en propagandista? ¿Cómo describir al monero Rapé que ilustró mi libro *Manifiesto mexicano*, y al cual ofrecí comprarle un boleto de avión para sacarlo del país cuando fue amenazado por el hoy encarcelado gobernador Javier Duarte? En vez de hacer caricaturas sobre quienes ocupan el poder, hace caricaturas sobre quienes criticamos al poder. ¿Cómo mantener la relación con Jenaro Villamil, con quien marché tantas veces contra la ley Televisa, cuando hoy reproduce falsedades mañaneras, solapa la metamorfosis de medios públicos en medios de la 4T, y permite que desde ahí se parodie a críticos del gobierno? ¿Cómo seguir respetando al ministro Arturo Zaldívar, al ver su conversión en cortesano de la corte presidencial?

Pienso en ellos y en muchos más cada vez que releo el extraordinario ensayo de Amos Oz, *Contra el fanatismo*. Ahí reconoce que él mismo de joven había sido un fanático con el cerebro lavado, "con ínfulas de superioridad moral, chovinista, sordo y ciego a todo discurso que fuera diferente al poderoso discurso judío sionista de la época". Él lanzaba piedras, semejantes a las piedras metafóricas que Sabina Berman tira en mi contra. Él llamaba "traidores" a quienes hoy afirman lo mismo sobre mí —incluyendo el presidente— tan solo por pensar distinto. Oz lo aclara bien: "traidor a ojos del fanático es cualquiera que cambia". Y yo añadiría, traidor a los ojos del fanático es cualquiera que se queda en el mismo lugar, mientras ve cómo otros abdican a la independencia intelectual, y a la crítica indispensable. Les gana la conformidad y la uniformidad, la urgencia por "pertenecer a" y el deseo de hacer que todos los demás "pertenezcan a" un movimiento, un partido, una causa, una epopeya transformadora. Ya ni siquiera pueden reír de lo que es evidentemente risible, porque "jamás he visto a un fanático con sentido del humor". López Obrador se ríe de los demás, pero nunca de sí mismo.

El fanatismo se nutre del culto a la personalidad, la idealización de líderes políticos, la adoración de individuos seductores como lo es López

Obrador. Y como advierte Oz, toda cruzada que no se compromete a llegar a un acuerdo, toda forma de fanatismo termina, tarde o temprano, en tragedia o en comedia. Muchos de los hoy fanáticos eran mis amigos, y ojalá algún día volvamos a encontrarnos —al final de la tragedia o la comedia que acabará siendo el lopezobradorismo— en un México compartido donde haya cabida para todos y no solo para los seducidos.

Los colaboradores que cierran los ojos podrán seguir engañándose a sí mismos y a los demás, sin entender que se han vuelto meros *apparátchiki* del poder arbitrario al que criticaron y ahora defienden. Pero como argumenta Anne Applebaum, la historia juzgará a los cómplices y reconocerá a los que se rehusaron a elegir entre solo dos sopas: dentro de la 4T todo, fuera de la 4T nada. Recordará a quienes tomaron partido por la democracia incluyente que queremos construir; a quienes insistieron en seguir cocinando y aderezando ese pozole de la pluralidad que es nuestro país.

No se trata se escoger entre el conservadurismo o el lopezobradorismo, entre la derecha o la izquierda, entre un partido u otro.

Se trata de ser demócrata.

2

DETECTA LA PROPAGANDA

"Cuando uso una palabra —dijo Humpty Dumpty, en un tono casi desdeñoso—, significa lo que yo elijo que signifique —ni más, ni menos". "La cuestión es —dijo Alicia— si puedes lograr que las palabras signifiquen tantas cosas distintas". "La cuestión es —dijo Humpty Dumpty— quién va a ser el vencedor, eso es todo". Así piensa López Obrador. Así como el personaje de *Alicia en el país de las maravillas*. No le interesa la verdad o la evidencia o la razón o la ciencia o la historia. De lo que se trata es de ganar y que todos los demás pierdan. De lo que se trata es de darle el sentido que se le antoje a las palabras de todos. Distorsionarlas, resignificarlas, descontextualizarlas para que el país las use y entienda de otra manera. Quien controla las palabras controla la realidad, y AMLO todos los días construye un país paralelo. Una 4T donde se habla "amloañol", dialecto creado por el presidente y aprendido por quienes lo siguen.

El político de la palabrería incesante. El protagonista del monólogo rumiante. El declamador que no delibera, ni discute, ni deja hablar, ni permite que otros lo hagan. No solo ha monopolizado el Poder Ejecutivo, también la palabra de todo el andamiaje del Estado. AMLO gobierna al hablar, imponiéndose como único explicador de lo sucedido a lo largo del país. Erigiéndose como la única autoridad para darles veracidad a los datos. Al asumirse como la voz de todo un gobierno, anula al gabinete, a los gobernadores, al Poder Legislativo, a la voz de Claudia Sheinbaum. El lopezobradorismo no es un coro, es un soliloquio. No es un concierto a varias manos; es un dedazo.

Un dedazo diario que determina qué palabra reconfigurar, qué concepto distorsionar, qué visión de país adulterar. México "en paz", cuando el promedio de personas asesinadas a diario ascendió a más de 97, cuando los feminicidios aumentaron 7%, cuando las denuncias por violación, extorsión y robo crecieron, cuando comandos armados asesinan por doquier. México "sin desabasto" cuando los padres de los niños con cáncer llevan años clamando la inexistencia de medicamentos oncológicos. México "sin corrupción" cuando todavía no se ha aclarado el escándalo de Seguridad Alimentaria Mexicana (Segalmex), entre tantos más. Es evidente que al presidente le mienten. Es obvio que él mismo miente. Y para que le crean necesita meter a los mexicanos a la madriguera mañanera.

Esa sede de la distracción perfecta, ese lugar de la distorsión diaria, donde los mexicanos siguen al presidente por un largo, sinuoso y oscuro túnel —así como Alicia perseguía al conejo en la novela de Lewis Carroll—. No sabemos para qué, por qué, para dónde, pero corremos detrás de él, intentando descifrar qué significa el término "aspiracionista", el calificativo "golpista", la clasificación de "clases medias" y quiénes son los egoístas que pertenecen a ellas. AMLO elige la connotación que quiere para cada uno de estos vocablos, y dista de ser lo contenido en el Diccionario de la Real Academia Española. El presidente ha acuñado su propio idioma, el cual enseña a sus adeptos en la clase cotidiana. Los parlantes del "amloañol" conjugan todas las nuevas encarnaciones y acepciones sin chistar. Las palabras significan lo que el mandamás quiere que signifiquen.

Así resignificaron la letra "N" de neoliberal. "N" de negacionista del cambio. "N" de noqueador del pueblo. La letra favorita del presidente López Obrador que ha sido utilizada para etiquetar, desacreditar y demeritar a cualquiera que emita una crítica a su proyecto transformador. La letra con la cual estigmatiza toda institución o movimiento que no se alinee al pensamiento único, y a la propaganda diseminada desde Palacio Nacional. Esa persona o esa organización será señalada en la mañanera con un dedo flamígero y marcada para siempre como la protagonista de *La letra escarlata*. Sobre la frente, la evidencia de la traición, el símbolo del antipatriotismo. La electricidad neoliberal. La ciencia neoliberal. El feminismo neoliberal. La clase media neoliberal. La sociedad civil neoliberal.

La filantropía neoliberal. El Banco de México neoliberal. La Universidad Nacional Autónoma de México (UNAM) neoliberal. El epíteto "neoliberal" vaciado de todo contenido analítico o especificidad histórica, activado para generar animadversión, y después justificar una intervención.

Como argumenta el politólogo Raúl Zepeda Gil, el término "neoliberal" es utilizado para todo lo que contradiga al gobierno. Punto. Es un mecanismo de disciplina política para definir quiénes apoyan o no, y así asignar castigos con un mecanismo sencillo. Paso 1: se califica algo como "neoliberal" porque no se alinea. Paso 2: se moviliza a los seguidores para justificar esa descalificación. Paso 3: se castiga a la organización o a la institución indisciplinada por la vía presupuestal o a través de la austeridad o mediante reformas legales. Se usa el púlpito presidencial y la legitimidad del gobierno para vindicar acciones políticas que tienen poco que ver con un debate democrático y plural sobre el desempeño de los grupos o las instituciones cuestionadas. Con el pretexto de "tiene defectos, es perfectible y se debe debatir", se abre el camino al desmantelamiento, la destrucción o la colonización.

La amenaza de "sacudir" a la UNAM, por ejemplo, es parte de un patrón comprobable, repetido a lo largo de los últimos años. Mauricio Dussauge-Laguna, del Centro de Investigación y Docencia Económicas (CIDE) lo ha bautizado como "populismo del doble discurso", que está transformando a la administración pública y la relación Estado-sociedad de manera perturbadora. AMLO recurre a la retórica populista tradicional —élites corruptas versus pueblo bueno— para disfrazar sus verdaderas intenciones. Lo negativo se vende como positivo, lo derechista se empaqueta como progresista, lo autoritario como democrático y muchos caen en el juego. Como Claudia Sheinbaum, afirmando que es Puma, pero "no podemos olvidar que los recursos para tener una universidad de la nación son públicos". Sugiriendo así que la UNAM despilfarra dinero, no lleva a cabo investigación que le sirva al pueblo, se ha deslizado a la derecha y es necesario discutir su papel y su financiamiento.

Sheinbaum se suma al doble discurso presidencial con una retórica que esconde el significado y las consecuencias de lo que el lopezobradorismo querría hacer con la UNAM. Y no es precisamente desatar una discusión razonable, intelectualmente honesta y detallada sobre la educación superior en México. No es promover el ahorro o fomentar la transparencia, porque esas metas se incumplen a diario con proyectos opacos y caros como Santa Lucía, el Tren Maya y Dos Bocas. Más bien se busca controlar. Se busca disciplinar. Se busca alinear, y ello requiere un líder peleonero y pugilista.

No pasa un día sin que el presidente de México se pelee con alguien, descalifique a alguien, reproche a alguien, critique a alguien. No pasan ni 24 horas antes de que adopte un tono altisonante o recurra a un adjetivo agresivo. Siempre al ataque, pocas veces conciliador, rara vez unificador. Mañanera tras mañanera abre grietas entre los mexicanos, ahondando sus diferencias, exacerbando sus desacuerdos. Y sí, México padece una polarización social, étnica, de clase, de raza desde su fundación como república. Pero ahora al frente de ella está un hombre al que le gusta gobernar enfrentando, construyendo hombres y mujeres de paja para después quemarlos en la hoguera de la ostensible superioridad moral. López Obrador apunta un dedo condenatorio hacia cualquiera, y después su tribu lo canibaliza.

Hemos sido espectadores de un escenario perverso, en el que la 4T agrede a quienes encabezaron luchas sociales y democráticas que le permitieron a la izquierda llegar al poder. Qué triste paradoja que el gobierno defienda a Manuel Bartlett mientras arremete contra alguien como Alberto Athié. Que justifique a Jaime Bonilla mientras caricaturiza a Javier Sicilia. Que guarde silencio sobre Ricardo Salinas Pliego mientras grita en contra de las feministas que denuncian la violencia con pintas. Que descalifique a periodistas críticos mientras ensalza a periodistas domesticados. La incongruencia es el signo de estos tiempos, donde se impone la visión moral de un solo hombre al que sus seguidores consideran infalible, irreprochable, por encima de quienes fueron sus compañeros de lucha y le ayudaron —causa tras causa— a llegar a donde está.

Ante el reclamo, el presidente no escucha; embiste. Ante la crítica, AMLO no debate; denuesta. Tantos años de vivir a la intemperie, sujeto al peso inmisericorde del aparato del Estado sobre él, han dejado huella. Sus reflejos y reacciones no son las de un estadista que promueve la paz; son los de un luchador social que ya no sabe cómo dejar de serlo. No ha logrado transitar de la oposición beligerante al poder responsable. Conserva el talante de un rebelde permanente; despliega el temperamento de un indignado invariable. No comprende la crítica como un ejercicio para impulsar la rectificación; la percibe como un intento destructivo.

AMLO encarna un nuevo modelo cuyo objetivo es similar al de los viejos autócratas: monopolizar el poder político, a cualquier costo. Pero no usa la represión, no desaparece a sus oponentes, no ejecuta a sus críticos. No es necesario hacerlo. Como argumentan Sergei Guriev y Daniel Treisman en *Spin Dictators: The Changing Face of Tyranny in the 21st Century*, los hombres fuertes de la actualidad no tienen que aterrorizar a la población; basta con rehacer sus creencias sobre el mundo. Y AMLO engaña lo suficiente como para obtener complacencia o hasta apoyo entusiasta. En lugar de usar la violencia, recurre a la manipulación. Es ejemplo de un tipo de líder emergente a lo largo del mundo: el tirano del *spin*.

Todo dictador del *spin* intimida a los ciudadanos con propaganda que transmite poder y resolución. Los elementos centrales de la pauta que recorre el mundo —y que AMLO emula— son la manipulación mediática/discursiva, la manufactura de la popularidad, y la simulación democrática. Se trata de crear ilusiones y promoverlas como realidades. Yasmín Esquivel es una mujer honorable, Alejandro Gertz es un hombre probo, el AIFA es uno de los mejores aeropuertos del mundo, Dos Bocas asegurará la soberanía energética, los periodistas críticos son traidores a la patria, Claudia Sheinbaum no violó la ley con su pre-pre-pre-precampaña adelantada, México pronto tendrá un sistema de salud como Dinamarca, y el PRI robó más.

Si algo sale mal, es por culpa de los conservadores complotistas que sabotean la transformación y no aman al pueblo. AMLO ha gobernado a base de exaltar lo mediocre, inaugurar lo inacabado, promover falsas disyuntivas, y volver a la política un juego suma cero. Él contra los enemigos del pueblo. Él mejor que las seudoalternativas. Él menos saqueador y mentiroso que los saqueadores y mentirosos de antes. Así enmarca los temas, así aniquila a sus adversarios, así avanza su agenda. Vanagloriándose del amor que le tienen, tan parecido al que recibe Putin, cuya popularidad nunca bajó de 60% durante más de 20 años. Y López Obrador usa ese amor para armar consultas populares, convocar a marchas, desmantelar instituciones, justificar medidas inconstitucionales, imponer a incondicionales en el aparato del Estado, y militarizar a México.

Pero debajo de la democracia simulada se asoma cada vez más una democracia amenazada. Amenazada por demasiadas personas que han reemplazado la lealtad a una ideología progresista, por la lealtad a un hombre que no lo es. El culto a una persona obliga a que todos "vivan dentro de la mentira", como lo decía Václav Havel cuando era disidente. El culto a una persona convierte a "todos en mentirosos", porque preocupa más demostrar lealtad que compromiso con la verdad. Y quienes han sucumbido al *spin* repetirán las falsedades más simples y más memorables, porque AMLO los ha instruido a entender al país en sus términos.

Como Beatriz Gutiérrez Müller cuando se refiere a los "malos mexicanos que por lo común ignoran las mejores causas históricas". O como los senadores de Morena cuando afirman que quienes se oponen a AMLO y la 4T no son más que un puñado de mercenarios, traidores a la nación, a la patria y al pueblo. O Hugo López Gatell cuando descalifica a los padres de los niños con cáncer como "golpistas". Como El Fisgón —monero que también encabeza el Instituto de Formación Política de Morena— cuando habla del "golpe blando" que la derecha y el gobierno estadounidense preparan contra el gobierno y contra el país. Imitando al presidente, los monopolistas de la moral se han adjudicado el papel de porteros: deciden quién es patriota y quién es traidor, quién está con el pueblo y quién lo saquea, quién pertenece a México y quién no tiene legitimidad para actuar o escribir o participar aquí.

Solo los ideólogos del pensamiento único reducen la pluralidad del país a dos bandos, y definen en qué *ghetto* encerrarte. Solo los arquitectos del *apartheid* clasifican a los seres humanos en grupos, y defienden los perímetros de la pertenencia. Los episodios más vergonzosos de la historia han sido protagonizados por personas con poder que establecen las bases de la inclusión o la exclusión; que designan los requisitos para formar parte de la nación, y cuáles derechos tendrás o perderás. El México de la Cuarta Transformación está repleto de custodios de la autenticidad. Si eres un mexicano "bueno" recibirás publicidad oficial, programas en el Canal 11, acceso al picaporte de Palacio Nacional, contratos, concesiones, recintos para tus obras, halagos presidenciales y todos los privilegios que acompañan a quienes están cerca del poder. Si eres un mexicano "malo" el SAT te exhibirá, la UIF te perseguirá, el presidente te difamará, y los caricaturistas te regañarán por hacerle el juego a la derecha y permitir que te usen, como le ha sucedido a Carmen Aristegui.

Los gendarmes de la 4T no parecen preocupados por la militarización, o la violencia, o los feminicidios, o los conflictos de interés, o la ampliación de privilegios, o la descalificación sistemática de los medios, o la protección presidencial a acosadores y violadores, o los 40 millones de mexicanos sin acceso a la salud pública, o la regresión medioambiental, o la corrupción de los cercanos, o la impunidad de los mismos oligarcas de siempre. Su tarea es separar a los fieles de los infieles, a los puros de los intrusos. Y con los "impostores" usan una vara de medición que jamás aplican para sí mismos. Lo que era conflicto de interés con la Casa Blanca es intromisión en la vida privada con la Casa Gris. Lo que era crítica legítima a Calderón es golpe híbrido a López Obrador. Los que eran logros del periodismo independiente al revelar la Estafa Maestra son vicios de la prensa mercenaria y chayotera al exhibir el trato privilegiado a Grupo Vidanta. Lo que antes era exigencia legítima ahora es golpismo antipatriótico. Los policías del presidente también son jueces, jurados y verdugos de la mexicanidad.

Los "buenos" mexicanos creen que AMLO encarna a la nación, al Estado y al pueblo; los "malos" piensan que es solo es un residente que debe actuar dentro de los límites de la ley. Los "buenos" mexicanos creen que Claudia Sheinbaum y los gobernadores tienen derecho a violar la legislación electoral que su propio partido impulsó; los "malos" piensan que esas son las reglas que Morena contribuyó a crear y debe jugar con ellas. Los "buenos" mexicanos conciben a la democracia como ejercicio de participación directa, ejemplificada por consultas y ratificaciones; los "malos" piensan que también requiere contrapesos, división de poderes, autonomía del Poder Judicial, transparencia y rendición de cuentas para poder funcionar. Pero los "malos" son definidos como tales por el oficialismo, que busca negar la complejidad, ignorar la variedad e imponer el arquetipo del patriota: ellos. Y ellos, al señalar a los que disienten como traidores, aplanan el paisaje para que se vuelva un campo de batalla, donde ya no hablamos. Gritamos, y nadie escucha. Porque en Palacio Nacional están demasiado ocupados decidiendo a quién mandan al paredón.

Cada mañana López Obrador inaugura una nueva obra, un nuevo espectáculo, repleto de actores centrales, extras eventuales, luces, cámaras y acción. Bienvenidos al circo de la Cuarta Transformación. Bienvenidos al mundo del "presidencialismo performativo", como lo ha denominado José Ramón Cossío y sobre cuyas variantes escribe Peter Pomerantsev.

Una nueva forma de hacer política inaugurada en Rusia en la última década, emulada por Trump en los últimos años, desplegada por líderes en otras latitudes e imitada por López Obrador desde que llegó al poder. Ese universo poblado por políticos que utilizan los gestos, los símbolos, los mensajes mediáticos, la resignificación de las palabras y la reapropiación de la historia para arengar al pueblo. La constelación de quienes concentran el poder y lo despliegan para crear distractores ante las crisis de salud y violencia en nuestra era. La política como camuflaje para esconder lo que está ocurriendo debajo del vestuario y atrás del telón.

Y cada día hay una nueva exhibición: antes fue la "rifa" avión presidencial, mañana será la inauguración de cualquier obra incompleta. La meta es transmitir mensajes y siempre son los mismos. Este gobierno es austero y bueno, los anteriores fueron dispendiosos y malos. Este gobierno es honesto y moral, los anteriores fueron corruptos y amorales. Este gobierno es humanista y respetuoso de los derechos humanos, los anteriores fueron militaristas y represores. Este gobierno cuida al pueblo, los anteriores se dedicaron a exprimirlo. A partir de esas ideas fundacionales —machacadas en la mañanera— el presidente ha procedido a armar montajes con un afán pedagógico. Imágenes que valen más que mil palabras. El avión lujoso junto al vuelo en avión comercial a Washington. El AIFA austero junto al aeropuerto faraónico de Texcoco. Emilio Lozoya indiciado junto a tantos más impunes. Pemex revitalizado junto a Pemex saqueado. Para acompañar cada cuento siempre habrá declaraciones, videos, giras, diatribas, tuits, trending topics en Twitter (ahora X) orquestados por la red AMLove y material provisto por el gobierno para apoyar a un presidente que sí actúa, pero cada vez más sobre un escenario, y cada vez menos en la realidad. La 4T continuará proveyendo distractores para que López Obrador —o quien lo suceda en el puesto— pueda satisfacer a los habitantes del país paralelo que ha creado. Ese México donde todo va bien, la corrupción no existe, la violencia desciende y el presidente (o presidenta) no merece la crítica sino un Óscar por la mejor actuación del año.

En la categoría de actor de reparto está Hugo López-Gatell. Faltan palabras para describir su postura ante el trance de los niños con cáncer. Un científico convertido en político que se ha aprestado a defender al gobierno, aunque eso implique ignorar los estándares éticos de su profesión. Un propagandista que mimetiza la paranoia del presidente, quien interpreta cualquier crítica como "golpismo" y cualquier movilización social como un complot de la derecha. Ambos, incapaces de empatizar o entender la crisis del desabasto que ellos mismos provocaron. En un gobierno lleva a cabo la práctica diaria de designar a "quién es quién en la mentira", el primer lugar se lo llevan funcionarios de la 4T.

Como lo ha evidenciado la investigación "Operación desabasto", llevada a cabo por un conjunto de organizaciones de la sociedad civil, el imperativo de ahorrar, centralizar y castigar derivó en una debacle documentada. Al frente de la Oficialía Mayor de Hacienda, Raquel Buenrostro fracasó en el intento de reducir costos en la compra de medicamentos, en el objetivo de combatir la corrupción, en la meta de hacer las cosas de mejor manera. Compró tarde y de manera incompleta, llevó a cabo licitaciones que acabaron desiertas, y finalmente tuvo que recurrir a adjudicaciones directas. La combinación fue caótica y contraproducente: el gobierno no solo generó desabasto; también se vio obligado a pagar precios más altos por la situación de emergencia que empezó a enfrentar. El caldo resultó más caro que las albóndigas, y luego ni caldo hubo.

Porque se buscó combatir un mercado oligopólico sin proponer alternativas para crear un mercado competitivo. Porque nadie pensó en cómo crear una red funcional de distribución, almacenaje, logística y producción que sustituyera a la que el presidente tanto criticaba. Porque AMLO vetó e inhabilitó a compañías dominantes en el sector, sin reparar en las consecuencias de hacerlo, y sin tomar en cuenta que la corrupción no provenía de la compra de medicamentos, sino de la facturación falsa de otros servicios contratados.

Cuatro mil doscientos reportes de escasez de medicamentos detectados en los últimos años por el colectivo Cero Desabasto. Padecimientos como cáncer, diabetes, hipertensión y VIH agravados y desatendidos. Sobrecostos y opacidad producto de las compras de urgencia, abriendo aún más la puerta a la corrupción que se quería combatir. Pero el peor costo es el humano: las vidas truncadas, los futuros cancelados. Y ante el sufrimiento y los plantones y las quejas y la desesperación, la 4T no ha corregido; ha revictimizado. De manera cruel, de forma deshonesta, atacando a quienes —desde la izquierda— debería abocarse a proteger. Es cierto que la oposición se montó sobre el tema, pero el gobierno ha provisto la forma de hacerlo. Es cierto que el sector salud tenía serios problemas que era necesario encarar, pero el gobierno empeoró la situación que heredó, y después mintió sobre ella.

Sam Harris escribe en el libro *Lying* que mentir es el camino real al caos. Y la mayor parte de las personas lo sabe: mentir es algo generalmente malo, aunque en algunas ocasiones parezca justificable. Hay quienes apoyan la "mentira virtuosa", argumentando que si el fin es bueno los medios también tendrán cobertura moral. El presidente López Obrador es de ese tipo de mentirosos que avalan la falsedad en aras de un bien superior. Mentir se vale si beneficia al pueblo. Mentir se vindica para apoyar la transformación. Mentir se perdona si ello lleva a exponer a los privilegiados. Con base en esa exculpación, AMLO ha llevado a cabo un ejercicio cotidiano de falsificación. Ya sea aludiendo a los "otros datos" o calumniando o inventando o usando gráficas distorsionadas o recurriendo a cifras inverificables, miente. Así de claro, así de sencillo, así de cuestionable. Porque cuando el líder de un país recurre a la mentira como forma de gobierno daña la confianza pública. La popularidad permanente esconde una inmoralidad subyacente.

López Obrador no es el primer presidente en mentir. Todos en alguna medida lo han hecho, desde tiempos inmemoriales. Y en nuestra era aún quedan las cicatrices de Carlos Salinas tras mentir sobre su hermano Raúl, el uso de la partida secreta, las privatizaciones amañadas y los programas sociales clientelares. Vicente Fox mintió sobre Amigos de Fox, el desafuero y las pretensiones presidenciales de su esposa. Felipe Calderón mintió sobre el montaje de Florence Cassez, la guerra contra el narcotráfico y las actividades de Genaro García Luna. Enrique Peña Nieto mintió sobre la Casa Blanca, Ayotzinapa, Odebrecht y la corrupción corrosiva de su gobierno.

Los presidentes mienten para exagerar sus éxitos y ocultar sus fracasos. Para hacer promesas que no pueden cumplir. Para ocultar sus deficiencias y mantener las apariencias. Pero López Obrador ha traspasado los límites marcados por sus predecesores al normalizar la mentira. ¿Cómo? Al desacreditar a quien exhibe la verdad. Al matar al mensajero para minimizar su mensaje. Cuando ataca a los medios que señalan la brecha entre lo que se presume desde la mañanera y lo que ocurre en el país real. AMLO proclama que se han terminado las masacres, pero miente. AMLO declara que se ha acabado la corrupción, pero miente. AMLO asegura que no ha aumentado la deuda, pero miente. Una y otra vez, sin pudor. Cotidianamente, sin reparo. Y mentir equivale a intencionalmente engañar a quienes esperan una comunicación honesta.

En cada uno de los temas centrales para el país hay estudios y datos —incluso del propio gobierno— que demuestran cuánto y cómo el presidente miente. Lo fascinante de la coyuntura actual es la amplia aceptación de la mentira, aun confrontada con la verdad. El presidente podría afirmar que la Tierra es plana y un amplio sector de la población respondería que tiene razón. Muchos aplaudirían que el planeta ha cambiado de forma y le agradecerían al presidente por señalarlo. Estarían dispuestos a avalar lo que saben que es una mentira obvia tan solo por apoyar a quien la dice. Optarían por perpetuar la mentira antes que reconocer la colisión con la verdad. Y, como señala Harris, tanto el acto de mentir como la aceptación de la mentira tienen consecuencias.

Las mentiras prolongan o precipitan guerras, como en el caso de Vietnam, Irak y Afganistán. Las mentiras producen suspicacia sobre cualquiera con una posición de autoridad, incluyendo periodistas y científicos. Las mentiras promueven la proliferación de teorías de la conspiración. Pero más grave aún: cuando los gobiernos mienten a su población producen un "espejismo ético". Un defecto moral privado con serias implicaciones públicas. Mentir, por definición, muestra "un rechazo a colaborar con los demás". Condensa la falta de confianza y de confiabilidad en un solo acto. Es una falla de entendimiento y de empatía. Cuando el presidente miente influencia las decisiones que la población toma u omite. Cuando el presidente miente afecta la vida de millones. Y cada mentira es un asalto a la autonomía de un ciudadano. Cada mentira se vuelve un conjuro para el futuro, lo que acrecienta la desconfianza entre gobernantes y gobernados, mina la posibilidad de un régimen que rinda cuentas y dinamita la construcción de un país con creencias compartidas por verdaderas. Porque el presidente tiene derecho a sus propias opiniones, pero no a sus propias mentiras o a su propia propaganda.

La mañanera será muchas cosas, pero no es un ejercicio transparente ni verificable de información. Tan es así, que la Oficina de la Presidencia se ha negado a proporcionarle al INAI los datos detrás de las afirmaciones presidenciales. López Obrador ha usado la mañanera para acusar sin pruebas, para difundir cifras que no se pueden verificar, para tergiversar datos o reclamar que se tienen datos alternativos, para enviar a miembros del gabinete a mentir, para presentar narrativas inexactas o falsas, para justificar errores y resignificarlos como virtudes, para lapidar a enemigos y proteger a amigos, para hacer anuncios que contravienen la Constitución o la normatividad gubernamental. No es una conferencia de prensa, es una simulación.

No es un ejemplo de transparencia democrática, es un abuso de poder. No es un foro para la rendición de cuentas, es una misa. No es un "ejercicio circular de información", es un ejercicio de genuflexión. Ahí no se informa, se recluta. Ahí no se presenta un panorama honesto del país y de quien lo gobierna, se rinde pleitesía.

La mañanera constituye un ejemplo de propaganda para defender al gobierno y denostar a la oposición. Por esa razón le son aplicables las restricciones que el INE le ha intentado infructuosamente imponer. No porque el INE lo decida de manera arbitraria o censuradora, sino porque la Constitución lo establece. Cuando tomó posesión, el presidente juró respetarla, y no solo cuando le resultara conveniente. Como ha argumentado el periodista Javier Garza Ramos, "el debate sobre transmitir la mañanera del presidente López Obrador (durante la temporada de elecciones) se resuelve con una sola pregunta: ¿Quién hubiera apoyado que Peña Nieto transmitiera una conferencia diaria en 2015, o Calderón en 2009, o Fox en 2003?". Ningún demócrata, ningún miembro de la izquierda, nadie que comprendiera la historia electoral de México lo hubiera permitido.

Clamar "censura" frente al uso propagandístico de la mañanera es justificar para sí mismo lo que no toleró en los demás. Hacer eso es ignorar de dónde viene, quién fue y quién debería ser. Un demócrata y no un presidente que ignora las lecciones del pasado Un "tirano del *spin*", nutrido a lo largo del sexenio por una oposición desacreditada y dividida que ha facilitado los abusos y la usurpación del poder, porque no ha sabido cómo ejercerlo mejor. Una oposición que con frecuencia no lo es, por los pactos que hace, los votos que vende, los intercambios que está dispuesta a hacer para seguir rotándose en el poder.

La propaganda ha rendido frutos. Imposible negar que el presidente López Obrador es querido. Imposible ocultar que es apoyado. Difícil regatear el entusiasmo, la emoción, el reconocimiento entre quienes toman la calle para manifestarse en su favor. Y no es un tema solo de "acarreo" o pase de lista o tortas o frutsis. AMLO todos los días, con las palabras que pronuncia, las élites que embiste y las promesas que hace, se vuelve un megáfono del México marginado. Le da tribuna y voz. Entiende sus agravios legítimos y los magnifica magistralmente. Pero es muy distinto narrar bien que gobernar bien. AMLO no entregará buenas cuentas en muchos ámbitos, y cuesta trabajo encontrar métricas que puedan presumirse, más allá del aumento del salario mínimo y la disminución de la pobreza por ingresos. Pero en un esfuerzo por rescatar algo del proyecto progresista que la 4T trastocó y traicionó, ahora se celebra el triunfo —por lo menos— de la "narrativa lopezobradorista".

Como lo argumenta Carlos Pérez Ricart, ese será el éxito. Que ningún gobierno deje de concebir proyectos de desarrollo para el sur. Que ningún presidente vuelva a resolver los problemas desde los lujosos jardines de Los Pinos. Que todo presidente(a) no olvide visitar los lugares más recónditos del país. Que no habrá viajes fastuosos a Europa al estilo de Peña Nieto. Todas esas predicciones quizás sean ciertas, y lo celebro. Pero transformar la narrativa, o la escenografía del poder, o la forma de interpretar la realidad o medirla, no es lo mismo que transformar al país.

Detrás de la "narrativa positiva" se asoma una realidad más preocupante. Un país clientelar alimentado por un Estado que crea recipientes en vez de participantes. Un país que mantiene el capitalismo de cuates, solo que con otros cuates; los de la 4T. Un sistema de partido hegemónico renovado con pocos contrapesos. Un andamiaje institucional corroído, cuyas falencias han sido suplidas por el presidencialismo resucitado y la militarización sin controles civiles. AMLO ha cambiado la correlación de fuerzas, pero para beneficio propio y de los suyos, no a favor del Estado o la aspiración democrática.

Es Andrés Manuel quien ha ganado fuerza, no la necesaria institucionalidad, no el Estado. Ese Estado que día con día pierde capacidad para regular, para intervenir, para educar, para curar, para fomentar el crecimiento, para promover la legalidad, para asegurar la seguridad, para reducir las brechas de forma perdurable sin quebrar las finanzas públicas. La destrucción metódica no ha empoderado a las mayorías, pero sí a una sola camarilla. No veo que la 4T busque inaugurar una nueva forma de democracia más transparente, con contrapesos más robustos, con instituciones remodeladas para rendir cuentas, combatir la corrupción, y asegurar mejor representación. No veo una política social integral más allá de transferencias incapaces de generar trampolines de movilidad social en el largo plazo. Pero sí veo el reemplazo de la discrecionalidad tecnoburocrática por la discrecionalidad lopezobradorista.

Celebrar el cambio de narrativa sin atender el afán destructivo o los resultados reales es caer en la trampa que el presidente ha tendido para seguir seduciendo con palabras y épica, pero no con hechos y métricas. Es participar en el mito del cambio estructural que ha sido más bien un cambio teatral, de énfasis, de enemigos, de semántica. Aplaudir el cambio de guion sin resaltar la proclividad autoritaria —viva hoy en 4T— equivale a justificar a quienes discursivamente querían desplazar a las élites, pero para ellos mismos colocarse en la punta de la pirámide. Apoltronados ahí rechazan las disonancias del pluralismo, y buscan alterar las reglas de la democracia disfuncional para nunca perder el poder. Elogiar la nueva escenografía en el mismo teatro se convierte en un amparo del autoritarismo, disfrazado de atención a los pobres y recuperación de la dignidad simbólica. Defender al lopezobradorismo como una ficción desatendida de los resultados que produce no es un logro. Es una claudicación. Equivale a volverse personaje de un magnífico montaje.

Hoy la resistencia real debe provenir de ciudadanos informados que se rehúsan a ser manipulados, de académicos y científicos armados con datos, de feministas que rechazan la militarización machista, de medios que hacen su trabajo, de activistas que defienden el medio ambiente, y de las familias de los desaparecidos que reclaman el fin de la violencia aunque se enfrenten al idioma de la intimidación. En ellos y ellas se encuentra la resiliencia para reconstruir a futuro.

3

A TERMINAR CON EL TLATOANI
(O LA TLATOANI)

"En México no se mueve una hoja sin que lo sepa el presidente". Así era el presidencialismo con Luis Echeverría, José López Portillo, Miguel de la Madrid y Carlos Salinas de Gortari. Omnipresente, omnipotente, imperial. Hasta que a partir de 1994 tanto la voluntad como las condiciones institucionales que permitieron el hiperpoder presidencial terminaron. El PRI perdió la mayoría en la Cámara de Diputados y comenzaron los gobiernos divididos. Ernesto Zedillo se cortó el dedo y rehusó nombrar a su sucesor vía el dedazo. Hubo por primera vez primarias en el PRI y el ocupante de Los Pinos prefirió mantener una sana distancia con su partido, en vez de asegurar su predominio. El poder comenzó a dispersarse, a exportarse más allá del Ejecutivo. México pasó de un presidente que podía hacer mucho a un presidente que podía hacer poco. México transitó del presidente empoderado al presidente acorralado.

Pero la victoria de AMLO implicó la vuelta al lugar de donde veníamos. El círculo del "eterno retorno", citando a Borges. El retorno a un presidente fuerte, capaz de dominar el Poder Legislativo, presionar al Poder Judicial, dirigir un sistema político y económico altamente centralizado, llenar el gobierno con los suyos. Hacer lo que hicieron sus antecesores prezedillistas, que gozaban de poderes metaconstitucionales. Y podían gobernar de esa forma por las "fuentes políticas del presidencialismo en México" como las llamó Jeffrey Weldon. Son cuatro y explican el éxito y la permanencia del PRI como partido dominante durante 71 años: *1)* un régimen presidencialista definido así por la Constitución; *2)* un gobierno unificado donde el partido gobernante controla la presidencia y ambas cámaras del Poder Legislativo; *3)* disciplina dentro del partido gobernante; *4)* un presidente que es el líder reconocido del partido gobernante. Así fue el PRI y así se han erigido AMLO y Morena desde 2018.

A partir de su conversión en partido *catch all* —partido canasta en el que caben todos—, Morena se ha encaminado a sustituir al PRI como partido hegemónico. Es el nuevo partido pragmático que se dice "de izquierda", pero con un arco ideológico tan amplio que bajo él caben todos: desde Paco Ignacio Taibo II hasta Manuel Espino; desde la Coordinadora Nacional de Trabajadores de la Educación (CNTE) hasta los evangélicos, desde los empresarios hasta los moneros. Es una coalición amplia, multiclasista, apoyada por profesionales urbanos y por campesinos rurales. Es, al mismo tiempo, estatista en unos temas y neoliberal en otros; proteccionista cuando le conviene y globalista cuando no le queda otra opción. Es el paraguas protector de un nuevo régimen de partido hegemónico. Quizás menos corrupto que el PRI, pero una copia al carbón de sus bases, sus prácticas, su *modus operandi* clientelar y paternalista. Carga consigo la esperanza y también los vicios. La Cuarta Transformación se ha convertido en la cuarta encarnación del priismo: ¿PNR, PRM, PRI, y ahora Morena? López Obrador ha restaurado el hiperpresidencialismo y a Morena como versiones actualizadas del partido dominante, con un amplio abanico de poderes discrecionales a su disposición.

Este escenario ha sido fuente de satisfacción para los seguidores de AMLO y fuente de preocupación para quienes no lo apoyan. Los primeros celebran el retorno de un Ejecutivo fortalecido que —de la mano de un partido avasallador— ha tenido el respaldo para llevar a cabo partes importantes de la agenda personal del presidente. Los segundos temen —tememos— la sombra larga, extendida y antidemocrática del caudillo y sus cuates. Los lopezobradoristas argumentan que hay un Poder Legislativo y un Poder Judicial que deben estar sometidos al Ejecutivo; sus críticos señalan cuán peligrosa es esa misión. Lo cierto es que en México se encumbró a un nuevo Tlatoani, con el poder para hacer el bien si lo desea y hacer el mal sin muchas cortapisas. Y ha ejercido el poder desde la punta de una pirámide al estilo prehispánico, dominando la historia, la moral, la razón y el futuro.

Muchos ni respingaron, acostumbrados al presidencialismo de antaño. Muchos ni se acordaron de lo que significó ser gobernados así por un Gustavo Díaz Ordaz que tradujo sus paranoias personales en la persecución de estudiantes en 1968. O por un Luis Echeverría que empezó a manejar las finanzas desde Los Pinos, politizando la economía hasta producir la devaluación de 1976, y, según Daniel Cosío Villegas, "predicaba la crítica, la autocrítica y el diálogo —pero no estaba constituido física o mentalmente para el diálogo, sino para el monólogo". O por un José López Portillo, obsesionado con el destino, la historia, el misterio, la epopeya, hasta que el destino lo alcanzó con la debacle económica de 1982. O por un Carlos Salinas, en la apoteosis del Hubris, que quiso ser rey y terminó haciendo una huelga de hambre en Chalco, luego de la crisis de 1994. Así fueron los presidentes imperiales, y, como señala Gabriel Zaid, "así nos fue".

Incluso los más avezados inicialmente sucumbieron a la seducción del hombre fuerte, que de nuevo secuestraba la vida política para comandarla a su antojo. "Desde la más intensa cercanía confirmé ayer que Andrés Manuel López Obrador ha tenido una transfiguración; se mostró con una convicción profunda, más allá del poder y la gloria. Se reveló como un personaje místico, un cruzado, un iluminado. La entrega que ofreció al pueblo de México es total. Se ha dicho que es un protestante disfrazado. Es un auténtico hijo laico de Dios y un servidor de la patria". Así se expresó Porfirio Muñoz Ledo, quien después regresaría del lado oscuro de la fuerza. Así reveló un fenómeno ancestral que ha crecido y se ha ensanchado bajo AMLO: el culto a la personalidad. La exaltación del líder repleto de virtudes que nunca se equivoca. La genuflexión ante una figura irreprochable a la cual nunca se debe criticar, a la cual siempre se debe adular.

López Obrador ha estado ahí todas las mañanas. Como un cura ante su congregación. Como un párroco frente a sus feligreses. Exhortando, adoctrinando, regañando, dando lecciones de moral, citando la Biblia, apelando a los mexicanos a ser mejores seres humanos. El presidente de México frente al púlpito, desde el cual ha informado pero también ha evangelizado. Ha provisto justificaciones pero también ha dado mandamientos. No solo ha sido un líder electo; también se ha erigido en un guía espiritual. Y muchos lo han escuchado extasiados, esperando la siguiente lección, la próxima pauta, el nuevo código de conducta que habrá de regir a la Cuarta Transformación. Ya no la carta magna aprobada por un Congreso Constituyente sino la constitución moral distribuida por una autoridad que no solo quiso gobernar, sino que aspiró a salvar almas.

Por eso el catequista de la 4T ha hablado de la pobreza noble, el divorcio reprobable, los buenos mexicanos que recibirán dádivas y los malos mexicanos que morirán quemados. La conferencia mañanera no es en realidad un ejercicio de rendición de cuentas o un tributo a la transparencia; como bien lo ha señalado Jesús Silva-Herzog Márquez, es una homilía. Entre la larga lista de evasivas, anuncios y cifras que no pueden ser verificadas se coló la personalidad del predicador. El que se ve a sí mismo como un héroe más, como un Juárez, un Madero, un Cárdenas. Grandes hombres que llevaron a cabo grandes hazañas. Pero lo distintivo de quien nos ha gobernado en estos tiempos ha sido la apuesta al carisma como instrumento para catequizar. La banda presidencial que ha dado permiso para moralizar. Su discurso no ha sido uno de derechos y leyes sino de vicios y virtudes. El gobierno lopezobradorista no instituyó el Estado de derecho, enseñó el camino al Paraíso.

Para quienes han asistido y presenciado y participado en la misa diaria, AMLO adquiere cualidades mágicas, forja un lazo emocional entre el apóstol y sus discípulos, se vuelve una figura paternal para una sociedad en busca de alguien en quien creer. Alguien que trascienda los estrechos confines del papel presidencial y se erija en un líder espiritual: poderoso, omnisciente, virtuoso. Apoyar a AMLO es amar a un hombre que articula la recuperación de los valores perdidos, las esperanzas arrumbadas, la paz ansiada. Apoyar a AMLO no es aprobar sus propuestas de política pública —algunas buenas, otras alarmantes—, sino participar en una gesta heroica basada en la fe. Construida sobre la pasión. Edificada sobre la creencia de que un hombre milagroso producirá resultados milagrosos, al margen de la evidencia, la experiencia, la reacción de los mercados, la postura de las calificadoras, la opinión de los expertos, la normatividad, la ley misma.

Poco importa todo eso cuando en Palacio Nacional cada mañana hay un mexicano magnificente que puede controlar las fuerzas de la Historia y alcanzar objetivos trascendentes. Ya no se ha tratado de mover a México sino de salvar a México. Para muchos mexicanos AMLO no ha sido nada más el líder del Poder Ejecutivo, con atribuciones legales y encomiendas formales. Se le ve y se le percibe como alguien que tiene contacto con un poder superior. La historia personificada en un individuo. La historia ma-niquea de México encarnada en él y su lucha: los buenos contra los malos, los de abajo contra los de arriba, los conservadores contra los liberales, los privilegiados contra los desposeídos, el pueblo contra los fifís.

Estar con él implica estar del lado de los ángeles, de la redención, de quienes logran multiplicar los panes y los peces, cruzar el Mar Rojo, resu-citar después de todas las muertes políticas anunciadas. Estar de su lado implica creer que Petróleos Mexicanos (Pemex) se recuperará a pesar de estar en quiebra técnica, que el Tren Maya será una obra redituable a pesar de la falta de estudios de costo-beneficio, que el Aeropuerto Internacional Felipe Ángeles (AIFA) es el mejor del mundo, que la refinería de Dos Bocas será viable aunque un estudio del Instituto Mexicano del Petróleo sostenga lo contrario, que el crimen organizado dejará de violar la ley porque López Obrador lo pide, y que el INAI no es indispensable. En estas épocas y como parte de la narrativa diseminada por el presidente, no es necesario exami-nar, vigilar, exigir o demandar transparencia al gobierno. Basta con creer en él. No es necesario cotejar cifras o pedir estudios o promover evaluaciones. Basta con ser devoto y leal, aun cuando eso corra en contra de la congruen-cia intelectual o la secularidad personal.

Las demandas que AMLO ha hecho de sus seguidores no son las de-mandas de la razón o la auscultación; son las demandas de la religión. Y eso lleva a justificar y avalar todo lo que diga o haga o proponga, aunque sig-nifique violar la Constitución, impulsar las adjudicaciones directas, darle un poder nunca visto al Ejército, satanizar a cualquier crítico, debilitar a las instituciones o saltárselas.

Como escribiera Max Weber en el ensayo de "Los tres tipos de lide-razgo carismático", la actitud carismática "es revolucionaria y transvalora todo; hace que un soberano rompa todas las normas tradicionales y racio-nales". Hay muchos que celebran este tipo de liderazgo. Hay muchos dis-puestos a rendirle tributo a una persona en vez de remodelar a un gobierno. Se suman con emoción y devoción, energía y entusiasmo. Pero el liderazgo carismático —como lo advirtiera Weber— engendra discípulos en vez de ciudadanos. Engendra apóstoles en lugar de construir ciudadanos. Es una forma de otorgarle autoridad a alguien para que tenga poder sobre los demás; no es una manera de darles poder sobre sí mismos. Pero el Estado moderno busca precisamente domesticar al poder vía la despersonalización de su ejercicio y su lenguaje no es el de la moral, es el de la ley. Cada mañana, desde el estrado, san Andrés busca redimir a México. Pero también lo desmoderniza.

Con la política del púlpito, la democracia mexicana ha dejado de ser un proceso construido —poco a poco— sobre instituciones; se ha vuelto un culto edificado sobre la infalibilidad. Hay un séquito que se ha empeñado en colocar a AMLO sobre un pedestal peligroso. Quienes lo aman incondicionalmente. Quienes están seguros de que nunca le va a fallar a la gente que lo acompañó y justifican decisiones que no concuerdan con lo prometido o lo que la democracia requiere. Quienes lo llaman "nuestro Perón", el que va a sentar a la oligarquía para que por fin piense en los pobres. Quienes se autodenominan sus "hijos", cuales hijos de Dios. Los tremendamente fascinados, capaces de defender o justificar cualquier contradicción, cualquier postura, aunque corra en contra de aquello por lo cual se lleva años luchando en México.

Los contrapesos, las autonomías, el federalismo, la transparencia, el combate al clientelismo, el desmantelamiento del capitalismo de cuates, la despolitización judicial, la desmilitarización de México. Todas, causas que han sido negativamente afectadas por decisiones que se han presentado como curas para los males, pero terminarán exacerbándolos. Como la figura de los "superdelegados" de Morena en los estados, y los Servidores de la Nación, junto con el reforzamiento del clientelismo que han promovido. Como la Guardia Nacional y la rendición del mando civil al mando militar que ha traído consigo. Como los nombramientos de figuras incompetentes pero leales y el golpe a la autonomía institucional que conllevan. Como las "consultas populares" y la manera en la cual han distorsionado el sentido de la democracia participativa que muchos impulsamos.

Ante cada foco rojo que la 4T enciende, hay un acólito incondicional dispuesto a defender lo indefendible. Dispuesto a matar al mensajero en lugar de atender el mensaje. Para aquellos que ven al nuevo partido-gobierno como indefectible, los escépticos son "traidores que odian al pueblo". Los que señalan incongruencias son "reaccionarios". Los que señalan la erosión democrática son "miembros de la derecha", aunque tengan una larga trayectoria de izquierda, incluyendo cientos de organizaciones con décadas de lucha en favor de los derechos humanos y la paz. Los encantados con el regreso del Tlatoani se han mostrado incapaces de entender los procesos esenciales de la democracia: confunden popularidad con razón, y legitimidad con permiso para aplanar, mayorías con marrullerías. Callados ante la incorporación de Ricardo Salinas Pliego —uno de los empresarios más abusivos y rentistas del país— al consejo asesor empresarial de AMLO, y protegido rutinariamente por él. Silenciosos ante el populismo penal que representa la aprobación de la prisión preventiva oficiosa, una forma más de victimizar y criminalizar a los pobres. Enmudecidos por su obsesión con el personaje, con quien bautizan como "San Andrés". Claridoso, magistral, un estadista.

Pero como escribe el historiador Timothy Snyder, el amor al personaje es lo que une a un clan o a una tribu, no a una democracia. Si amamos solo la cara, no estamos pensando en procesos políticos o política pública; en vez de ello, estamos aceptando acríticamente al nuevo régimen y sus nuevas reglas. Pero la democracia tiene que ver con procedimientos, no con una sola persona mitificada. El culto a la personalidad destruye la verdad; esa verdad es reemplazada por la creencia o por la fe. Empezamos a creer lo que el líder quiere que creamos. Que el neoliberalismo es la fuente de todos los males, que el Ejército no viola los derechos humanos, que la corrupción se ha acabado porque el presidente es incorruptible, y saca el pañuelito blanco en las mañaneras.

Al abrazar esos artículos de fe dejamos de lado la verdad sobre los verdaderos enemigos a vencer: la politización de las decisiones económicas, la correlación entre militarización y el incremento de la violencia, la ausencia de instituciones capaces de prevenir y combatir y sancionar la corrupción, al margen de la voluntad del presidente. La colocación de AMLO en un pedestal lleva a que muchos ya no puedan distinguir entre verdad y sentimiento, verdad y emoción, verdad y esperanza, verdad y fe. Significa una abdicación de la razón ante la creencia. Lleva a que —como sugiere Snyder— la primera pregunta de la política sea "¿quiénes son ellos y quiénes somos nosotros?" en lugar de "¿cómo es el país y qué podemos hacer en él?".

En el momento en que aceptamos que la política es un tema de "ellos" contra "nosotros", construimos un país sobre la ansiedad y el rencor y el miedo, no sobre la deliberación y el debate y los argumentos basados en evidencia. Dejamos de exigir datos sobre el Tren Maya y el AIFA, sobre el impacto del despliegue militar, sobre el enriquecimiento del Ejército, sobre los efectos de la prisión preventiva en los pobres, sobre los "otros datos" del presidente en casi todos los temas. Dejamos de ser congruentes y consistentes y racionales y demócratas.

Porque el culto a la personalidad atrofia a los países y lo estamos viendo hoy en Estados Unidos, en Hungría, en Polonia, en lugares donde gobiernos democráticamente electos están promoviendo la desdemocratización. Cuando creemos tanto en un hombre debilitamos nuestra capacidad de pensar, evaluar, exigir, crear cercos y contrapesos; debilitamos a las instituciones que nos permitirían hacer eso en el futuro. Subcontratar el destino del país a un solo hombre por la fe que se tiene en él no debería ser motivo de orgullo, sino de desasosiego.

Y de reflexión ante hombres poderosos que necesitan homenajearse a sí mismos rutinariamente. Eso es lo que buscó López Obrador con su ejercicio de "revocación del mandato". Demostrar que era popular, constatar que era carismático, evidenciar cuántos aprueban su gesta heroica y salieron a las urnas a validarlo. Más que someterse a la posibilidad de ser removido, AMLO buscó la certeza de ser ovacionado. La "revocación" fue en realidad una ratificación. La humildad disfrazada de narcisismo. Un concurso de popularidad donde solo había dos contendientes: el presidente y su ego. Miss México, donde la guayabera sustituyó al traje de baño, y el único concursante ganó.

Lo ha sabido porque lo ha checado a lo largo de su gestión. Revisa las encuestas con la misma regularidad con que se toma la presión arterial, y se sabe mayoritariamente aprobado. De cuando en cuando ha simulado someterse al escrutinio popular con el afán de seguir enviando el mensaje que envía, seguir diseminando la narrativa que construye, seguir movilizando a los suyos para que se vuelquen contra quienes no lo son. El argumento antisistema, la crítica a la democracia representativa, la movilización del pueblo contra las élites. La consulta no como evaluación, sino como aclamación. El referéndum no como auscultación, sino como refrendo. El consentimiento manipulado para confirmar sus propias políticas, sus propios objetivos. El debilitamiento de la oposición y el fortalecimiento del presidente. Eso es lo que subyació a la consulta, vendida como un ejemplo de democracia "directa", que se ha vuelto una herramienta para coronar a líderes autoritarios. Como Karl Marx, citado por Nadia Urbinati, comentó sobre el plebiscito de Napoleón Bonaparte que lo hizo cónsul vitalicio: "… tantos votaron a favor del imperio coronado con frases constituciona-les". Tantos votaron por un hombre sin comprender el peso de su yugo. El líder más adicto a la atención que a la democracia ha usado la movilización del presente como la ha usado en el pasado, y con los mis-mos objetivos. Transformar una derrota obvia en una victoria simulada. Presentarse como el paladín del pueblo y desacreditar a quienes ya no me-recen esa adscripción. Flexionar el músculo mayoritario para deslegitimar la discrepancia legítima. Y preguntarse, del mismo modo que lo hace en la mañanera: "¿Cómo me veo?". "¿Me quieren?". "¿Espejito, espejito, sigo siendo el más bonito?".

Esa validación vital le ha preocupado más que cómo reformar al INE para asegurar su autonomía de cualquier partido político, o cómo hacer más representativo al sistema político para acercarlo a la ciudadanía, o cómo sacar el dinero sucio del proceso electoral para evitar la infiltración del narco. Lo suyo ha sido la popularidad, la teatralidad, el espectáculo. La adoración a su persona por encima de la reprobación a aspectos clave de su gobierno, como el combate a la violencia. Saberse idolatrado y sentirse infalible.

A AMLO lo mueven los mismos resortes que a viejos presidentes im-periales al frente de gobiernos lastimosos. Que la adoración tapara la mala gestión. Que la magnificación tapara el daño de la devaluación en puerta. Que la genuflexión tapara la implosión por venir. Así fueron los desfiles de Luis Echeverría, las marchas de José López Portillo, el Zócalo repleto, vito-reando a Carlos Salinas. México amó a presidentes previos, salió a las calles a rendirles pleitesía y después padeció el costo de sus errores y sus excesos. Ojalá hubiéramos aprendido la lección. Creer en un hombre providencial debilita nuestra capacidad de pensar, evaluar, exigir. Pone en riesgo a las instituciones que nos permitirían hacer eso en el futuro.

¿Qué toca a quienes se rehúsan a vivir en el México del INE mutilado por el morenismo, en la patria aplastada por mayorías antidemocráticas? Dejar de proveerles a los líderes providenciales lo que tanto necesitan. De-jar de admirar, aprobar o aplaudir todo lo que hacen o dicen. Decirles que no son únicos, ni históricos, ni pueden actuar por encima de las reglas, ni al margen de la Constitución. Y llamarles por lo que son: destructores de-mocráticos.

Hoy, alrededor del mundo las democracias están muriendo, o se encuentran bajo ataque por líderes electos que retienen la fachada de la democracia mientras evisceran su sustancia. Así lo han descrito Steven Levitsky y Daniel Ziblatt en *Cómo mueren las democracias*. ¿Llegó el momento de sonar la alarma en México? Aquí un ejercicio ciudadano para saberlo, porque para impedir la regresión hay que identificarla. Palomea si la descripción corresponde con la realidad, ahora y en el futuro:

☐ El líder (o la líder) asegura que representa la voz del "pueblo", emprende una cruzada contra quienes determina que no forman parte de él, y pinta a críticos u opositores como corruptos, golpistas, subversivos, antipatrióticos, o instrumentos de intereses extranjeros. Proclama que sus rivales representan una amenaza existencial a la "seguridad nacional". Utiliza la narrativa de "ellos" contra "nosotros" en un amplio rango de temas, y vende a los competidores como enemigos y traidores. Explota agravios sociales legítimos para acentuar divisiones y polarizaciones preexistentes.

☐ El líder (o la líder) agranda la discrecionalidad del Poder Ejecutivo y asume control de la burocracia, el Ejército y el aparato de seguridad. Se arroga oportunidades para influenciar a los medios y a la economía. Se monta sobre o crea redes de empresas del Estado unidas a amigos/aliados/oligopolios en el sector privado que se vuelven vehículos para el patronazgo y la corrupción. El capitalismo de cuates se convierte en un componente central del control gubernamental, y el Estado mafioso se expande.

☐ El líder (o la líder) que llega al poder a través de elecciones democráticas ataca —desde adentro— a instituciones y normas, con el apoyo de alguna porción del electorado. Eso exacerba la disfuncionalidad del Estado, y aumenta la insatisfacción con el andamiaje institucional. La falta en la confianza en las instituciones se vuelve la justificación para la radicalización de las políticas públicas, y la captura del gobierno por sus facciones más extremistas.

☐ El líder (o la líder) logra la cooperación o el doblegamiento del Poder Legislativo mediante la condescendencia del partido gobernante y sus aliados, que abdican de su papel de vigilancia y contrapeso. El Ejecutivo coloca trabas crecientes a la transparencia y la rendición de cuentas. Cada vez es más fácil desplegar recursos públicos para perseguir a enemigos políticos. Decretos, memorándums y órdenes van suplantando acuerdos y consensos legislativos.

☐ El líder (o la líder) rechaza o demuestra un bajo compromiso con las reglas democráticas del juego. Rechaza o viola la Constitución, utiliza métodos extraconstitucionales para otorgarles poderes a las Fuerzas Armadas y cuestiona la legitimidad de las autoridades electorales. Le importa más ganar que mantener el orden constitucional, incluyendo la integridad electoral, y por ello empuja reformas para asegurar la mayoría o la sobrerrepresentación de su partido. Con frecuencia recurre a ejercicios de democracia plebiscitaria para saltarse las normas acordadas.

☐ El líder (o la líder) promueve leyes que debilitan a la sociedad civil, y toma acciones punitivas contra críticos en partidos rivales, la comunidad científica y educativa, el movimiento feminista y ambientalista, o los medios, a los que intimida. El líder (o la líder) tiene lazos con grupos armados, fuerzas paramilitares u otras organizaciones que promueven la violencia ilegal. Tácitamente endosa la violencia de seguidores contra opositores de su gobierno y alaba a otros gobiernos que toman medidas represivas.

☐ El líder (o la líder) se aboca a destruir, debilitar o estrangular presupuestalmente a las instituciones de "rendición de cuentas horizontal" en el Poder Judicial, el Poder Legislativo, y las agencias nominalmente independientes como los bancos centrales, que —en ocasiones— se vuelven cómplices de su propia eutanasia política. Coloniza o elimina o desacredita a agencias especializadas del Estado encargadas de proveer datos objetivos sobre el presupuesto, el cambio climático, la salud pública y la evaluación de programas gubernamentales.

☐ El líder (o la líder) erosiona la democracia de manera incremental, lo cual le permite ir avanzando sin resistencia más frontal o cohesiva. La subversión gradual de las instituciones permite al presidente concentrar y acrecentar poder, logrando que la erosión democrática sea difícil de detectar y frenar hasta que ya es demasiado tarde, y el autoritarismo electoral regresó para quedarse.

Si palomeaste uno o más, preocúpate.

4

INSTITUCIONES SÍ, IMPOSICIONES NO

Todos los días presenciamos un acto de demolición. Todos los días padecemos una pulsión destructiva. El gobierno lopezobradorista dinamita las viejas instituciones, en nombre de la transformación, en aras del cambio. El Seguro Popular, Prospera, el Consejo Nacional para el Desarrollo y la Inclusión de las Personas con Discapacidad (Conadis), la Comisión Reguladora de Energía (CRE), la Secretaría de Medio Ambiente y Recursos Naturales (Semarnat), el Instituto Nacional de Migración, el INAI, el INE, la Comisión Nacional de los Derechos Humanos (CNDH), la Comisión Federal de Competencia Económica (Cofece), la Suprema Corte. Instituciones eliminadas o vaciadas o capturadas o estranguladas o intimidadas u obligadas a seguir reglas dictadas desde arriba que minan su capacidad de actuar hacia abajo. Instituciones que en el pasado han sido imperfectas, politizadas, con cuates que llegaron ahí por cuotas. Instituciones que con frecuencia traicionaban su misión fundacional para cumplir con cualquier capricho presidencial o algún objetivo partidista. Pero instituciones al fin, con normas que tenían razón de ser, reglas que tenían motivos para existir. Habría que limpiarlas y profesionalizarlas y refundarlas y reforzar su autonomía. Pero la 4T prefirió desechar en vez de remodelar; prefirió usar la bola de demolición, aunque deje montañas de cascajo tras de sí.

Es innegable que numerosas instituciones creadas para ser contrapesos del poder se convirtieron en sus comparsas. Instituciones diseñadas para la autonomía a veces se dedicaron a la politiquería. El INE fue inerte ante las ilegalidades del Partido Verde, el Sistema de Administración Tributaria (SAT) fue silencioso ante las condonaciones fiscales, el INAI fue inconsistente o con frecuencia ausente, el Tribunal Electoral fue discrecional, la Comisión Nacional Bancaria y de Valores (CNBV) fue impasible ante el rentismo del sistema financiero, la Procuraduría General de la República (PGR) persiguió a enemigos políticos mientras ignoraba a criminales priistas o panistas. Hubo consejeros que no fueron autónomos, reguladores que se dejaron capturar, magistrados a modo. Y en vez de fortalecer al andamiaje institucional, el peñanietismo lo debilitó aún más, politizándolo, partidizándolo, degradándolo. Peña Nieto puso a las instituciones del Estado al servicio del PRI y de sí mismo. Las volvió difíciles de defender.

El tamaño del daño explica la magnitud de la sobrecorrección del gobierno amloísta. Como las policías son corruptas ahora habrá que militarizar a México. Como la burocracia especializada tenía privilegios desmedidos hay que despedirla masivamente. Como el INE en ocasiones se convirtió en correa de transmisión de los partidos, hay que destruirlo o debilitarlo. Como algunos gobernadores del PRI y del PAN se volvieron virreyes ahora hay que instalar virreyes morenistas —los superdelegados morenistas— para controlarlos. La intención de AMLO/Morena ha sido deslegitimar a las instituciones, por lo deterioradas que estaban. Peña Nieto fue tóxico para la institucionalidad, pero López Obrador ha querido gobernar sin ella.

Desmantela por antojo, no en función de la evidencia. ¿Dónde está el censo que supuestamente reportó corrupción generalizada en las estancias infantiles? ¿Dónde está la evaluación de Prospera que llevó a la eliminación del programa? ¿Dónde está el análisis de las decisiones tomadas por la Comisión Reguladora de Energía que sustenten su sometimiento? ¿Dónde está el estudio que avale la necesidad de recortes brutales a la burocracia del Estado, porque eso fortalecerá su gestión? Sería más fácil apoyar las decisiones gubernamentales si estuvieran basadas en argumentos, y no solo en impulsos. Sería más sencillo aplaudir lo que Palacio Nacional ha decretado si enseñara los datos que lo llevaron a tomar esas decisiones. Pero la carnicería institucional está basada en los prejuicios del presidente, y no en la deliberación razonada de quienes lo rodean.

Es falso que 50% de las estancias infantiles no tuviera condiciones mínimas de seguridad y que un censo de la Secretaría de Bienestar demostró la corrupción en ellas. Si tienen "otros datos", AMLO y los suyos deberían presentarlos, porque hasta el momento encaran sin evidencia. Sin haber revelado el padrón que supuestamente detectó la existencia de 97 180 niños fantasma. Sin haber atendido la exigencia del INAI de hacer públicas las irregularidades en las estancias que llevaron a su cancelación. Sin haber presentado estudios que demuestren cómo la entrega de dinero en efectivo a los padres —mediante una "voucherización" al estilo neoliberal— es una política pública más justa, progresista y eficaz que lo desmantelado.

La instrucción presidencial en todos los ámbitos ha sido sencilla: entregar recursos, repartir dinero y hacer todo sin mediación. No preocupa sustituir instituciones que actuaban discrecionalmente por otras que lo harán aún más. No importa si se destruyen programas bien evaluados o se desmantelan organismos necesarios para el funcionamiento democrático o se colonizan agencias diseñadas para regular la depredación de los mercados. Antes había mala regulación; ahora no existirá. Antes había programas sociales con resultados medibles; ahora será imposible evaluar su impacto. Antes había instituciones electorales partidizadas; ahora se buscará que el gobierno busque controlarlas. La institucionalidad fallida justifica la institucionalidad incendiada; la corrupción arraigada del pasado acredita la implosión deliberada del presente; la lucha contra privilegios acaparados por unos legitima que otros se los apropien, y ahí está el comedor *gourmet* de Elena Álvarez-Bullya, directora del Consejo Nacional de Humanidades, Ciencias y Tecnologías (Conahcyt) para probarlo.

El detonador de la discrecionalidad es simple. López Obrador no cree en las instituciones. No cree en la ley. No cree en la competencia. No cree en la regulación. No cree en el servicio civil de carrera. No cree que sea necesario desmantelar monopolios sino ponerlos al servicio de la 4T. No cree en el Estado de bienestar, construido sobre procesos y reglas y normas que trascenderán su sexenio o su persona. Quiere completar la agenda redistributiva de la Revolución pero sin instituciones para ayudarlo a asegurar su objetivo. Quiere tumbar el edificio agrietado y no se ha dado cuenta de que si no construye otro dejará a millones de mexicanos desprotegidos. Supone que basta con redactar memorándums, decretar cambios, dar órdenes, y no comprende que se necesita al aparato del Estado para llevarlas a cabo.

Los seducidos por la épica transformadora argumentan que la destrucción es necesaria. La demolición es indispensable. Hay que dinamitar el pasado porque solo así será posible edificar un nuevo futuro. Y eso sería entendible e incluso loable si fuera cierto. Pero la evidencia sugiere lo contrario. El gobierno de la 4T ni construye una nueva institucionalidad ni está remodelando eficazmente la que heredó para que podamos acabar con un orden social profundamente injusto.

Nadie duda que había abusos dentro del andamiaje estatal. Nadie podría justificar los viáticos y los guaruras y los peluqueros y los aviadores y el amiguismo en la contratación de asesores. Nadie podría defender cómo algunos arribaron al gobierno para distribuirse el botín. Pero la respuesta del lopezobradorismo ha sido medir a todos con el mismo rasero. Ha desacreditado a todo el servicio público de tajo cuando entre la paja también hay espigas de trigo, cuando entre las espinas también hay rosales, cuando entre la hiedra venenosa también hay árboles frutales. Hay personal técnicamente calificado al frente de dependencias que no podrían funcionar sin su formación.

En algunos casos sí ha talado madera muerta, pero en muchos se taló talento. Cualquier persona puede ser diputado o senador; no cualquiera puede refinanciar la deuda pública, regular el espectro radioeléctrico, instrumentar procesos de licitación o coordinar procesos de protección civil. El personal de base que se quedó a hacerse cargo no tiene la capacidad jurídica ni el entrenamiento para tomar decisiones. Hemos presenciado el éxodo de los capacitados y la permanencia de los incondicionales.

El resultado de la política de poda mal pensada y mal diseñada ha sido previsible. Parálisis administrativa en numerosas ramas del gobierno federal y subejercicios presupuestales alarmantes. Continuas fallas e incumplimientos de normativas complejas. Constantes deficiencias e inobservancias de dirección, inspección, vigilancia y fiscalización. Un *impasse* de incertidumbre. Una evisceración de *expertise*. Una función pública cada vez más disfuncional y no al revés. Un exorcismo de la memoria institucional. Un limbo jurídico para miles de personas cuyo destino ha sido determinado por la politización y no por la profesionalización. Y el florecimiento de una "ocurrenciocracia" que, con anuncios sin ton ni son, diariamente desquicia sectores, incrementa la irresolución, aumenta la arbitrariedad, lleva a calificadoras como Fitch a cambiar a negativa la perspectiva crediticia de Pemex ante la creciente incertidumbre sobre el futuro de la petrolera y su estrategia de negocios.

Si no es posible el desmantelamiento de la institución, proceden a colonizarla. Van por todo. Por los órganos reguladores en los cuales han colocado a ineptos e incondicionales. Por la Suprema Corte que quieren elegir por voto popular, y aprovechar su mayoría a la hora de la votación. Por la CNDH, en cuya presidencia han impuesto —y tramposamente— a una militante de Morena que llena de loas al presidente. Por el Instituto Nacional Electoral con el plan A, el plan B y el plan C de reforma electoral. El objetivo es claro, la intención es obvia. Rehacer el andamiaje institucional para ponerlo a disposición del presidente y luego de la presidenta. Desmantelar lo que la transición democrática construyó incompleta e imperfectamente, para edificar un nuevo mundo macuspaniano.

Así, de tajo, con una narrativa engañosa y una mayoría mal utilizada, el lopezobradorismo borra décadas de deliberación y debate y reformas —avaladas por la izquierda— que buscaron cambiar a México. Queríamos limitar el poder discrecional del presidente, promover un marco regulatorio robusto para incentivar el crecimiento económico, evidenciar las violaciones de derechos humanos cometidas por el propio gobierno con la esperanza de sancionarlas, inocular a los ministros de la Suprema Corte contra presiones políticas sexenales, crear un árbitro imparcial para que el PRI tuviera que competir y la oposición pudiera ganar. En el trayecto, hubo avances y también retrocesos; hubo algunas victorias y también muchos obstáculos que la propia partidocracia colocó.

Hubo coyunturas en las que el INE calló cuando debió haberse pronunciado sobre las marrullerías electorales del PRI. Cuando los órganos reguladores permitieron que los poderes fácticos impusieran sus propias reglas, y perpetuaran la posición predominante de oligarcas privilegiados. Cuando la Suprema Corte votó para proteger a los política y administrativamente responsables de la Guardería ABC. Cuando la CNDH tuvo presidentes impresentables que guardaron silencios execrables. Múltiples presidentes y todos los partidos lograron —en una u otra medida— alinear a las instituciones con el poder en turno. Porque la autonomía les incomodaba o la crítica los molestaba o las multas eran muy elevadas o detestaban la imposición de límites a su propio poder.

La "transformación" resultó ser autonomofóbica. En vez de arreglar todo eso que los partidos echaron a perder cuando sabotearon sistemáticamente la consolidación de los contrapesos, AMLO prefiere acabar con ellos. En este gobierno no se trata de remodelar, sino de poseer. No se busca corregir, sino someter. No se trata de democratizar al poder, sino de concentrarlo. Llenar el gobierno de reguladores leales, ómbudsman displicentes, ministros modosos, secretarios silentes, autoridades electorales obedientes, periodistas domesticados. Y cualquiera que intente señalar el trasfondo antidemocrático de estas medidas será estigmatizado como miembro apócrifo del pueblo, empleado de las élites, lacayo del neoliberalismo. Pero medida tras medida, iniciativa tras iniciativa, revela un patrón y es alarmante: López Obrador está purgando en nombre del pueblo. Está promoviendo la desdemocratización en nombre de la transformación.

Pero ante la andanada, bien vale la pena desempolvar la historia de su gestación y para qué se creó. Recuerdo la noche del 2 de julio del año 2000, en la explanada del entonces Instituto Federal Electoral (IFE) cuando gritamos, lloramos, nos abrazamos. Repetíamos sin cesar: "Logramos sacar al PRI de Los Pinos". "Logramos una transición votada". Eran momentos de algarabía, de triunfo compartido. Y no porque hubiera ganado Vicente Fox o el Partido Acción Nacional; eso era secundario, y muchos habíamos contribuido a ese desenlace vía el voto útil de la izquierda solo con el objetivo de acabar con el sistema de partido hegemónico. Celebrábamos la alternancia electoral, el fin del predominio priista, el destierro de la mancuerna partido-gobierno que había obstaculizado el arribo de la democracia electoral durante décadas.

Ese momento marcó un hito histórico. Representó la culminación de una larga lucha para promover la competencia y nivelar el terreno de juego entre el PRI y la oposición. Habíamos logrado lo que Mauricio Merino llama "la transición votada" y lo hicimos impulsando la independencia del IFE. Llegamos a ese lugar porque creímos en el imperativo de la autonomía del IFE para que el gobierno no fuera juez y parte; para que no organizara, participara y después validara las elecciones.

También fueron surgiendo otros órganos autónomos basados en la misma lógica: había que crear contrapesos al poder que se había ejercido de manera arbitraria. Había que proveer fuentes independientes de datos y métodos autónomos de evaluación. Había que diseñar organismos regulatorios capaces de encarar el capitalismo de cuates y contener sus peores excesos. Había que construir entidades capaces de vigilar las políticas públicas y asegurar su buena instrumentación. Autonomía ante la arbitrariedad; autonomía ante la opacidad; autonomía ante la discrecionalidad. Y de ahí la promoción del Banco de México autónomo, la Comisión Federal de Competencia, el Instituto Federal de Telecomunicaciones, el Instituto Nacional de Evaluación Educativa, la Comisión Reguladora de Energía, el Consejo Nacional de Evaluación de la Política de Desarrollo Social (Coneval), el INAI. Un andamiaje con objetivos específicos pero también con un sentido general: contener, auscultar, regular, evaluar, transparentar, medir y democratizar al gobierno. Impedir que resurgiera lo peor del presidencialismo priista; impedir que un solo partido gobernara como quisiera y tras bambalinas; impedir el regreso al lugar de donde veníamos. La presidencia imperial, el uso de programas de combate a la pobreza como instrumento electoral, el sometimiento de la educación pública al control sindical, la cuatitud como condición para ganar contratos y mantener monopolios en sectores clave de la economía, el manejo de la política monetaria desde la presidencia, con los resultados catastróficos que tuvo.

Detrás de cada órgano autónomo creado en los últimos 30 años hay una historia, una lógica y una razón de ser. Detrás de cada institución se buscaba crear un muro de contención. Y cada una tiene vicios y virtudes, triunfos y fracasos, aciertos y errores. Cada una —en diferentes momentos y por distintas razones— se vio afectada por la politización o la partidización o la intromisión gubernamental o la captura corporativa o la lógica de cuotas y cuates.

Cada una también contribuyó al avance de Morena en los últimos tiempos. AMLO utilizó información provista por el INAI para exhibir la corrupción peñanietista. AMLO se valió de las recomendaciones de la CNDH para denunciar la violación sistemática de derechos en Tanhuato y Tlatlaya y Apatzingán y Nochixtlán. AMLO usó evaluaciones hechas por el Coneval para criticar la política social de administraciones anteriores. AMLO no sería presidente si desde los noventa no hubiéramos peleado para tener elecciones competitivas y confiables, y eso se logró a través del IFE, ahora INE, con todo y sus múltiples defectos. Promotores de la 4T pueden montar hashtags y trending topics en Twitter desde sus teléfonos celulares porque la reforma en telecomunicaciones produjo regulación y competencia fomentadas por el Instituto Federal de Telecomunicaciones (IFT) y la Cofece, lo que se tradujo en tarifas accesibles para los consumidores.

Por eso resulta una paradoja perversa que ahora la 4T despliegue una vocación antidemocrática cuya intención es desaparecer, debilitar o estrangular a instituciones que llevaron al lopezobradorismo a Palacio Nacional, en vez de componerlas. Sin duda los organismos autónomos son mejorables, reformables, corregibles. Fortalecerlos sería lo deseable, lo democrático. No la promoción de iniciativas legislativas que buscan subsumirlos dentro de la estructura gubernamental. No la justificación de su destrucción en aras de un "cambio de régimen" que solo entrañaría regresar a lo que tanto trabajo costó desterrar, ignorando la historia y sus lecciones. Todo el poder en manos de un presidente y un solo partido. Todas las decisiones tomadas de manera discrecional y sin auscultación independiente. Toda la culpa colocada en las entidades autónomas y no en los partidos o los presidentes o los gobiernos que torcieron su mandato e ignoraron sus recomendaciones. Acabar con las autonomías no sería un acto de transformación democrática, sino un acto de regresión autoritaria. No reflejaría a un movimiento que busca mejorar al país, sino controlarlo personal y palaciegamente.

Y eso no es democrático. Eso es usar a las instituciones de la democracia para debilitarla aún más. Eso es cambiar las reglas del juego sobre la marcha para morenizarlo *ad infinitum*. Eso es ignorar la historia de la transición, distorsionando sus logros y limitaciones.

Ahí está el ejemplo de la CNDH. Lejos quedó el líder que prometió, en campaña, cumplir todas las recomendaciones emitidas por la institución. Ese Andrés Manuel defensor de los derechos humanos y adalid de su protección. Ese líder de antaño, luego perdido, extraviado, reemplazado por un político más que prefiere deshacerse de organismos incómodos que lo auscultan, lo vigilan, exigen que rinda cuentas y gobierne con honestidad. En su lugar está un presidente que ha mentido sobre la CNDH con el objetivo de desacreditar a la institución y volverla obsecuente. No es cierto que la Comisión promueva una agenda de partido conservador o haya guardado silencio sobre la Guardería ABC. El gobierno no impugna a la CNDH a partir de su desempeño; lo hace porque no quiere recomendaciones críticas o acciones de inconstitucionalidad incómodas o acompañamiento a las víctimas que se acumulan o reportes sobre los descalabros en el sector salud o que el pueblo feliz sepa cómo la 4T transforma pero violando derechos.

La abdicación de la autonomía ha sido impulsada por un presidente que parecía ser demócrata, pero nosotros tenemos otros datos. Ahí está el ejemplo de la Suprema Corte. Desde Palacio Nacional ya se dieron instrucciones. Todo el gobierno contra la Suprema Corte de Justicia de la Nación (SCJN). Todo el aparato del Poder Ejecutivo contra el Poder Judicial. El mensaje es contundente y coordinado: la Corte es corrupta, la Corte es privilegiada, la Corte no quiso reducir los sueldos de los consejeros del INE, ni los suyos, la Corte no respeta la voluntad del pueblo, los ministros tienen demasiados celulares y computadoras mientras el pueblo padece penurias. "Ellos" contra "nosotros". Así López Obrador, los gobernadores de Morena, los legisladores del partido mayoritario y el Canal Once han repetido medias verdades o abiertas mentiras a coro. Han retorcido el significado de fallos de la Suprema Corte, porque al gobierno lopezobradorista no le interesa la verdad, o la evidencia, o la Constitución o combatir los privilegios que sí dañan al país. Lo que quiere es controlar a la Corte para que no contenga sus abusos de poder.

El objetivo propagandístico y político de la andanada contra la Corte no es mejorarla, o perfeccionar la calidad de sus sentencias, o asegurar la imparcialidad de sus miembros, o combatir el nepotismo y la corrupción en sus filas, o impulsar una reforma judicial que garantice justicia cotidiana para los millones que no tienen acceso a ella. Si ese fuera el caso, AMLO no habría encumbrado a Yasmín Esquivel, no habría frenado la transición a los juicios orales, no habría impulsado la prisión preventiva oficiosa que —todos los días— cierra candados para los pobres, y no habría recortado el presupuesto del Poder Judicial para entregárselo al Ejército o al Tren Maya. Si la misión fundacional de la 4T fuera combatir privilegios, empezaría recortando los suyos: los de Palacio Nacional, los de Luis Cresencio Sandoval, los del gabinete, los de la familia del presidente, los del Ejército y tantos más.

La campaña canallesca contra la Corte evidencia la meta real del plan C: "C" de control, "C" de cuatitud y "C" de Corte cortesana al servicio del rey, no de sus siervos. Y esa opción facilona coloca al lopezobradorismo en un sitio donde no debería estar: en la cancha de los gobiernos democráticamente electos que desdemocratizan. En la cancha de líderes que excorian los procesos y las instituciones que los llevaron al poder. Como advierten Steven Levitsky y Daniel Ziblatt en *How Democracies Die*, ahora las democracias no mueren a manos de generales sino de líderes electos. No mueren de golpe, sino paso a paso, erosión tras erosión, cuando prometen construir una democracia más "auténtica" pero acaban minándola. Quizás AMLO y Claudia Sheinbaum crean que están mejorando a México al agredir al Poder Judicial, y al alimentar la enjundia contra la Corte. En realidad están dañando a la democracia endeble, al denigrar uno de los pocos contrapesos con los que todavía contamos. Demuestran un compromiso redistributivo, pero no un compromiso con la legalidad.

También están los ejemplos del INAI y del IFT. Semana tras semana el gobierno de López Obrador parece abocado a cancelar derechos ciudadanos. Anuncio tras anuncio, el presidente parece empeñado en quitarnos logros por los cuales peleamos durante décadas. El derecho a la información, el derecho a la transparencia, el derecho a una regulación robusta que contenga oligarcas empresariales. AMLO se presenta como el Gran Benefactor pero en realidad es el Gran Arrebatador. En lugar de ampliar el catálogo de conquistas democráticas, quiere cerrarlo. Todo con el afán de centralizar el poder y arrancárselo a quienes vigilan. Todo para volver a gobernar desde la opacidad, eliminando la competencia y los contrapesos. Eso es lo que subyace detrás de los ataques al INAI y al IFT, y la renuencia a nombrar a sus comisionados para que la institución pudiera funcionar adecuadamente. El emperador solo quiere rodearse de organismos cortesanos, para que nadie le diga que está desnudo.

Hay que denunciarlo y reconocerlo y encararlo. AMLO miente cuando dice que es muy caro mantener a los organismos autónomos. Basta con comparar el presupuesto anual de 2021 para el INAI (918 mdp) y el IFT (1 510 mdp) con lo que costará mantener a Dos Bocas (45 050 millones), el Tren Maya (36 288 mdp) y Santa Lucía (21 315 mdp). Su "costo oneroso" es una parte infinitesimal del presupuesto, y el ahorro que generaría su eliminación es insignificante en comparación con lo destinado a obras controvertidas con beneficios poco claros. AMLO está usando el supuesto combate a la corrupción como un pretexto orwelliano para acumular poder antidemocráticamente.

A pesar de deficiencias, omisiones y errores, el INAI y el IFE sí sirven al interés público. Fueron impulsados desde la sociedad con ese objetivo. Vía peticiones de información al INAI, se han documentado múltiples casos de corrupción pasada y presente: el *toallagate* de Fox, la Estafa Maestra, los desfalcos de Duarte, la Estela de Luz, los contratos entre Pemex y Odebrecht, las empresas fantasma beneficiarias de contratos gubernamentales, violaciones de derechos humanos por las Fuerzas Armadas y copiosas irregularidades más. Vía decisiones del IFT —el regulador de telecomunicaciones—, se le han retirado privilegios a Telmex, a Televisa y a TV Azteca, con la promoción de la competencia en beneficio del consumidor. Al obligar a Telmex a reducir la tarifa de interconexión, han bajado los precios de la telefonía. Al otorgarse más concesiones y promoverse más licitaciones, hay más alternativas, sobre todo para las comunidades indígenas. Al declarar preponderante a Televisa, se le aplican reglas asimétricas para que puedan surgir otras opciones. Cualquier gobierno progresista aplaudiría estos avances de autonomía, transparencia y regulación. Solo un gobierno autoritario y protector de privilegios buscaría eliminarlos.

Al arremeter contra el INAI y el IFT, el lopezobradorismo revela que prefiere esconder, prefiere coludir. El gobierno de López Obrador es cuatro veces más opaco que el de Peña Nieto. La Secretaría de Salud (SSA) reserva por cinco años los contratos de vacunas, la Secretaría de Hacienda y Crédito Público (SHCP) rechaza hacer público el informe de la refinería de Dos Bocas, Pemex pone en reserva por cinco años la información de grandes proyectos, la Secretaría de la Defensa Nacional (Sedena) reserva por cinco años la información sobre terrenos para la construcción de cuarteles de la Guardia Nacional, la Presidencia rehúsa responder solicitudes de transparencia sobre los "otros datos" que AMLO cita en las mañaneras, la Secretaría de Relaciones Exteriores (SRE) reserva investigaciones sobre el general Cienfuegos, y un largo etcétera de evasión.

Afortunadamente, el tsunami "transformador" de López Obrador se ha estrellado contra algunos muros de contención que no puede derrumbar. El oleaje furioso que parecía capaz de arrasar con todo es canalizado por diques agrietados pero resilientes. Hemos presenciado cómo el INE, el Instituto Nacional de Estadística y Geografía (INEGI), el Coneval, la Suprema Corte, e incluso el Tribunal Electoral del Poder Judicial de la Federación (TEPJF) intentan hacer la labor que les corresponde. Organizar elecciones y consultas, recolectar datos duros y diseminarlos, medir la pobreza y el impacto de la política social, darle vida a la Constitución y respetarla, asegurar que la justicia electoral logre existir al margen de presiones políticas. De distintas formas y en diferentes grados, la institucionalidad ha intentado limitar la discrecionalidad. Algunos alzan la cabeza, pierden el miedo, sacan la casta y recuerdan que las reglas también aplican para el presidente.

Quizás AMLO se sienta monarca en un castillo, pero las instituciones no son su feudo, ni los ciudadanos sus súbditos.

En la 4T se ha dado la orden de no hablar de "institucionalidad" porque su defensa equivale a una defensa del pasado; quien exija su existencia es tildado de cretino o conservador. Pero lo que el presidente y sus "transformadores" no comprenden es que no hay democracia sin instituciones. No hay economía capaz de crecer o atraer la inversión o detonar el desarrollo sin instituciones. No hay manera —como explica Adam Przeworski— de procesar y resolver conflictos sociales y políticos sin instituciones. No hay forma de vigilar el poder sin instituciones. Y quienes piensan que en vez de remodelarlas hay que acabar con ellas o morenizarlas, están produciendo el gobierno de un solo hombre —o una sola mujer— colocado en un pedestal, rodeado de cenizas.

Por eso, la tarea para todo demócrata —al margen de filias, fobias e ideologías— es denunciar y frenar lo que está ocurriendo. La usurpación del gobierno por una fuerza política tan excluyente como la que reemplazó. La ocupación partidista de instituciones creadas para impedir el resurgimiento de toda hegemonía, que hoy dice gobernar para el pueblo, pero solo lo hace para los devotos de la denominada 4T.

Pero son nuestras. La movilización ciudadana en defensa del INE lo demostró. Los ciudadanos no son imaginarios. Existen y exigen y reclaman y ejercen votos de castigo. Hoy —según revelan las encuestas— la población confía más en el INE que en AMLO. Y hoy las instituciones imperfectas, insuficientes, pero indispensables de la transición democrática están tratando de reivindicar su sentido fundacional. Están intentando reconfirmar aquello para lo que fueron diseñadas. Para apoyar el tránsito de un sistema de partido hegemónico a un sistema multipartidista. Para impulsar elecciones libres, justas, con árbitros confiables. Para proveer datos verificables con los cuales medir y corregir la política pública. Para asegurar el tránsito de la presidencia imperial a la presidencia acotada.

Ahora esas instituciones en riesgo buscan erigir diques alrededor del hombre que quiere ser rey, pero es solo un presidente más. Las instituciones que tanto denuesta le están dando lecciones que ojalá entiendan tanto él como su sucesora seleccionada. Las instituciones que a diario desprecia tratan de impartir cátedra de por qué y para qué existen y no es solo para acatar la voluntad presidencial. El poder en una democracia se comparte, se vigila, se descentraliza y genera contrapesos para frenar la tentación autoritaria. El PRI cayó en ella, el PAN no logró desmantelarla, y Morena ahora la resucita, encarnándola en un solo hombre, o quizás en una sola mujer que mimetiza el discurso de la destrucción.

Cuando lo que urge es remodelar sin partidizar. Sin duda el nepotismo, el influyentismo, y la falta de austeridad del Poder Judicial son problemas que deben ser corregidos. Sin duda la Suprema Corte en ocasiones ha protegido privilegios, ha sido cortesana del poder, ha tomado decisiones —como la Guardería ABC y el primer fallo del caso Cassez— que contradicen su autonomía y evidencian su independencia intermitente. Pero también tumbó la ley Televisa y la Ley de Seguridad Interior, despenalizó el aborto, aprobó la regulación de la mariguana, apoyó los matrimonios del mismo sexo. Es falso, como lo declarara AMLO alguna vez, "que la Corte nunca ha hecho nada bueno por el pueblo". Es un poder criticable y a la vez indispensable; inconsistente y al mismo tiempo imprescindible. Es un poder que la 4T podría mejorar, y eso no se logrará denostando a ministros que no se prestan a serlo a modo, o proponiendo que la Corte "obedezca el mandato del pueblo" cuando esa no es su labor. Existe para hacer valer la Constitución.

México necesita una Corte más sensible y más consistente. Un tribunal supremo sin sometimientos al gobierno en turno ni conformado para hacer sus encargos. Un recinto autónomo que defienda la Constitución y no la ignore cuando el presidente se lo pida. Un poder que actúe como contrapeso robusto y no como comparsa a ratos. Eso es lo que la democracia mexicana requiere y no ha logrado consolidar de manera consistente desde la reforma zedillista de 1994. Nuestra Corte ha tenido destellos de independencia y sombras de sumisión. Ha votado sentencias garantistas y también ha asumido posturas cuatistas. Tenemos una SCJN vulnerable a las presiones presidenciales y eso deriva de cómo se nombra a los ministros: un proceso de designación fallido produce Medinas Moras y ministras contratistas; encumbra a personas que llegan para cuidarle las espaldas al grupo político que los nombró. Ese fue el problema ayer y sigue siendo el problema hoy.

Por ello sería importante —a futuro— modificar el proceso ortodoxo, minimalista, legaloide y sin la suficiente auscultación pública con el cual se elige a los ministros. Para así garantizar su autonomía y mejorar el acceso a la justicia de la población. Para hacer valer derechos ciudadanos y no solo arbitrar conflictos políticos. Necesitamos ministrxs que sean garantes de derechos constitucionales y no protectores de quienes los pisotean desde el poder. Hombres y mujeres respetables, respetados, respetadas. No ministras como Yasmín Esquivel o Loretta Ortiz, producto de un voto popular manipulado, como quisiera la 4T.

Abracemos, entonces, uno de los calificativos del lopezobradorismo para denigrar a cualquiera que lo contradiga en el tema de las instituciones. Admitamos ser "conservadores". Admitamos que sí queremos conservar el patrimonio común de un sistema electoral erigido para acabar con el viejo régimen. Admitamos el imperativo de asegurar que México no vuelva a una institución electoral alineada con el gobierno. Admitamos el deseo de conservar la posibilidad de un INE capaz de garantizar la imparcialidad en todo el proceso electoral. Defendamos la preservación de las destrezas profesionales y los conocimientos adquiridos por parte de quienes hacen al INE posible. Defendamos la credencial de elector, constatar que corresponda con mi nombre en el padrón, votar por un candidato de cualquier partido sin saber de antemano quién va a ganar. Defendamos la heterogeneidad y el pluralismo y la coexistencia y las garantías. Como escribe Robert Heinlen, el mundo está dividido entre quienes quieren ser controlados y quienes no tienen ese deseo. Seamos dignos representantes del segundo grupo: los millones que seguiremos marchando para conservar la libertad.

5

SIEMPRE FEMINISTA, NUNCA MACHISTA

Sí, estamos enojadas. Sí, echamos diamantina. Sí, rompemos puertas y hacemos pintas. Porque todos los días alguien mata a una mujer, alguien viola a una mujer, alguien acosa a una mujer, alguien discrimina a una mujer. Marchamos y gritamos y denunciamos para que todos los gobiernos, a todos los niveles, entiendan que tenemos derecho constitucional a manifestar nuestro descontento con un país que trata a la mitad de su población a puntapiés. Nuestro enojo nace de la desesperación, del control de nuestra narrativa por los hombres o la política o el poder o los asesores de hombres que no entienden que no entienden. Nuestra rabia deviene de la desesperanza ante quienes ignoran lo que nos sucede en las casas y en las calles, en las patrullas y en las pantallas, en el Metro y en los medios. Ser mujer en México es vivir en peligro permanente. Ante eso no nos pidan decoro. Ante eso no nos exijan portarnos bien. Ante eso, reaccionen.

Ahí están los números, los datos, las estadísticas, las historias. Padecemos 270 feminicidios cada mes. El 76% de mujeres sufre violencia en el noviazgo. Cada año se embarazan más de 11 000 niñas de entre 10 y 14 años por abuso o violencia sexual. En seis años crecieron 310% las denuncias por abuso sexual a niñas de entre cero y cinco años. El 33% de mujeres denuncia violación cuando son detenidas por la Marina, la policía municipal y la policía estatal. El 72% de las mujeres entrevistadas en el estudio "Sobrevivir a la muerte" de Amnistía Internacional fueron manoseadas durante su detención, especialmente en pechos y genitales. El 91% de ellas fueron amenazadas por fuerzas policiales.

Ese destino que, como escribe Alma Delia Murillo, parece inevitable cuando naces mexicana y tu acta de nacimiento registra "sexo femenino", como prefacio a una vida llena de violencias. Como la que alcanzó a Cecilia Monzón, activista de Puebla que se suma a la lista del horror. "Se mata a mujeres en la cara de la gente", canta Vivir Quintana. Así es. Veinte años de desaparecidas. Veinte años de feminicidios. Veinte años de un Estado indolente y ausente.

El país padece una crisis de violencia de género que se ha vuelto noticia cotidiana, noticia casi banal excepto para quienes la padecen. Todos los días, a todas horas, en los periódicos y en las redes sociales, se da cuenta de otra mujer desaparecida, otra mujer violada, otra mujer asesinada. Han sido años atroces y ahora —más que nunca— nos toca darles voz y rostro a las víctimas. Impedir que desaparezcan por la desmemoria o se vuelvan invisibles por la impunidad.

Frida Guerrera lo expresa bien en el libro #NiUnaMás, la lucha contra el feminicidio y las múltiples maneras en las que se maltrata a las mujeres no es una lucha contra los hombres. No es una batalla encabezada por "feminazis". Es una guerra que nos atañe a todos, porque se libra para vencer problemas que trascienden el género: la impunidad, la desigualdad, la prepotencia, la indiferencia. Las mujeres pintarrajean monumentos porque han pasado demasiados años de ceguera y sordera de parte de policías, ministerios públicos, procuradores, jueces. El Estado mismo que revictimiza a las víctimas o a sus familiares al no escucharlas, no responderles, no actuar cuando tendría que hacerlo veloz y eficazmente. El Estado que, vía un sistema judicial podrido, pone en libertad al esposo de Abril Pérez y se vuelve verdugo en vez de protector. El Estado que, vía un sistema policial descompuesto, permite la violación de mujeres por hombres puestos en los espacios públicos para cuidarlas.

Nos están matando y no pasa nada. Rara vez se investiga a alguien. Rara vez se juzga a alguien. Rara vez se sanciona a alguien. Solo se acumulan cifras, solo se recopilan datos, solo se amontonan expedientes. Las estadísticas tan distantes del dolor; los datos tan lejanos de la desesperación.

Y mientras tanto se nos sigue llamando "putas", "tontas", "delincuentes", "provocadoras", "vandálicas". La descalificación social se entremezcla con la indiferencia institucional para crear una realidad que cada día es peor. Según el Secretariado Ejecutivo del Sistema Nacional de Seguridad Pública, en 2019 hubo 2 833 mujeres asesinadas en México. Destazadas, calcinadas, violadas, desaparecidas, despojadas, denigradas, olvidadas, abandonadas en canales, ríos, terrenos, carreteras. Solo 726 casos (25.6%) han sido catalogados como feminicidios, ya que el resto son considerados "homicidios dolosos". Y, aun así, los últimos cuatro años el feminicidio ha aumentado 111%. Entre diez y once mujeres son asesinadas todos los días. Esta realidad debería conmocionar, pero no es así.

¿Por qué la sociedad mexicana tolera los feminicidios? ¿Por qué el Estado es parte del problema y no parte de la solución? ¿Por qué no nos dan más garantías? Las autoridades insisten en negar las cifras, negar las historias, negar el imperativo de profesionalizar las alertas de género, exhibir a las víctimas como miembros de la delincuencia organizada o partícipes del "ella se lo buscó".

Aquí la vida de una mujer vale poco. Así lo documentan los textos del libro *Mexicanas en pie de lucha: reportajes sobre el Estado machista y las violencias*, escrito por algunas de las periodistas más rigurosas del país. "Si una política pública no está en el presupuesto es demagogia", y en los últimos tres sexenios los hombres de poder han hecho mucha demagogia. Alabando a las mujeres en el discurso, pero desprotegiéndolas en la realidad. En este sexenio esperábamos tiros de precisión, pero hemos padecido una ola de destrucción. Otra vez, no somos prioridad, y lo reflejan los recortes a los programas de género, la cancelación de las estancias infantiles, los números del presupuesto.

En 2019 había 129 programas dirigidos exclusivamente a mujeres, y en 2021 quedaban solo 39, con fondos reducidos. De los más de seis billones de pesos del Presupuesto de Egresos del 2020, el gobierno "feminista" apenas destinó 2% al Anexo 13, la partida presupuestal que debe ser utilizada para disminuir las brechas de género. El Inmujeres —que tiene como razón de ser la rectoría de la política pública de género— sufrió un recorte de 35%. No basta aprobar un Sistema Nacional de Cuidados si tres años después no tiene un peso para operar. No es suficiente manifestarse contra la violencia, cuando en 2020 recortaron 73% el presupuesto para investigar delitos cometidos en contra de las mujeres. A cambio, a un universo desconocido de mujeres se les entrega un monto bimestral de 1 600 pesos bimestrales. Eso equivale a oro cambiado por espejitos. A apoyos institucionales sustituidos por repartos clientelares. A la privatización de un servicio que era público. A no entender el retroceso que trajo consigo la pandemia para quienes perdieron el empleo y la autonomía económica, para quienes acabaron encerradas con su acosador, para las que ahora tienen que pagar por el cuidado privado de sus hijos.

Yo llevo años marchando cada 8 de marzo, vestida de morado y con una pañoleta verde al cuello. Marcho con mis alumnas, con mis amigas, con mis colegas, con miles de mujeres. Caminamos orgullosas. Caminamos desafiantes. Caminamos con el puño en alto y para que nuestra voz sea escuchada en el ámbito público. No lo hacemos porque haya una "mano negra" que nos mueva, o un partido de derecha que nos convoque, o una consigna que nos impulse a golpear al gobierno o sabotear a la 4T. Estamos en las calles a porque a las mujeres de nuestro país las están matando, violentando, violando, humillando, ignorando. Su dolor, que es el nuestro, merece ser reconocido y dignificado.

Mary Beard escribe en *Mujeres y poder* que las mujeres históricamente han pagado un precio muy alto para ser escuchadas. Telémaco ordenó a Penélope callarse porque "hablar es tema de hombres, de todos los hombres, y mío más que nada; porque mío es el poder en esta casa". A diario, en Twitter (ahora X), en la mañanera, en los foros, en la calle, en las oficinas, en el discurso político nos mandan el mismo mensaje: las mujeres debemos ser modestas, recatadas, morales. No tenemos autorización para hablar por nosotras mismas o por las víctimas del feminicidio o la violencia. Diversos presidentes, los partidos, muchos hombres e incluso algunas mujeres han buscado domesticarnos. Silenciarnos. Gasearnos. Darnos instrucciones sobre cómo y cuándo es legítimo expresar el enojo, encarnar la rabia, pintar monumentos. A quién darle espacio y a quién negárselo. Marchamos porque tenemos derecho a estar ahí, remontando prejuicios, cuestionando omisiones. Rebeldes, sí. Subversivas, sí. Disruptivas, también, ante la mutilación y la muerte.

Porque soy feminista cada año me sumo al Paro Nacional de Mujeres. Reitero lo que ha dicho Carmen Aristegui al aire: "No cuenten conmigo". No voy a la radio, ni debato en la televisión, ni doy clases, ni tuiteo, ni compro, ni escribo. Mi ausencia es mi presencia. Le recuerdo a mi hija Julia que la vida es una cuerda floja o una cama de plumas, y que ella fue educada para ser una gran trapecista. Les recalco a Samuel y Sebastián, mis hijos, que su masculinidad debe estar definida por cómo tratan a toda mujer, en todo momento. Le agradezco a mi madre que me haya criado para cuestionar y provocar y luchar y comprender que no puedes dejar huella si caminas siempre de puntitas. Revivo con dolor mi propio aborto clandestino de hace años, muerta de miedo, muerta de frío. Recomiendo y distribuyo el libro *No son micro. Machismos cotidianos* de Claudia de la Garza y Eréndira Derbez; una pedagogía del machismo como visión de mundo —plasmado en roles, conductas, formas de expresión— que abarca a las "tiranías y violencias de baja intensidad"; a los engranajes de complicidad que protegen a violadores y a asesinos. Veo películas dirigidas por mujeres, leo poesía escrita por mujeres, contemplo el arte colgado en mis paredes, hecho por mujeres. Las que han roto reglas y escapado del rebaño y caminado entre relámpagos y enseñado cómo la vida se expande o se encoge en proporción de la valentía.

La simple valentía de exigir que una mujer sea tratada como ser humano, con derecho a ser, a vivir, a sentir, a expresarse. Para llegar ahí falta un largo trecho en México. Porque "si no tienes un lugar en la mesa, probablemente estás en el menú", y faltan lugares para nosotras en las mesas del poder. Ese proverbio aleccionador citado por Margaret Atwood es un llamado de atención a las mujeres. Así es la realidad de tantas académicas, científicas, periodistas, empresarias y políticas en el país, arremolinadas en el comedor, pero sin lugar en la cabecera. Los patriarcas de los partidos —no solo Morena— demuestran cuán lejos están de ser garantes de los derechos de las mujeres. Cuán lejos están de entender el maltrato sistemático de millones, vejadas por el sistema judicial y aplastadas por las alianzas inconfesables. Y ese seguirá siendo el caso si permitimos que sigan agandallándose sitios en la mesa, mientras nos tratan como botana en el menú.

Tener un gabinete paritario no es avance feminista, si todo el poder lo concentra y lo amasa y lo ejerce un solo hombre, desentendido de lo que les pasa a las mujeres del país que gobierna. Nada ha contradicho más el presunto compromiso feminista del gobierno lopezobradorista que su postura reiterada frente al feminismo. El Fakeminista, habitante de Palacio Nacional, que se ha vanagloriado de un gabinete paritario, pero ha tildado de conservadora manipulada a cualquier mujer que lo cuestione. Tan Fakeminista como Felipe Calderón que promovió una acción de

inconstitucionalidad contra la despenalización del aborto. O el Fakeminista
Fox que se refería a nosotras como "lavadoras de dos patas" y la única mujer
a la cual impulsó fue su esposa. El Fakeminismo de ocasión, convenenciero,
selectivo y todavía enraizado en la prepotencia; todavía teñido por el opor-
tunismo. Enarbolado por quienes nos quieren clasificar en feministas "buenas" y feministas "malas". Quienes nos quieren dividir en función de cuán
leales somos a un hombre o a un partido o a una Cuarta Transformación
que no nos incluyó. Quienes nos usan para golpear al gobierno, y no para
ayudar a las mujeres. Hombres peleándose entre sí por parcelas de poder, y
manipulando nuestros agravios para lograrlo.

Confrontándonos, silenciándonos, provocándonos. Las mujeres que
aman a López Obrador y las que lo aborrecen. Las mujeres que promueven la agenda de género pero están dispuestas a sacrificarla si se les pide a
nombre de Félix Salgado Macedonio. Muchos pañuelos verdes alzados y
muchos pañuelos verdes guardados en el cajón. Y una valla colocada frente
a Palacio Nacional, bautizada como "un muro de paz" que en realidad es
una declaración de guerra, útil para incitar el enojo, incendiar la ira, captar
las imágenes de "feminazis pagadas por el PAN". Así se ha intentado estigmatizar al feminismo y anularlo. Así se ha buscado desacreditar el enojo
legítimo y banalizarlo. Así se ha querido resignificar un movimiento autónomo como una borregada financiada.

López Obrador ha logrado desviar la atención hacia los desmanes de
la oposición y el uso del feminismo como el Caballo de Troya para la 4T.
El debate público no se ha centrado en la violencia contra las mujeres, sino
en la violencia provocada por las mujeres. Las encapuchadas, desmadrosas,
histéricas, destructivas, abusadoras de policías. Las que deberían estar en
casa cuidando a sus padres, alimentando a sus hijos, sonriendo en las juntas
de gabinete, guardando silencio cuando el presidente ignora a las víctimas o se burla de ellas.

Como producto de su propio conservadurismo social enraizado en la
religión, AMLO ve a las mujeres a través del prisma de un pasado idealizado, donde deben asumir el lugar que les corresponde: cuidando a los
niños, atendiendo a los adultos mayores, manteniendo intacta a la familia
tradicional. Las actitudes patriarcales y paternalistas de AMLO no serían
tan dañinas si no fuera porque sus políticas y su obsesión con la austeridad
han afectado de manera tan negativa a las mujeres. Conforme aumenta la

violencia, las mujeres afectadas se han sumado a las filas de los desilusionados con una administración que hizo promesas progresistas, pero que ha actuado con instintos conservadores.

Alrededor del mundo, el movimiento #MeToo está confrontando a los políticos tradicionales y se rehúsa a guardar silencio. Frente a un movimiento que no va a desaparecer, AMLO parece incapaz de entender de qué se trata. Reitera que es "humanista" y no "feminista". Para muchas mujeres —especialmente las jóvenes— la postura del presidente se asemeja a las de un tío viejo, desconocedor de la realidad de sus vidas, donde la misoginia, el sexismo, la violencia y la discriminación abundan. Están peleando por la equidad *vis à vis* un líder más interesado en construir clientelas que en empoderar ciudadanos. La percepción lopezobradorista de la equidad no está basada en una cultura de derechos, sino en una visión del Estado como benefactor que distribuye apoyos vía programas sociales. La única política social válida es la que él dicta desde arriba. Lo que las mujeres le están gritando a López Obrador y también a Claudia Sheinbaum es que la Cuarta Transformación debe ser feminista o no será.

En el caso de Salgado Macedonio, su historial no constituyó un obstáculo, un veto, una agravante siquiera. "Se ha politizado", afirmó AMLO, disculpándolo. "No hay ninguna sentencia política por parte de ninguna autoridad que acredite que haya cometido algún delito", decía Mario Delgado, protegiéndolo. "No es tema", argumentaba Ricardo Monreal, excusándolo. Y tantos diputados, senadores, militantes y simpatizantes del lopezobradorismo guardaron silencio. Expidieron un certificado de impunidad como los tantos que caracterizaron a sus antecesores, y con la misma lógica: será un violador, pero es nuestro violador; será un acosador, pero es nuestro acosador; será un corrupto, pero es nuestro corrupto. Si la candidatura de un hombre es justificable, la demanda feminista es sacrificable. Si se trata de ganar, las mujeres deben callar. Ese fue el mensaje transmitido a las 100 diputadas de Morena que se pronunciaron en contra de Salgado Macedonio y fueron ignoradas. López Obrador se ha rodeado de mujeres en la mañanera, pero se las come de aperitivo si de afianzar su poder se trata.

En Estados Unidos y en otras latitudes, miles de hombres han perdido sus puestos y su prestigio por acusaciones fundadas, como Harvey Weinstein, tumbado del pedestal y enfrentando un juicio público. En México apenas empezamos a documentar y denunciar lo que debimos haber hecho público hace años. En México urgen las conversaciones sobre el acoso laboral y sexual para ver qué hacemos —social y legalmente— para penalizarlo. Y no se trata tan solo de que haya gobiernos sin machos, sino que logremos, en este entorno fracturado, forjar una nueva serie de reglas consensuales. Para que haya menos mujeres acosadas y avergonzadas; para que las víctimas sepan que al ser ferozmente valientes y contar sus historias inspirarán a otras a hablar, a iluminar el mundo con su verdad. Una mujer fuerte habla por sí misma. Una mujer más fuerte también habla por las demás, como intento hacer aquí.

El acoso sexual no es un tema político, ni de los pro 4T o anti 4T, ni de adversarios versus acólitos. El tema de fondo es qué tipo de país somos y queremos ser. El México que veta a acosadores o que los recompensa. El México que les cree a las víctimas o que exporta a los mentirosos. El país que presume una "política exterior feminista" o que la traicionó con Panamá, al nombrar a un acosador como embajador. La defensa del candidato propuesto exhibió incongruencias y contradicciones. Pero también condensó una evasión ética, que involucra a las mujeres. Un hoyo negro en el cual la ostentada superioridad moral de la 4T desaparece. Al partidario del presidente se le quiso premiar. A las acosadas, humilladas y violentadas se les castigó, con una nueva denigración. Desde el púlpito más poderoso, el presidente de su país les dijo: "Yo no les creo".

Las mujeres lopezobradoristas no han reaccionado con la firmeza suficiente. A pesar de ello, o quizás debido a ello, en 2021 escribí una columna para *Opinión 51* en la que defendí a Beatriz Gutiérrez Müller. Escribí que también en su caso tocaba usar las palabras como escudo, los argumentos como armadura, la pluma como lanza. Y no por afinidad política o cercanía ideológica, o porque fuera esposa de Andrés Manuel López Obrador. No por unidad obligada o consenso forzado o diferencias remontadas.

La razón me parecía —y me sigue pareciendo— más obvia y también más compleja. Bien lo expresó Martha Tagle: "Ni Beatriz, ni Denise, ni ninguna mujer merecemos el odio que destilan en nuestra contra en las redes. Las campañas orquestadas de un lado y del otro son misóginas, incitan el odio, deben de parar". El tsunami misógino y sexista debe ser contenido, alzando voces en contra de la violencia, sumando resistencias, entre mundos. Nos une el frente común de ser mujeres en México. Mujeres acosadas.

Mujeres calificadas como zopilotas, mugrosas, apestosas, parásitos, vulgares, ignorantes, miserables, brujas, nefastas, locas, pendejas, manipuladoras, malcogidas, chayoteras. Y como nosotras tantas más que ocupan espacios públicos, que expresan opiniones, que ejercen el poder de la pluma y el pensamiento. Gabriela Warkentin, Citlalli Hernández, Alma Delia Murillo, Pamela Cerdeira, Carmen Aristegui, Lilly Téllez, Sabina Berman, por nombrar solo algunas. Mujeres blanco de ataques agresivos, pararrayos de descalificaciones diarias, víctimas de vituperios emanados a lo largo del espectro político. Y no es que a los hombres públicos no los agredan; los agreden de forma distinta.

En las redes, a las mujeres rara vez se nos responde con argumentos. En pocas ocasiones se suscita un debate genuino y reflexivo. Más bien se descalifica la identidad de mujer, de esposa, de madre, de pareja, de fémina, sobrepuesta al bando al que supuestamente pertenecemos o representamos. El discurso de odio dirigido a Beatriz ha provenido de la oposición al gobierno de AMLO, pero contiene una carga adicional. Un coctel de misoginia y sexismo y masculinidad tóxica. El cuestionamiento legítimo a Beatriz como alguien que ha utilizado recursos públicos y debe rendir cuentas por ello se mezcla con el cuestionamiento ilegítimo sobre su hijo, su peinado, su forma de vestir, su forma de hablar. Es válido exigir transparencia sobre el *tour* europeo que hizo; es violento lincharla por su físico. Se vale señalar sus tropiezos: no se vale magnificarlos porque es mujer y debe ser "castigada" como tal.

Detrás de ese tipo de agresión hay algo que debería preocuparnos a todos y a todas, al margen de las filias o fobias hacia la 4T. Revela a hombres que quieren poner a las mujeres en su lugar y sancionarlas si se mueven de ahí. Crea un terreno hostil para las mujeres en todos los ámbitos: el periodismo, el activismo, la política, la cama, la casa. Normaliza la violencia tuitera que se vuelve violencia verbal y puede desatar violencia física. En un país donde 11 mujeres son asesinadas al día, amenazarlas en las redes es colocarlas en una situación de mayor vulnerabilidad. De peligro potencial y real. De descalificación que lleva a la sinrazón.

Como escribe Kate Manne, el privilegio masculino lastima a las mujeres. El costumbrismo misógino daña a las mujeres. Y yo quiero que Beatriz lo sepa: al margen de nuestras muchas divergencias, defiendo su derecho a la dignidad. Su derecho a la ambición profesional. Su derecho a disfrutar los avances que la lucha feminista le ha dado. Su derecho a cometer errores sin ser quemada en la plaza pública por ello. Su derecho a hablar y a tuitear sin ser linchada. Al margen de todo aquello que no tenemos en común, estamos conectadas por la obligación moral de defender a otras mujeres cuando son apedreadas, incluso cuando quien lanza la piedra sea el presidente López Obrador.

Ella, yo, tantos y tantas debemos luchar por un México que corrija las injusticias estructurales que siguen afectando a nuestras hijas. Un México donde las niñas y las mujeres sean valoradas, respetadas, y creídas por nuestras instituciones políticas, legales, y médicas. Un México seguro para el 51% de la población. Será una pelea larga, interminable quizás. Pero, para ella y para otras, puedo decir: aquí estaré y a ti te defiendo.

Sin embargo, la sororidad debe significar la provisión de apoyo irrestricto a cualquier mujer por el hecho de serlo. Sororidad no entraña la complicidad con quienes apuntalan los muros patriarcales, en vez de ayudar a derrumbarlos. No olvidamos que una mujer, Claudia Sheinbaum, llamó "provocadoras" a las activistas que pintaron puertas y monumentos. No olvidamos las vallas y los granaderos obstaculizando nuestra llegada al Zócalo cada vez que marchamos. No olvidamos el "muro de la paz" erigido para proteger al presidente de los reclamos legítimos, que no empezaron hace unos años.

De Claudia Sheinbaum esperábamos el reconocimiento de cómo las mujeres inconformes, insistentes y furiosas han moldeado la historia de México. De ella esperábamos empatía, no estigmatización. De ella esperábamos respuestas, no rencor. No la filtración del nombre de la víctima de la violación denunciada. No los mismos sesgos masculinos y machistas que revictimizan a quien se atreve a denunciar. Sheinbaum ya olvidó los tiempos cuando estaba del otro lado, con la banda, en la marcha, desobedeciendo, retando. Ya archivó esos momentos de marabunta femenina que han sido llevados a reformas legales como la despenalización del aborto. Ahí estuvimos, con una rabia que la izquierda consideraba legítima y transformadora, pero ahora desestima como ilegítima y desestabilizadora.

Todos los días, las morras y las activistas están dando lecciones de feminismo, como lo hicieron al erigir la escultura de "las mujeres que luchan" sobre el pedestal de Cristóbal Colón. Hemos luchado y seguiremos luchando para que los miembros del Estado mexicano escuchen, empaticen, reaccionen, diseñen mejores políticas públicas, encaren la violencia en vez de desdeñarla o politizarla. Para que los conservadores de todos los partidos comprendan que cuando una mujer controla su fertilidad controla su futuro. Para que los policías y los ministerios públicos y los jueces y los periodistas y los esposos y los padres aprendan lo que es mirar el mundo a través de una perspectiva de género. Para que los hombres que no entienden comiencen a ver los apuntalamientos culturales de la misoginia y el machismo. Para que los gritos femeninos no sean señal de histeria sino una forma de hacer historia.

Escribo estas líneas exhortándote a ti, lector o lectora, a no ser indiferente. Escribo para conminarte a marchar, a gritar, a exigir, a denunciar la emergencia que padecemos porque la próxima desaparecida podría ser tu hija. O tu hermana. O tu pareja. O cualquier mexicana que no se merece acabar ahogada en un desagüe, encobijada en un matorral, descuartizada en una bolsa de plástico. Nuestra encomienda es hacer más para que no haya ni una menos.

Ojalá cada 8 de marzo tomemos las calles vestidas de morado, para vivir valerosamente. Ojalá estemos ahí, inquietando, interpelando, incomodando. A los políticos, acosadores, violadores, abusadores, jueces, peritos, policías, diputados, gobernadores y demás miembros del Estado patriarcal. Ahí estaremos, crujiendo por otra mujer asesinada a balazos, otra madre con el alma partida, otra hija desaparecida. Ahí estaremos reclamando a gobiernos del pasado, y del presente. Que tomen nota los hombres de todos los partidos. Las mujeres nos estamos organizando cada vez más en nombre de otras. Como Fátima, de 12 años, a quien le cortaron el cuerpo cerca de 90 veces, le dislocaron los hombros, las muñecas y los tobillos, le sacaron un ojo, le tiraron los dientes y fue violada vaginal y analmente.

La nuestra es una batalla milenaria por la equidad y contra las violencias; las de antes y las de los últimos años. Lo que queremos es parar la crisis que arrebata a 11 mujeres al día. Seguiremos poniendo nuestros cuerpos como arma desafiante, en las marchas, en los zócalos, en los edificios de gobierno. No nos detendrá ningún machista en el poder. Somos las insurrectas de la revolución social del siglo XXI. Somos Claudia, somos Esther y somos Teresa. Somos Ingrid, somos Fabiola y somos Valeria. Somos la niña que subiste por la fuerza. Somos la madre que ahora llora por sus muertas. Y somos esas que te harán pagar las cuentas.

Es posible otro México que no condene a sus mujeres a la exclusión, al feminicidio, al maltrato. Es imaginable otra forma de educar y de pensar y de actuar. Rosario Castellanos lo escribió: "Debe haber otro modo [...]. Otro modo de ser humano y libre. Otro modo de ser". Ahí, en ese otro lugar, nos encontraremos ese día y todos los días por venir. Acompañándonos. Marchando y parando para ocupar el lugar que nos corresponde. El de ser humano.

6

Di no al vieeejo régimen

"Aquellos que no recuerdan el pasado están condenados a repetirlo sin sentido de futilidad irónica", escribe el documentalista Errol Morris. Y eso es lo que está pasando en México en los tiempos de la Cuarta Transformación. El revisionismo histórico, la abdicación de la memoria, el olvido de las lecciones del siglo XX, para revivir los vicios del siglo XXI. López Obrador ha intentado reescribir la transición democrática a conveniencia con reformas constitucionales que borrarían años de luchas ciudadanas y conquistas históricas, libradas en las calles y en las casillas. AMLO ha intentado editar el pasado para expropiar el presente y adueñarse del futuro. Y aunque esas reformas quizás nunca sean aprobadas —porque Morena necesitaría mayorías que ya no tiene— su promoción es una forma de crear ejércitos entusiastas a favor de la seudodemocracia. Es una manera de movilizar a los mexicanos desmemoriados para que vuelvan a ser soldados del presidente.

Como lo fueron durante décadas de priismo. Clientes en vez de ciudadanos. Complacientes en lugar de exigentes. Arrodillados ante la presidencia imperial que les decía cómo pensar, cómo votar, qué creer y en quién. Acostumbrados a mimetizar la historia oficial y atentos a su propaganda. López Obrador le ha apostado a la memoria corta de la población y a la lengua larga de la nueva (y vieja) élite en el poder. Ha querido promover la amnesia colectiva para promover una regresión disfrazada.

Para que olvidemos esa noche lluviosa en 1997, cuando Cuauhtémoc Cárdenas y la izquierda que encabezaba ganaron la elección en Ciudad de México. El Zócalo desbordado, la emoción palpable, el momento inédito. Después del fraude salinista, vino la reivindicación perredista. Luego de años de marchas y movilizaciones, reformas y negociaciones, produjimos el principio de elecciones competidas. Conceptos como "alternancia" y "gobierno dividido" y "división de poderes" y "transición" comenzaron a volverse realidad.

Qué deseos de meter a los líderes de la Cuarta Transformación en una máquina del tiempo. Regresarlos a 1988, cuando Manuel Clouthier marchaba contra el autoritarismo y la estatización de la economía. Transportarlos a los tiempos de Carlos Salinas de Gortari, cuando denunciábamos el uso clientelar de la política social. Enviarlos de vuelta a la elección de 1994, cuando desde Alianza Cívica peleábamos por el piso parejo en las contiendas electorales. Encerrarlos en la habitación desde la cual Porfirio Muñoz Ledo negoció las reformas de 1997 que nivelaron el terreno de juego y le permitieron al Partido de la Revolución Democrática (PRD) ganar la capital. Sentarlos delante de José Woldenberg para que les dé un curso intensivo de representación política y razones para impulsarla. Porque todo indica que ignoran la historia del sistema de partido hegemónico y la presidencia todopoderosa. O no les preocupa imitarlo. O tienen la intención de edificarlo otra vez.

Con medidas —una tras otra— que subvierten la pelea democrática de décadas: promover la equidad, separar al partido del gobierno, asegurar que la oposición pudiera contender en condiciones de igualdad, colocar cercos alrededor del poder presidencial para que no pusiera el sistema político a su servicio. Y ahora vemos cómo la 4T usa la legitimidad democrática para emprender acciones antidemocráticas; usa el poder que le dieron en las urnas para asegurar su predominio ahí. La propuesta de reducir 50% el financiamiento público a los partidos, justo después de que Morena ganó la presidencia de manera arrolladora y podría compensar la pérdida del financiamiento público con acceso al presupuesto y los programas sociales. La proposición de reducir el número de curules y plurinominales en el Senado para disminuir la presencia de la oposición. La propuesta de elegir a los consejeros del INE y a los ministros de la Suprema Corte por voto popular. El infame "plan B" con el cual se buscaba desmantelar al INE.

Medidas que se han promovido ahora para afianzar la dominancia de Morena y reducir la capacidad de competir de la oposición. AMLO llegó gracias a la competencia, pero ha buscado cambiar sus condiciones; AMLO triunfó gracias a las reformas que aseguraron la representación de minorías políticas y ahora ha buscado reducirlas; AMLO es presidente gracias a enmiendas que promovieron la equidad electoral y ahora ha intentado trastocarlas. Desde el gobierno ha mimetizado aquello que denunció como oposición.

Habrá quienes vitoreen estos cambios ocurrentes, presentados como esfuerzos para mejorar la democracia. Pero estarán celebrando la erosión democrática, no su profundización. Al ignorar el principio de la institucionalización de la incertidumbre, al cambiar las reglas del juego después de ganarlo, al romper el imperativo de equidad, la 4T ha demostrado qué es y qué quiere hacer. En nombre de la ruptura antisistémica, revocar las reglas democráticas; en nombre de la promesa de cambio, ofrecer la restauración; en nombre del rompimiento con el pasado, la garantía de resucitarlo. Luego de triunfar, los ganadores quieren hacer trampa. Hoy se exige lo que durante décadas se repudió.

Hoy se demanda el regreso de los usos y costumbres del poder que las luchas cívicas de los ochenta y noventa quisieron modificar. Como la alternancia no produjo los resultados deseados, ahora se buscará acabar con ella. Como la democracia electoral se corrompió, ahora se vale eliminarla. Como la presidencia acotada no logró transformar al país, habrá que regresarle los poderes metaconstitucionales que perdió. Pero a quienes se han vuelto aplaudidores de los operadores de la desdemocratización habría que recordarles lo que prefieren olvidar: ya vivimos la era del partido mayoritario, del Estado omnipresente, del presidente omnipotente. De diferentes formas, Fox, Calderón y Peña Nieto traicionaron o dañaron a la incipiente democracia mexicana. Pero no por ello deberíamos permitir que Andrés Manuel López Obrador la desfigure por completo.

Para López Obrador, la democracia llegó con él. Nació el día que ganó la elección presidencial en 2018 y no antes. En México nunca hubo transición, solo simulación. De manotazo en manotazo, mañanera tras mañanera, ha buscado reescribir la historia del país a conveniencia, y borrar décadas de luchas sociales para desmantelar el autoritarismo que lo precedió.

Ha intentado eliminar capítulos enteros con una nostalgia restaurativa que se salta los últimos 30 años. Y así ha erigido la Gran Mentira, en la cual no existió la movilización contra el fraude patriótico de 1986, o la candidatura de Cuauhtémoc Cárdenas en 1988, o las reformas electorales de 1994 y 1996, o la ciudadanización del IFE, o el triunfo de la izquierda en la capital en 1997, o cómo logramos sacar al PRI del poder en 2000. Años de marchar, años de exigir, años de conquistas históricas. Obliterados por un hombre que para controlar el presente necesita reinventar el pasado. Necesita la amnesia colectiva. Necesita que los ciudadanos olvidemos de dónde venimos.

Necesita que olvidemos el sistema priista que las nuevas generaciones no vivieron ni padecieron. Que olvidemos cuando el IFE formaba parte de Gobernación y desde ahí el PRI organizaba, certificaba y ganaba contiendas recurriendo a la mapachería electoral. Que olvidemos cómo los presidentes autocráticos manejaban el país a su antojo, sin reglas o contrapesos, rodeados de zalameros y sicofantes. Que olvidemos las crisis económicas recurrentes que la discrecionalidad y la opacidad y el presidencialismo metaconstitucional y el manejo político/electoral de las finanzas públicas contribuyeron a desatar, empobreciéndonos, hundiéndonos, sexenio tras sexenio. Que olvidemos la subyugación del Poder Judicial, la Corte cortesana, el Congreso capitulante. El país de un solo hombre que no gobernaba con instituciones, sino con intuiciones; que no decidía por la vía de los procesos, sino a través de las pulsiones.

Así fueron múltiples sexenios de ocurrencias y estridencias, de clientelas construidas e instituciones corroídas, de un partido que también era gobierno y agandallaba como tal. Décadas de marchas y movilizaciones en contra de elecciones manipuladas, contiendas robadas, candidatos impuestos, presidentes imperiales, mapaches electorales. AMLO ha querido ser el orquestador de la omisión para que nadie recuerde por qué fue crucial exigir una autoridad electoral autónoma. Por qué fue imperativo presionar para que el PRI limpiara el padrón electoral, creara la credencial de elector, insaculara a los funcionarios de casilla, despartidizara los programas sociales, impidiera que el presidente hiciera proselitismo a favor del partido en el poder. El empuje social a favor de la competencia y la alternancia, el poder compartido y el poder vigilado. Tantos trabajando con mismo el objetivo: el fin de la dictadura perfecta y el inicio de la democracia incipiente.

Por eso los ciudadanos impulsamos la fundación del INAI, para que la población pudiera acceder a la información pública sobre su gobierno. Por eso empujamos la remodelación de la Comisión Federal de Competencia para someter a los poderes fácticos del capitalismo de cuates. Por eso apoyamos el establecimiento de los órganos constitucionales autónomos como el INE, el INEGI, el Banco de México, la CNDH, para contener el voluntarismo del presidente, priorizar los argumentos técnicos por encima de los caprichos políticos, proveer datos verificables que sustituyeran a las versiones manipulables, y vigilar que el poder no pisoteara derechos.

La Gran Mentira de AMLO ha sido hacernos creer que esas instituciones son enemigos del pueblo, cuando en realidad son enemigos del autoritarismo centralizador, del presidencialismo omnipotente, de quienes quisieran colocarse el anillo al dedo para controlar al pueblo en vez de representar al ciudadano. Distan de ser instituciones perfectas e impolutas. Con frecuencia han sido omisas e incongruentes. Pero su existencia y fortalecimiento es incuestionablemente mejor a las alternativas. Odiar a los organismos autónomos es odiar a la democracia, y apoyar su absorción por el gobierno es aceptar la Gran Mentira. La generación de la transición a la que pertenezco debe defender la realidad que fuimos creando de manera colectiva: una democracia defectuosa, deficitaria, incompleta, pero democracia al fin. Y lo afirmo con la convicción de quien estuvo ahí —presente y participando— en su creación.

En estos tiempos de revisionismo histórico es fundamental mirar hacia atrás, aprender las lecciones del pasado, porque ahí están las claves del futuro: lo que sucedió y fue una conquista democrática, lo que pasó y no debería volver a suceder. Hay una historia compartida y una historia reinventada por el lopezobradorismo, que se ha convertido en su cartografía, en los caminos por los que quiere andar, en los destinos que ansía. El presente y el futuro de México escritos por AMLO están llenos de añoranza. Nostalgia por el país que fue, nostalgia por un pasado idílico en el cual todo era más sencillo, en el cual todo era mejor.

"Si las elecciones las organizara la Secretaría de Gobernación, como en cualquier país normal, las casillas abrirían a las 8 am en punto". Así tuitea un mexicano sin memoria. Sin entendimiento o reconocimiento del México que fue, del cual venimos y que tanto esfuerzo costó cambiar. Años de vivir bajo el peso de un partido hegemónico que organizaba las elecciones y se beneficiaba de hacerlo en su favor. Décadas de conjugar el vocabulario del fraude, aprender el significado de "urna embarazada, ratón loco, carrusel, caída del sistema, mapache", y entender los vocablos que describían el comportamiento del PRI. El partido que era también gobierno y forma de vida, al frente de una democracia simulada, en la cual la oposición podía competir pero pocas veces ganar. Así fue el país, y es ahí a donde el lopezobraorismo nos querría regresar.

Él y sus seguidores convenientemente han olvidado que llegaron al poder por lo que miles de mexicanos —de izquierda y derecha— hicieron para desmantelar el sistema de partido hegemónico. Y eso hubiera sido imposible sin una autoridad electoral autónoma, ciudadanizada, desvinculada de Gobernación y sus dictados. La presidencia de López Obrador habría sido impensable sin las luchas que se dieron para construir lo que hoy algunos buscan destruir: la tinta indeleble, los funcionarios de casilla insaculados, las urnas transparentes, el voto secreto, las boletas numeradas, el padrón confiable, la legislación restrictiva que prohíbe al presidente intervenir a favor de su partido porque eso desnivelaba —y desnivela— el terreno de juego. Elecciones organizadas, vigiladas y reportadas por personas de a pie. Ciudadanos comunes y corrientes, convocados a hacer lo que el gobierno antes hacía para quedarse siempre con el poder.

Aquí, ahora, con algunas arrugas y muchas canas, sabemos lo que estaba en juego y se podría perder. Aquello que nos motivó a salir a las calles, a ser observadores electorales, a participar con Alianza Cívica, a exhibir las tropelías priistas cometidas elección tras elección, a exigir reformas para acabar con el sistema de partido prácticamente único. Porque eso cambió, la izquierda ganó. Porque eso se modificó, el PRI perdió la presidencia. Se abrió la esperanza de darle vida y significado a la democracia, que el priismo presumía pero en realidad no existía. Se habilitó la posibilidad de un reparto más justo y ciudadano del poder. Ahora el lopezobradorismo amenaza con clausurar las conquistas de toda una generación, porque le parece que el INE es caro, los consejeros electorales son traidores, y se puede confiar en su gobierno para organizar elecciones imparciales. El zorro cuidando a las gallinas. Morena mimetizando al priismo que lo gestó.

Y la apuesta a la reconstitución del partido hegemónico es una apuesta que debe ser frenada.

Es cierto que el edificio de la democracia electoral hasta 2018 tenía muros demasiado altos, pasillos estrechos, los inquilinos no siempre cumplían las reglas, y el casero a veces se comportaba de mala manera. Sabemos y reconocemos los problemas producidos por la partidocracia, los errores cometidos por el Consejo General del INE, las trampas avaladas por todos los partidos, y cuánto cuesta mantenerlos. Pero la reformas políticas y electorales del lopezobradoriamo han buscado componer una democracia descompuesta; quieren sustituirla por otra *fake* democracia.

Como la que padecimos bajo la dictadura perfecta. Con mayorías sobrerrepresentadas y minorías excluidas. Con un partido hegemónico que nunca pierde y varios partidos de oposición que nunca pueden ganar. Con la subyugación del Congreso y la mutilación del federalismo. Con un INE y un Trinubal Electoral amaestrados. Con una Suprema Corte que no pueda ser muro de contención ante los abusos de poder. Con cambios ideados desde el poder para no compartirlo, en vez de una reforma emanada desde las oposiciones para asegurar que siga siendo así.

Lo que el lopezobradorismo ha propuesto y propone son modificaciones regresivas para asegurar que Morena nunca pierda. Regresaríamos a la priización por la vía de la morenización. Retornaríamos a la era de elecciones de Estado por la ruta de un árbitro del Estado. AMLO ha querido expropiar al INE, pero no para que sea nuestro, sino para asegurar que sea suyo. En 2024 y más allá. A la generación de la transición nos compete contar —a los que no saben y a los que preferirían olvidarlo— cómo era vivir en un país sin INE, sin competencia real, sin alternancia, sin democracia, por más disfuncional que fuera. Nos convoca describir de dónde venimos para no volver ahí. Ayudar a recobrar la memoria de esos años cuando el progresismo era arrollado por el priismo, y cuando discrepar te convertía en ciudadano, no en traidor.

No podemos y no debemos permitir que el lopezobradorismo cruce la línea de regreso al sistema de partido dominante. Al margen de los múltiples errores históricos y coyunturales de la autoridad electoral, habrá que seguir defendiendo su existencia y su autonomía. Al margen de los pleitos personales y los enconos presidenciales, el INE —con sus fallas corregibles— es de todos. No le pertenece a Mario Delgado o a Adán Augusto López o a Claudia Sheinbaum o a Andrés Manuel López Obrador. Ha sido "la joya de la corona" y por eso la ciudadanía confía más en la autoridad electoral que en el juicio presidencial. Al margen de ganadores y perdedores en cada elección habrá que exorcizar las malas artes y las trampas retóricas que buscan extinguirlo. Que buscan someterlo a los dictados de un Tlatoani providencial, empeñado en sustituir oro por espejitos, autonomía por sumisión, independencia por absorción.

Ahí es donde hay que colocar la esperanza. En las largas colas afuera de las casillas. En el compromiso colectivo de apostar a la institucionalidad por encima de la arbitrariedad. En la seriedad de los ciudadanos convertidos en funcionarios electorales por un día. Eso es lo rescatable, lo aplaudible, lo que nos une a pesar de filias y fobias. El acuerdo fundacional para que México dejara de ser la dictadura perfecta y pudiera transitar hacia la democracia, con todas sus imperfecciones. Ese sueño sigue vivo. No ha sido el sueño de Andrés, pero sí ha sido el nuestro.

7

Rechaza la regresión

En 2018 Andrés Manuel López Obrador el insurgente ofreció lo que tantos querían oír. La refundación. La transformación. El rompimiento con el viejo régimen. Invitó al país a hacer historia y la mayoría lo acompañó; algunos con entusiasmo, otros con resquemor, muchos para darles un puntapié a los gobiernos de la transición. En la narrativa de la elección había que castigar al PRI por su patrimonialismo y al PAN por mimetizarlo. Había que sacudir al sistema y darle un puñetazo al *statu quo*. Era imperativo retomar el camino de una transición que se truncó por una partidocracia rapaz, unas autoridades electorales que fueron perdiendo credibilidad e imparcialidad, un sistema de justicia para la protección de los privilegiados, un pacto de impunidad que permitió la supervivencia política de la podredumbre. Fuimos saboteando la consolidación democrática, sexenio tras sexenio.

Pero en vez de corregir errores, AMLO los profundizó por tener la mirada siempre puesta en el pasado. En la historia contada por los libros de texto gratuitos —los viejos y los nuevos— repleta de héroes y villanos, buenos y malos, quienes se pararon cerca del pueblo y quienes lo traicionaron. La suya no ha sido una mirada prospectiva sino retrospectiva, de espejo retrovisor, enraizada en el México de antaño al que quisiera regresar. A la era del presidente como "Rey Sol", de una economía comandada por monopolios estatales, del partido/gobierno benefactor y sus clientelas compradas. Infatuado con la imagen del país mitificado, el presidente y su sucesora designada han pregonado el nacionalismo nostálgico, que se ha vuelto un peligro para México.

Me centro en dos ejemplos emblemáticos: lo que ha pasado con el sector energético y lo que ha sucedido con la democracia electoral.

AMLO y Manuel Bartlett han insistido en regresar al viejo modelo de monopolios estatales aunque sean caros, ineficientes, expoliadores y contaminantes. Por eso han eviscerado a los órganos reguladores y empoderado a los productores de carbón. Por eso han sustituido la competencia por la remonopolización. Mientras muchos países del mundo transitan a las energías eólicas limpias, México se aferra a las energías fósiles sucias.

Al resucitar al país carbonífero y petrolizado que quiere recrear, repite errores que lo llevaron a ser el lugar que es hoy. Más cerca de la pobreza generalizada que de la prosperidad compartida. Más cerca de la regresión que de la transformación. No estamos evolucionando; estamos involucionando. Basta con ver el freno a la innovación y el impulso a la restauración. Bartlett tuitea: "Hace 60 años la generación de energía eléctrica pasó a manos de empresas nacionales, gracias al entonces presidente López Mateos, suceso que hoy refrenda la actual administración, que busca que el 54% de la generación sea para la CFE". Y el mismo día se publica un estudio sobre cómo los precios de la energía solar se han vuelto increíblemente baratos.

La nostalgia restauradora busca preservar lo que no funcionó, prometiendo lo incumplible como la soberanía energética o el fin de los "gasolinazos". Manipula y miente sobre contratos corruptos, sin proveer evidencia sobre los supuestos perpetradores o fortalecer la regulación para que los abusos cesen. Simplemente permite que las prácticas rentistas y extractivas del sector privado ahora sean llevadas a cabo por el sector público. Y la población aplaude, ignorando el impacto de medidas que acabarán afectando negativamente su bolsillo, su salud, las perspectivas de crecimiento económico y la supervivencia misma del planeta. De golpe, se cierra la participación del sector privado —nacional e internacional— en un ámbito con posibilidades reales de innovar, competir y proveer beneficios a los consumidores. Ante esas señales, el dinero no llega a México, a los niveles que deberíamos ver. Más bien corre en busca de sitios donde el gobierno maneja el carro nacional con la vista puesta en el horizonte, y no en el espejo retrovisor.

La misma mentalidad se manifiesta en la cancelación de apoyos a la biotecnología. Así, de golpe, y en un acto arbitrario de Elena Álvarez-Buylla —por su oposición ideológica a los transgénicos—, se suspende una de las áreas más promisorias de investigación en tiempos de covid-19. Así, en aras de la austeridad que no aplica a Pemex ni a Dos Bocas ni a la CFE ni al Tren Maya, se decreta la extinción de los fideicomisos a la ciencia. Adiós al desarrollo de vacunas, a los proyectos de investigación genética, a los avances médicos que la biotecnología puede ofrecer. Adiós a los técnicos y los científicos. Adiós al México en diálogo con el mundo; ahora, otra vez, a mirarnos el ombligo. La nostalgia de AMLO y los suyos por el pasado idealizado les impide entender la complejidad del presente y los retos del futuro. Su afán es que Bartlett y la CFE encabecen el retorno a un pasado glorioso, pero en realidad es solo una vuelta en "u", guiada por un viejo y empañado espejo retrovisor.

Hemos presenciado el atavismo disfrazado de patriotismo. La destrucción disfrazada de transformación. La defensa de la depredación estatal disfrazada de defensa de la soberanía nacional. Esa es la irracionalidad detrás de la reforma energética, y de un sinnúmero de decisiones enraizadas en lo que Moisés Naím llama la "necrofilia ideológica". El enamoramiento de López Obrador con las ideas muertas; el apasionamiento con lo que ya se probó y no funcionó, tanto en México como en América Latina. Su gobierno no pavimenta una carretera al futuro; recorre la vieja ruta de terracería de vuelta al pasado. Como si el país fuera el mismo que cuando Lázaro Cárdenas expropió el petróleo y apostó a la reforma agraria. Como si no hubiera un nuevo entorno global pospandémico y una vasta disrupción económica y tecnológica, de la cual México no podrá formar parte si continúa enquistándose. En lugar de reaccionar con destreza, AMLO se dedica a rendirles pleitesía a los muertos en vida.

Y eso nos condena a vivir en la dictadura de la nostalgia, con fantasmas del pasado; nos encierra en la morgue del nacionalismo revolucionario, nos atrapa en las catacumbas intelectuales de quienes creen que el petróleo solo puede ser extraído, distribuido y administrado por el Estado. Que toda inversión privada es saqueadora y rapaz. Que los monopolios públicos son necesarios para preservar los bienes de la nación, y los monopolios privados deben ser protegidos para apuntalar a los "campeones nacionales" como Carlos Slim. Que la extracción de rentas a los consumidores se vale si lo hace una institución pública. He ahí al presidente y su corte desempolvando la narrativa del cardenismo, la retórica del echeverrismo, los argumentos del lopezportillismo. Ideas y políticas públicas recreadas para una realidad que ya no existe, para un país que enfrenta otros retos, para una transformación tecnológica lejos del trapiche. La resurrección de ideas fundacionales que nos dieron patria solo llevará a un rezago aún mayor, a una desigualdad aún peor, a un deterioro decretado desde el poder, con la mirada puesta en el siglo XX.

Cualquiera que cuestione estos axiomas ancestrales es un "vendepatrias" o un representante de intereses extranjeros o un privatizador desalmado o un defensor a ultranza de las perfidias de Peña Nieto o un *fake* ecologista o quiere emular el modelo privatizador español. Como si no hubiera otras opciones para componer los problemas del sector eléctrico que colocarlo por completo en manos de Bartlett o alguien más como él. Como si no fuera posible corregir sin destruir, mejorar sin eviscerar.

Ya sabemos qué hace falta en el sector: mejor regulación estatal para evitar la expoliación privada, más competencia para promover productos mejores y precios más bajos; más Estado y mejor mercado. No la estatización ineficiente, no la monopolización rapaz, no el alza en los precios para los más pobres, no una visión construida sobre prejuicios en vez de realidades, tanto nacionales como internacionales. El mundo va a enfrentar una crisis energética por la escasez de gas natural. Los países que basan sus modelos en el carbón y el petróleo van a pagar impuestos comerciales por ello. Se vienen tiempos difíciles, y para enfrentarlos México requiere innovación, diversificación, inversión. Pero la ruta planteada por el lopezobradorismo corre en sentido contrario. No compone lo descompuesto; lo dinamita. No propone más vigilancia sobre el sector privado; lo electrocuta.

AMLO y Bartlett ganan, pero pierden los consumidores, pierde la seguridad jurídica, pierde el país. Y el costo lo pagaremos los ciudadanos cuando aumente el precio de la electricidad, o se queme dinero público para subsidiarla, o los apagones se vuelvan comunes e inevitables. Cuando la eliminación de los Certificados de Energía Limpia haga inviable la transición a energías renovables, en las casas y en las compañías. Cuando la desaparición de órganos reguladores que debían ser más autónomos abra la ventanilla a los negocios discrecionales y el cuatismo corrupto en el sector público. Ya comenzaron las disputas comerciales, los litigios internacionales, los reclamos por traicionar el Acuerdo de París y el T-MEC. Todo ello producto de la pasión presidencial por las ideas fracasadas de sus antepasados. Y desenterrarlas no es muestra de una transformación histórica. Es evidencia de una necrofilia neopopulista.

En el terreno de la democracia electoral hemos visto un fenómeno regresivo similar. El sueño de López Obrador es que su dinastía política permanezca en el poder. Ilusos quienes alguna vez creímos que su verdadero anhelo era combatir la corrupción o encarar la desigualdad o poner primero a los más pobres. El resorte que lo mueve y la pasión que lo impulsa es menos loable, y más priista: el maximato reinventado como obradorato.

El dedazo resucitado para encumbrar a una figura incondicional, capaz de perpetuar el morenismo militarizador. Su efigie colocada en un altar como el Tlatoani del Bienestar. Y para que ese sueño se convierta en realidad necesita modificar el andamiaje institucional de tal modo que la oposición nunca pueda volver a ganar la presidencia. Si, como afirma el politólogo Adam Przeworski, "la democracia es partidos que pierden elecciones", las reformas electorales y judiciales que propone el hoy partido dominante tienen como objetivo evitar que Morena compita, pero jamás pierda el control de Palacio Nacional. El oficialismo vende su mascarada como la devolución del poder al pueblo, cuando el objetivo del presidente es apropiárselo.

No es un sueño original, ni transformador. Es la versión facsimilar de tantos presidentes priistas que lo precedieron y comandaron el país de donde venimos. El país donde el PRI decía que había democracia, pero era simulada. El país donde existía competencia entre partidos, pero rutinaria y fraudulentamente se imponía el partido oficial. El país donde el presidente escogía a su sucesor, y ese sucesor triunfaba en elecciones predecibles. El México sin padrón electoral confiable, sin boletas electorales numeradas, sin insaculación de ciudadanos funcionarios de casilla, sin tinta indeleble, sin autoridades electorales confiables o competencia real.

La salida del autoritarismo electoral tomó años de lucha, movilización ciudadana, reformas electorales en 1994 y 1996, y objetivos compartidos entre la izquierda y la derecha. La tarea que unió al PAN y al PRD fue la equidad electoral. El terreno nivelado de juego. La creación de árbitros electorales que no dependieran del PRI-gobierno o del presidente en turno. Eso se ganó. Ese fue el triunfo —incipiente e incompleto— de mi generación. Una transición electoral votada, obtenida en las urnas.

Gracias a ella la izquierda gana el Distrito Federal en 1997, y refrenda su triunfo ahí en 2000. Gracias al surgimiento del IFE y al cambio en las reglas electorales se dan múltiples alternancias a nivel municipal, estatal y presidencial. El perredismo gana espacios y escaños. Surge una democracia electoral imperfecta, con frecuencia saboteada o manipulada por los propios partidos. Partidos que violan la legislación electoral, competitivos pero tramposos, muy gastalones pero poco representativos. Partidos que quieren capturar al IFE —luego INE— por las multas que les cobra, y los límites que les impone como en los casos de Pemexgate y Amigos de Fox. Partidos que buscan convertir al Consejo General en correa de transmisión de su voluntad, como lo hicieron el PRI y el PAN en 2003. Y el IFE/INE, así como el Tribunal Electoral, también han cometido errores costosos a lo largo de los años. Aun así, habíamos logrado construir un entramado institucional garante de la competencia, organizador de elecciones relativamente confiables. Sí, demasiado caras. Sí, con trampas cometidas por todos los partidos, incluido Morena. Sí, con problemas de representatividad que resolver y riesgos de infiltración criminal que encarar.

Pero hoy la mayor parte de la población confía en el INE. Va a las urnas. Carga con su credencial de elector. Ya no comulga con la cultura del fraude. En una encuesta reciente de *El Financiero*, 68% aprueba el trabajo del INE, y 46% cree que necesita cambios menores. El 64% de los morenistas tiene una visión positiva de la institución que el presidente ha pretendido demoler o colonizar o simplemente ignorar. El defensor del terreno nivelado de juego para la contienda lo ha alterado para beneficiar a su partido. En el pasado, López Obrador le gritó "Cállate, chachalaca" a Vicente Fox cuando se entrometió en las campañas; en el presente lo ha emulado. AMLO se va pareciendo cada vez más a quienes sustituyó. Con tal de ganar, está dispuesto a violar las reglas. Con tal de construir la hegemonía morenista, está dispuesto a emular las peores prácticas que pasó 18 años acusando. Al reclamar que el INE lo censura, el presidente se está prianizando.

Y se aleja del camino y de las leyes que él mismo impulsó. Luego de la turbulenta elección de 2006, López Obrador exigió reformas de gran envergadura para que no volviera a suceder lo que él y el PRD habían padecido: el proselitismo político de Vicente Fox en contra de su candidatura, la cargada de la cúpula empresarial en los medios con el objetivo de impedir su triunfo, la llamada "guerra sucia" a través de los spots "López Obrador, un peligro para México". Todo lo que el *establishment* hizo para frenar su llegada a la presidencia, incluyendo la violación abierta de la legislación electoral. Todo eso que el INE permitió y minimizó y no sancionó. Todas las irregularidades que AMLO se dedicó a exponer, y que condujeron a la reforma electoral de 2007. Una reforma promovida, negociada y aplaudida por López Obrador, cuyo espíritu ha traicionado.

Aquello que AMLO reprobó era el uso del poder para perpetuarse en el poder, marginando a la oposición. Y por eso la reforma de 2007 prohibió la compra de tiempo en los medios por particulares, prohibió la denostación entre partidos, prohibió el uso de la propaganda política por parte del gobierno en turno. Fue una reforma restrictiva, y por esa razón, muy controvertida. Pero se volvió la ley y obligó a los presidentes a mantenerse al margen de las contiendas, ante el efecto pernicioso de su intervención. Precisamente por la historia de cargadas priistas y desafueros panistas, López Obrador exigió que el Poder Ejecutivo sacara las manos, y se benefició de que a Calderón y a Peña Nieto se las ataran. Buscó callarlos, y logró avanzar políticamente gracias a la mordaza que la autoridad electoral tuvo la obligación de colocarles.

El INE no siempre lograba su objetivo ni lo perseguía con la consistencia necesaria, pero la sociedad demandaba que aplicara la ley, y que los predecesores de AMLO se atuvieran a ella. Por ello, resalta aún más la incongruencia lopezobradorista: como opositor demandó equidad, pero como presidente no le ha preocupado violarla. Como opositor demandó la aplicación cabal de la legislación electoral, pero como presidente ha promovido la excepción. Lo que para sus predecesores era presión para someterse a la legalidad, para él es censura. Lo que embestía como propaganda por parte de Fox y Calderón, defiende como "información" por parte de su propio gobierno.

Por las esperanzas depositadas en él, por el cambio que prometió, por las prácticas presidenciales que tanto dañaron al país, AMLO tenía el compromiso moral de comportarse mejor que Vicente Fox y Felipe Calderón y Enrique Peña Nieto. Él, que luchó por desmantelar el predominio del PRI, nivelar el terreno de juego para la competencia partidista, desarmar el sistema de partido hegemónico y transitar hacia una democracia menos disfuncional, no debería impugnar las reglas del juego para morenizarlo.

Sabemos que el sistema político electoral requiere cambios, pero no los planteados por AMLO. Sí a las sanciones severas para quienes violen la ley electoral y reciben financiamiento por debajo de la mesa, incluyendo la pérdida del registro. Sí a la remoción de los candados que inhiben la reelección legislativa, sometiendo las candidaturas a las decisiones de los dirigentes parlamentarios. Sí a la eliminación de partidos parasitarios y "vientres de alquiler" como el Partido Verde. No al regreso de elecciones sesgadas a favor del partido en el poder. No la vuelta al árbitro controlado por el priismo-morenismo mayoritario. No a reformas —como la elección de ministros de la Suprema Corte por voto popular— que revelan tentaciones autoritarias disfrazadas de "más democracia", cuando la sacrificaría. El adormecimiento democrático al cual ha conducido López Obrador constata el viejo *dictum* de la Ilustración: "Los sueños de la razón producen monstruos". Y para México, viejas pesadillas.

8

SIEMPRE ASPIRACIONISTA, NUNCA CONFORMISTA

Nadie como Andrés Manuel López Obrador conoce la pobreza del país. Nadie como él ha recorrido las rancherías y los pueblos y las zonas más marginadas. Nadie como él entiende y sufre la desesperanza que se respira ahí. El México de los de abajo, ignorado, despreciado, ocultado. El México habitado por una subclase permanente de millones de personas, muchas atoradas en la informalidad, en la precariedad. Los sobrevivientes de un sistema económico y político que no ha funcionado para ellos, con avances y logros infinitesimales ante la inmensidad de los retos. Sexenio tras sexenio, gobierno tras gobierno, 30 años ostensiblemente combatiendo la pobreza que persiste, tercamente.

No sorprende que en 2018 haya ganado un político que prometió ponerlos primero. Sí sorprende que una vez en el poder no se haya abocado a tratarlos mejor. Lo hace en el discurso, lo hace en la escenografía de las giras, lo hace en los videos que tuitea, lo hace en la narrativa antineoliberal que disemina desde la mañanera. Pero las políticas públicas instrumentadas durante los últimos años contradicen su compromiso con los más necesitados, aunque presuma la reduccón del número de pobres por ingreso.

Con la crisis del coronavirus hubo muchos decesos. Y uno de los más dolorosos fue provocado por el propio presidente. Decreto tras decreto y en nombre de la austeridad, Andrés Manuel López Obrador ha ido matando al Estado mexicano, amputándole las piernas, cortándole las manos, extirpándole los órganos vitales. Margaret Thatcher y Ronald Reagan, los artífices del paradigma neoliberal, seguramente aplaudirían el asesinato fraguado en Palacio Nacional. Los conservadores deberían izarlo en hombros por llevar a cabo el austericidio con el cual siempre han soñado desde tiempos de Carlos Salinas.

Muchos justifican este asesinato estatal, aludiendo a los privilegios que se han perdido y la corrupción que se ha combatido. Celebran los recortes salariales y la pérdida de derechos laborales, sin entender que un subdirector dentro de la administración pública federal —afectado por los recortes— solo ganaba 20 000 pesos al mes. Subestiman el valor del Estado y su centralidad para la vida democrática. Creen que nos deshacemos de una fuerza perniciosa, heredada del "modelo neoliberal", y celebrarán su defunción. Se suman jubilosos a la cruzada antiestatista del presidente, sin comprender que el Estado provee servicios que el sector privado no puede ni quiere cubrir. La salud, la educación, el transporte, la protección de derechos, los programas para las mujeres y tantos rubros más, ahora eliminados, ahora en riesgo.

La Cuarta Transformación se ha convertido en un proyecto de inanición que dejará un elefante reumático varado. Sin la capacidad de moverse, de levantarse, de caminar hacia delante, de cargar sobre su lomo a tantos mexicanos víctimas del desamparo estatal. En una era en la cual el Estado debería ser indispensable para apoyar, intervenir, rescatar y redistribuir, AMLO se ha empeñado en matarlo de hambre. Por tozudez y por ignorancia. Por no entender para qué sirve el Estado y cómo funciona. Por el temor que tantos tienen de enfrentar al presidente y educarlo sobre qué hace una subsecretaría, qué hace una dirección general adjunta, qué hace la burocracia para enfrentar una pandemia o una crisis económica o un huracán o una emergencia. Problemas técnicos, no políticos. Temas especializados que no deberían ser politizados. Temas operativos que no deberían ser menospreciados. Actividades necesarias que cesarán, procesos administrativos que pararán, atención gubernamental que dejará de existir. Como escribe Mario Arriagada, "no se trata de que el gobierno no le cueste al pueblo. Se trata de que al pueblo le cuesta mucho no tener gobierno".

Eso es lo que pasará si se sigue recortando y adelgazando al estilo más neoliberal. Eso es lo que ocurrirá si el lopezobradorismo sigue optando por las directrices de Milton Friedman en lugar de las propuestas de John Maynard Keynes; si la insensatez se impone sobre lo que gobiernos alrededor del mundo están enseñando e instrumentando. Acabaremos con un Estado mermado, encogido, más disfuncional que cuando López Obrador llegó al poder para cambiarlo. Tendremos un Estado incapaz de encarar la desigualdad de forma sostenida, desatar el crecimiento, impulsar la movilidad social, promover derechos o garantizarlos. Lo que dejará una transformación destructora tras de sí es un tren incosteable, un aeropuerto inviable, una refinería quebrada y un Estado moribundo.

Y esa realidad, merecedora de los aplausos de quienes admiran a Thatcher y a Reagan, no demuestra humanismo o solidaridad; exhibe desconocimiento y crueldad. Crueldad frente a las familias de los niños con cáncer, en busca desesperada de medicamentos inexistentes porque Raquel Buenrostro insistió en impulsar compras consolidadas sin asegurar el abastecimiento primero. Crueldad frente a las mujeres víctimas de la violencia doméstica, confinadas en casa con su agresor, debido a la clausura de refugios para atenderlas. Crueldad con los 40 millones de mexicanos que trabajan en el sector informal, obligados a salir a la calle en medio del pico de la pandemia, porque el gobierno no les proveyó dinero para que se quedaran en casa. Crueldad con los científicos en instituciones a las cuales se les ha estrangulado presupuestalmente en nombre de la austeridad selectiva. Crueldad con quienes le reclamaron al presidente las desapariciones y la inseguridad, y a quienes no quiere atender por "proteger la investidura presidencial".

La Cuarta Transformación se califica a sí misma de transformadora cuando ha resultado ser despiadada. Como cuando los tuiteros de la red AMLove se burlan de quienes reclaman, pancartas en mano, afuera de las puertas de Palacio Nacional. Como cuando insultan a cualquiera por solidarizarse con los niños con cáncer y sin tratamientos oncológicos. AMLO sienta el tono socarrón, promueve el tenor burlón. Lo suyo no es la sensibilidad sino la sorna. Para cualquiera con temor a denunciar lo que está padeciendo o sufriendo en estos tiempos terribles, basta con ver cómo ha reaccionado el presidente. Con risas, con descalificaciones, con conspiraciones. La malicia abrazada como virtud, imposible de contener, difícil de frenar. Y en la cual participan, gustosamente, sus seguidores.

Dicen que este presidente pone primero a los pobres, pero guardan silencio cuando las políticas sociales empeoran la vida en sus filas, sobre todo en el ámbito de la educación, la salud y la seguridad.

La 4T se regodea en la crueldad contra los que odia, sin darse cuenta de que también la ejerce contra los que ama. Porque el presidente López Obrador ha dicho que ama a los pobres como mascotas: dependientes, domesticados, amaestrados. Así se refirió alguna vez a ellos. Su pifia fue muy reveladora; un desliz verbal que evidenció cómo entiende su papel y el del gobierno que encabeza. El gobierno no empodera, el gobierno da. El pueblo no exige, el pueblo agradece. El gobierno no provee oportunidades, el gobierno crea clientelas. El pueblo no cuestiona, el pueblo extiende la mano.

Lo más loable de la 4T ha sido reconocer la pobreza imperante, la desigualdad indignante. Lo más aplaudible del gobierno lopezobradorista ha sido colocar en el centro de la atención aquello que llevaba decenios en la periferia. El México al cual no hemos querido mirar; el México al que tantos le tienen miedo. Miedo a los pobres, a los indígenas, a los despojados. Miedo a los que subsisten en la base de la pirámide social vendiendo chicles; miedo a los millones de compatriotas que sobreviven con menos de 20 pesos al día; miedo a los marginados que la modernidad prometida desde hace sexenios no toca ni alcanza ni transforma. Millones que ahora reciben dinero directamente del gobierno y su vida indudablemente es mejor que antes.

Pero aún no sabemos si los nuevos programas sociales crearán condiciones para que los beneficiarios transiten de la dependencia a la autonomía, de la condición de mascotas a la categoría de ciudadanos, de la pobreza a la posibilidad de salir de ella. Faltan reglas de operación; faltan mecanismos de evaluación; faltan métodos de medición. Pero aun así es posible discernir impactos previsibles en función de decisiones tomadas, como lo explica Máximo Ernesto Jaramillo-Molina en "'Sin intermediarios': la política social en la 4T", publicado en la revista *Nexos*. En la visión lopezobradorista coexiste lo bueno, lo malo y lo feo. Lo positivo de la pensión para adultos mayores y personas con discapacidad, las becas para educación media y superior y Jóvenes Construyendo el Futuro. Lo negativo que entrañan los recortes brutales en el gasto en salud y la remercantilización de la política social en estancias, refugios y médicos privados. Lo alarmante que es el Censo del Bienestar y su andamiaje clientelar. Lo preocupante de programas en marcha sin reglas, con presupuestos al margen del escrutinio. Lo inquietante de los errores, los vacíos y las prisas detrás de iniciativas con buenas intenciones que han producido resultados inciertos.

Resultados contraproducentes como la discrecionalidad de lineamientos que no permite generar indicadores claros de cómo medir, contrastar, evaluar. Resultados como la opacidad que abre la puerta a prácticas arbitrarias y/o clientelares. El problema no reside en que el Estado regale dinero sino en que lo haga bien. El reto no es solo lograr que el dinero "baje" a quienes más lo necesitan, sino que las transferencias estén acompañadas de una perspectiva más integral. Que el Estado teja redes de seguridad social y también lleve a cabo una profunda reforma fiscal. Que el Estado palie la pobreza y encare el problema de la concentración de la riqueza. Que el Estado use la política laboral —el incremento del salario mínimo y la regulación del *outsourcing*— para incrementar la productividad y promover la prosperidad compartida. Pero eso requeriría un cambio en la mentalidad presidencial, basada en distribuir y repartir, dar dinero y ser bendecido por ello. El lema tendría que ser "por el bien de todos, también los pobres".

Para que puedan dejar de serlo. Para que no tengan que cojear de mitin en mitin, esperando la próxima entrega del próximo político. Si la política social de la 4T no corrige los errores detectados y los riesgos vislumbrados, será peor de lo mismo. El argumento de la pobreza urgente para justificar la manipulación persistente. Clientelismo desparpajado y celebrado. Clientelismo al aire libre, diseñado a puerta cerrada. El clientelismo retrasa el desarrollo económico porque desincentiva a los gobiernos a proveer bienes públicos como escuelas, hospitales, refugios y estancias. Vicia la democracia al minar la equidad del voto, porque unos lo usan para comunicar preferencias políticas y otros como moneda de cambio. Perpetúa a líderes autoritarios en el poder porque quienes quisieran oponerse temen las represalias. Y convierte a los ciudadanos en mascotas, obligados a vivir con la pata extendida.

Según la última medición del INEGI en 2023, hay cinco millones de pobres menos. El presidente López Obrador lo ha presumido como pavorreal. Claudia Sheinbaum lo ha ostentado como el gran logro de la "transformación". Analistas y periodistas cercanos al oficialismo lo han aplaudido a palma batiente. Sin duda es un logro. Pero antes de sacar los cuetes y las copas de champagne, es indispensable —por honestidad intelectual— poner las cifras en contexto, ver qué tan perdurable es el triunfo, y comparar las ganancias ostentadas con las pérdidas reportadas. Porque hoy hay menos pobres por ingresos pero más mexicanos con carencias básicas. Hay avances por el incremento del salario mínimo y las transferencias gubernamentales pero retrocesos por pérdidas en acceso a salud y educación. Quienes subrayan solo una cifra sin desmenuzar las demás tienden una trampa. Celebran que en medio del bosque en llamas hay un árbol que sobrevive; un huizache espinoso, con las ramas quemadas, torcido, rodeado de humo pero de pie.

Ese árbol maltrecho tiene algunas hojas verdes. Entre 2018 y 2022 la población en situación de pobreza pasó de 51.9 a 46.8 millones de personas. Entre la destrucción y la quemazón se avizoran algunas señales de vida. Las pensiones para los adultos mayores han echado raíz, han engrosado el tronco, han dado lugar al florecimiento de algunos botones amarillos, entre tantas espinas. Pero también es imperativo examinar las ramas quemadas; aquello que los incendios prendidos por el lopezobradorismo afectaron, cerillo tras cerillo, antorcha tras antorcha. La pobreza extrema creció de 8.7 a 9.1 millones de personas, los que trabajan fuera de la economía formal, los intocados por programas sociales mal diseñados, los que no votan y por ello no importan a la hora de repartir. Resulta políticamente redituable pero moralmente cuestionable ensalzar como triunfos históricos un paso hacia delante, acompañados de tres pasos hacia atrás. El riego de un huizache, acompañado de la quema deliberada de hectáreas.

El Coneval también reporta cómo millones de mexicanos tienen más dinero pero menos acceso a la salud. Cómo antes había 20.1 millones sin cobertura médica pública de algún tipo, y ahora hay 50.4 millones a la intemperie, parados bajo el huizache, buscando cómo protegerse y curarse. Sin más opción que el Dr. Simi. Sin más atención que la Farmacia del Ahorro. Sin más alternativa que pagarle a un médico particular. Lo que antes era un derecho público ahora es un privilegio privado. México pasó del Seguro Popular defectuoso, al Insabi desastroso, al IMSS-Bienestar OPD que nadie entiende y cuya cobertura no alcanza. El gobierno lopezobradorista desparrama dinero, pero desaparece medicamentos. Da recursos pero no surte recetas. Otorga becas, pero no asegura citas médicas. Antes había otros árboles bajo los cuales resguardarse, otros árboles frutales y maderables como el Seguro Popular. Insuficientes, demasiado pequeños, pero parte de un bosque hoy talado e incendiado.

Para los pobres de México el acceso a la salud se ha convertido en una larga travesía por parajes inhóspitos. Desabasto que no se resuelve, 15 millones de recetas no surtidas, ausencia de procesos claros para la compra de medicamentos, incertidumbre laboral entre médicos que toman las calles. Más las muertes en exceso producidas por la pandemia. Más las vacunas que no llegan. Ahora que se hacen cortes de caja de lo que ha sucedido con el sistema de salud durante los últimos años. La cancelación del Seguro Popular, la transferencia de las compras consolidadas de medicamentos a la Secretaría de Hacienda, la transformación de la Comisión Federal para la Protección contra Riesgos Sanitarios (Cofepris), el pleito con las farmacéuticas, la cancelación del Insabi y la ordeña de recursos que nadie sabe a dónde fueron a parar. Un desmadre, pues. Leí *La tragedia del desabasto*, del médico Xavier Tello, y se me encogió el corazón más que de costumbre. Leí el reporte de México Evalúa titulado "El ocaso del Fonsabi" —creado para financiar la atención de enfermedades de alto costo para las personas sin seguridad social— y me indigné más que de costumbre.

El caos ha tenido consecuencias, el desorden ha derivado en decesos, la improvisación ha producido una secuela de indignidades. Ni una sola muerte prevenible se justifica, pero quizás las que más duelen son las de los niños. Hoy en México hay demasiadas familias cargando con el peso de esas ausencias de hijas e hijos, hermanas y hermanos, porque al presidente se le ocurrió "transformar" el sistema de salud. Y las consecuencias de la creación y posterior desmantelamiento del Insabi no tardaron en manifestarse. La retórica del "combate a la corrupción" se tradujo en crueldad hacia los niños con cáncer, en el desabasto de medicamentos de alta especialidad, como los oncológicos, en la falta de metrotexato. El gasto del Fonsabi cayó para todos los padecimientos, y el tratamiento más castigado fue el cáncer infantil, con un recorte de 97% frente al sexenio pasado. En salud hemos presenciado una espiral descendente. Hemos escuchado mitos y mentiras, pretextos y negaciones. Hemos visto a los culpables —como Hugo López-Gatell— culpar a las víctimas.

El sexenio de la sacudida histórica y "la revolución de las conciencias" terminará con menos pobres pero más enfermos, menos pobres pero más mal educados, menos pobres pero más muertos, menos pobres pero más derechos sociales cercenados.

Porque el daño abarca también a la educación pública. La Cuarta Transformación nos está regresando a ese lugar de donde queremos y debemos salir para crecer, competir y lograr la prosperidad compartida. A ese país atrapado donde en la escuela pública se aprende poco de ciencia pero se aprende mucho de simulación; se aprende poco de álgebra pero se aprende mucho de cumplimientos mediocres, adoctrinamiento ideológico e historia manipulada. A ese añejo pacto político basado en la anuencia sindical a cambio de la subvención gubernamental; construido sobre la subordinación corporativa y no sobre la evaluación o el desempeño o la profesionalización. A ese arreglo primigenio basado en el "derecho adquirido" de vender, heredar o intercambiar una plaza de maestro por favores sexuales u obtener la basificación como premio político.

Antes y ahora, la educación no ha sido prioridad de ningún presidente, y ahí están los resultados. Gobierno tras gobierno ha concebido a la educación pública como una estrategia de pacificación, más que como un vehículo de empoderamiento, y por eso el rezago. En México la escolaridad promedio es de tan solo 8.7 años, lo cual equivale a segundo de secundaria y se vuelve razón fundacional de nuestro desarrollo trunco. El 43% de la población de 15 años o más no cuenta con una educación básica completa. Según la última evaluación de la prueba PISA —la mejor métrica internacional, cancelada por el gobierno actual—, 56% de los mexicanos se ubican entre los niveles cero y uno, es decir sin las habilidades mínimas para enfrentar las demandas de un mundo globalizado, meritocrático, competitivo, y más equitativo. Un millón de alumnos abandonaron la escuela durante el covid.

Pero en vez de atender problemas estructurales la 4T ha propuesto un plan retórico. En lugar de encarar vicios históricos la 4T ha propuesto memorizar agravios. "La mercantilización de la educación", "el capitalismo cognitivo", "las políticas neoliberales". La SEP atribuye el progresivo deterioro educativo, la inclusión tardía, la reprobación y la deserción al "modelo patriarcal, colonial, eurocéntrico, homofóbico y racista". La SEP cree que muchos años de generaciones heridas, donde más de la mitad de los jóvenes mexicanos están por completo fuera de la escuela, se deben a que la educación no tuvo un "perfil comunitario", no incorporó las "experiencias locales", y tenía una visión demasiado "global".

Es válido que el gobierno cuestione los fines de la educación y los medios para lograrlo. La educación en México debe cambiar y evolucionar. Pero la Nueva Escuela Mexicana lo ha hecho subvirtiendo disposiciones constitucionales y violando procesos establecidos. Cualquier modificación debe estar basada en el artículo 3° de la Constitución y en la Ley de General de Educación. Pero las supuestas consultas que se llevaron a cabo no fueron sino asambleas informativas fársicas. No involucraron ni a los padres de familia ni a maestros ni a otros grupos de la sociedad, que debieron formar parte del proceso. El artículo 3°, legado de Jaime Torres Bodet, establece que el criterio que evaluará esa educación "se basará en el progreso científico, luchará contra la ignorancia y sus efectos, las servidumbres, los fanatismos y los prejuicios".

Medidos con esa vara, los nuevos libros de texto son un terrible retroceso. Una oportunidad desperdiciada. Y no por las razones que esgrime la oposición conservadora, no por los errores factuales y ortográficos, no por la tarea de hacer una maqueta de los órganos sexuales que ha horrorizado a las "buenas conciencias", no por el lenguaje incluyente. El problema central de los nuevos libros no es solo su ideología; es su ignorancia. No es su exaltación de los logros de la 4T; es su desdén por lo que importa enseñar. Quizás los niños aprenderán saberes comunitarios y tradiciones ancestrales. Quizás aprenderán hábitos aplaudibles como ser menos racistas y clasistas. Quizás aprenderán quién es el "opresor" y quién es el "oprimido" y qué es "el capitalismo cognitivo". Pero no tendrán los cimientos básicos en lectura y matemáticas. No sabrán leer, escribir, hacer una suma y calcular un porcentaje.

El tema más preocupante y dañino en los nuevos libros de texto gratuitos no es la amenaza "comunista" denunciada por los peones de Ricardo Salinas Pliego en TV Azteca. La amenaza real es seguir siendo un país maleducado, un país rezagado, un país dolorosamente desigual. Lleno de jóvenes fuera de la escuela, sin facultades críticas para obtener un empleo, sin capacidad de innovar o resolver problemas o interactuar con las nuevas tecnologías o a un mundo que cambia velozmente. El estado de la educación en un país predice cómo será en 30 años. Y los nuevos libros de texto gratuitos condenarán a México a seguir menospreciando la formación de su gente. Con millones de niños en aulas maltrechas, con profesores sometidos otra vez al Sindicato Nacional de Trabajadores de la Educación (SNTE), memorizando los logros de la 4T.

El nuevo Plan de Estudios de la SEP encapsula la esencia de la Cuarta Transformación, no pretende educar ciudadanos autónomos; busca perpetuar súbditos leales. No le preocupa fomentar la inteligencia libre; prefiere el adoctrinamiento político. Y producirá otro sexenio más de víctimas de una escuela pública que condena a la mediocridad permanente. Víctimas de una educación ideologizada que crea subordinados apáticos, entrenados para exaltar al gobierno, en lugar de cuestionarlo. En el aula se les enseñará a memorizar los males de la "lógica colonial". Pero no aprenderán lo que les permitirá obtener un trabajo bien remunerado, crecer, competir, entender, encarar los retos de su propio país. La SEP sembrará saberes comunitarios en lugar de valores universales y cosechará ignorancia.

Antes al menos podíamos medir la magnitud del desastre, con la esperanza de componerlo. Pero ahora en la escuela pública no habrá evaluación a los maestros o reprobación a los alumnos. No habrá forma de medir el daño que se volverá a infligir. No habrá profesores profesionales sino peones de apoyos políticos y cruzadas ideológicas. Pero sí habrá millones de estudiantes en el aula, memorizando la visión de la historia reinventada por el gobierno actual. Atrapados en escuelas pobres para pobres, amplificadoras de brechas y desigualdades.

Lástima que el lopezobradorismo haya usado su gran legitimidad y su mayoría legislativa para condenar a los niños de México a la mediocridad permanente. Sobre todo cuando las filas del gobierno están llenas de personas que mantienen a sus hijos en escuelas privadas, mientras permiten que los hijos de otros languidezcan en escuelas públicas, secuestrados.

Durante muchos años compartí el diagnóstico del país que hacía López Obrador. México, el país de intereses enquistados, de privilegios atrincherados, de cotos reservados. México, el país desdichadamente desigual. México, el país que ignora a sus pobres, a sus indígenas, a quienes viven parados en los camellones vendiendo chicles o mueren de hambre en el campo, sembrando maíz. México, el país de élites extractivas y monopolistas encumbrados.

Por ello pensé que empujaría una agenda capaz de combinar el crecimiento con la redistribución, el capitalismo competitivo con el capitalismo democrático, una profunda reforma fiscal con el ingreso básico universal. Voté por él creyendo que se abocaría a establecer condiciones para crear riqueza y repartirla mejor. Pero veo con tristeza cómo se parece cada vez menos a Franklin Delano Roosevelt y cada vez más a Plutarco Elías Calles. No ha aspirado a ser un izquierdista; ha confirmado que es un neopriista. Mucho de lo que sus seguidores elogian es lo que habría que cuestionar. El *modus operandi* heredado del viejo PRI. El Censo del Bienestar, cuya ausencia de profesionalismo y metodología confirma su carácter clientelar. Instituciones como la Secretaría del Bienestar, cuyos objetivos y acciones han sido pervertidos por razones políticas. La Cámara de Diputados y el Senado llenos de políticos inescrupulosos, fríos, camaleónicos, al servicio del presidente y no de la ciudadanía. La república mafiosa se reinventa construyendo complicidades con licencias y contratos y concesiones y subsidios. En vez de enderezar aquello que el PRI y luego el PAN enchuecaron, Morena lo revive. Ese modelo añorado, ahora desempolvado, que sirvió para crecer y redistribuir en el pasado, pero que de poco servirá para desarrollar y reconstruir en el presente.

Porque inhibirá la recuperación y reinserción de México en un mundo competitivo y globalizado. Operará a base de favores, concesiones y colusiones que el gobierno otorga y que sus cuates selectos en la clase empresarial exigen para invertir. Concentrará el poder económico y político en una red compacta y personalizada, congregada alrededor del presidente. Desmantelará las pocas instituciones democráticas que logramos erigir y colonizará a las demás. Promoverá una retórica oficial en favor de los pobres, pero la política pública y el modelo educativo no promoverán que aspiren a más. Vamos de vuelta a un arreglo feudal, mafioso y estancador que hará cada vez más difícil desatar el potencial de nuestra población.

Quienes aplaudan lo logrado en los últimos años, lo harán con los ojos cerrados, ignorando la evidencia, y sin mirar al país con la honestidad que exige. Sin las anteojeras que los mitos mañaneros y los placebos presidenciales han logrado colocar. Estos son tiempos nublados de recesión democrática e implosión institucional. De pobres con más dinero en efectivo, pero menos acceso a la salud y a la educación. De un líder querido, produciendo resultados que no son aplaudibles si se les mide con la vara del futuro anhelado. Sigo creyendo en las causas de la 4T, pero hoy la defensa de sus métodos equivale a una defensa de la mediocridad. Equivale a una apología de la regresión que beneficiará al presidente y a la élite que lo acompaña, pero perjudicará a muchos más.

Ojalá nos neguemos a rendirle pleitesía a un gobierno con ideas muertas que han sido la razón fundacional de nuestro rezago. Ojalá nos neguemos a vivir en la dictadura de paradigmas pasados. Ojalá nos rehusemos a romantizar la pobreza que solo ha sido paliada. Ojalá nos rehusemos a creer que México será mejor si millones aspiran a menos en vez de que millones aspiren a más. Ojalá jamás renunciemos a la aspiración a una modernización compartida —basada en la ciencia, la tecnología, la cultura, la innovación, las energías renovables, el crecimiento del PIB y los impuestos a la riqueza— capaz de parir ciudadanos aspiracionistas y prósperos. Un México posible al cual tenemos derecho a anhelar. Un México abierto al mundo y a la reinvención que la era del *nearshoring* requiere. Un país de ciudadanos dispuestos a increpar y frenar a los neopriistas felices cuyo objetivo es convencer a los pobres de que acepten, felizmente, seguir sobreviviendo en esa condición.

9

DI NO A LOS NUEVOS
SAQUEADORES

Como dice la frase atribuida a Baudelaire, "El mayor truco que el diablo ha hecho, fue convencer al mundo de que no existía". López Obrador convenció —y sigue convenciendo— a muchos de que el mal uso de dinero en su trayectoria y en su gobierno es inexistente. Presume cuán impoluto es. Cuán limpias son sus manos. Cuán diferente es su gobierno. Cuán blancas son sus plumas a pesar de haber cruzado viscosos pantanos políticos desde los ochenta: primero en el PRI, luego en el PRD y finalmente en Morena, para llegar a Palacio Nacional. Pero la lectura del libro de Elena Chávez *El rey del cash: el saqueo oculto del presidente y su equipo cercano* relata una historia muy distinta.

Ahí aparece un perfil lejano al hombre humilde con solo 200 pesos en la cartera. Según la expareja sentimental de César Yáñez, López Obrador y el "nutrido clan que le besa la mano" son, ni más ni menos, los nuevos saqueadores. Llevan décadas operando un laboratorio de lavado de dinero, extraído de los bolsillos del pueblo y del erario. A lo largo de una crónica política, personal y financiera de AMLO y su círculo cercano, emerge la verdadera faz de la 4T. Cómo de manera calculadora y astuta AMLO y los suyos han promovido un cambio financiando con dinero oculto, que esconde una gran simulación. Bajo las órdenes de López Obrador, Alejandro Esquer —secretario particular del presidente— montó un esquema de recaudación y distribución ilegal de dinero para financiar al hombre, al partido, al movimiento.

Gabriel García Hernández —el operador de Honestidad Valiente, A. C.— recaudaba y distribuía. Mario Delgado desviaba dinero a AMLO desde la Secretaría de Finanzas del Distrito Federal. Octavio Romero Oropeza —director de Pemex— institucionalizaba el moche a los trabajadores de confianza del gobierno de la Ciudad de México. Y tantos más, encargados de proveer una fuente inagotable de recursos para mantener políticamente vivo a López Obrador. Una multitud de testaferros, unidos por la *omertá*, pegados por el amor a un hombre o por el miedo que le tienen. El libro consigna los nombres de quienes sacaban dinero de las arcas del Distrito Federal, de distintas secretarías, de la Asamblea Legislativa, del Metro, de la Red de Transporte para Pasajeros, de la Línea 12, de los gobiernos perredistas de los estados para pagar la mensualidad exigida por AMLO.

El texto también señala la responsabilidad de empresarios que "aportaban" a la causa y recibían contratos a cambio: José María Riobóo, David Daniel, Miguel Rincón Arredondo, entre otros. Detalla el involucramiento de personajes como Julio Scherer Ibarra, Manuel Bartlett y Ariadna Montiel. Los sobres amarillos —grandes y pequeños— que pasaban de mano en mano. Los moches que no se descontaban del salario para no dejar huella, porque el trabajador de muy "buena gana" y con "gran entusiasmo" los aportaba en efectivo. Todos sumisos. Todos cómplices. Todos aceptando la consigna "Si te descubren, te echas la culpa y te quedas callado".

Porque ser operador de López Obrador implicaba servirlo a él, pero también servirse con la cuchara grande. Financiaron el plantón en Reforma pero también se financiaron a sí mismos. Cargaron maletas con dinero en efectivo para el PRD/Morena, pero se quedaron con una parte. Subvencionaron la estructura de partido y también llenaron sus cuentas bancarias. Sufragaron giras a lo largo del país para el candidato, y también compraron casas y terrenos y relojes y camionetas y bodas fastuosas. Organizaron "pases de charola" con empresarios, copiando la estrategia de Carlos Salinas. La crónica del "cash" se lee con rabia, con desilusión, con ganas de gritar por lo que no ha cambiado.

López Obrador tiene razón: a lo largo de su historia, México ha sido un país saqueado. Un país exprimido por intereses particulares que sacrifican el interés público, gobierno tras gobierno, contrato tras contrato, adjudicación directa tras adjudicación directa. Un país paralizado por una red imbricada de políticos y oligarcas, de corruptos y cleptócratas, de líderes sindicales y líderes empresariales, coludidos para robar. Si México quiere crear riqueza y repartirla mejor será necesario acabar con la expoliación y defender lo público. Nadie de buena fe argumentaría lo contrario. Y de hecho muchas de las reformas que AMLO ha enviado al Congreso presuntamente buscan colocar al sector público por encima del sector privado. Buscan regresarle al Estado la primacía que el neoliberalismo le había quitado. Pero en realidad lo que promoverá es el permiso para que el pillaje pase de manos.

Ahora el saqueo estatal viene disfrazado de buenas intenciones y pulcras motivaciones, como "revertir actos de corrupción", "prevenir actos lesivos al interés público" y "fortalecer a la administración pública federal". Enaltecer al Estado y limitar a los privados. Terminar con los contratos leoninos y revocar los dañinos. Invocar el criterio de "confianza en el sector público" para que el Poder Ejecutivo pueda decidir qué le toca a quién, cuándo y cómo. Ahora el gobierno federal puede iniciar obras sin permisos, terminar contratos de forma anticipada, reducir el monto de las indemnizaciones obligadas, y revocar permisos y concesiones en nombre del "bien público". Se trata, en esencia, de fortalecer a un Estado "debilitado por el neoliberalismo" y rescatar a un país saqueado por la rapacidad empresarial.

Pero AMLO se ha equivocado al pensar que la solución a la corrupción, la desigualdad y la rapacidad es regresar el control de la economía a sus manos o a las de su sucesora. AMLO se ha equivocado al creer que los errores del neoliberalismo se componen con el regreso al estatismo. Recordemos el pasado. Echeverría denunció a los saqueadores, estatizó, nacionalizó y México pagó el precio. López Portillo hizo lo mismo y mi madre —junto con millones de mexicanos— perdió los pocos ahorros que tenía. Salinas tomó decisiones unipersonales, transfirió monopolios públicos a manos privadas, revigorizó el capitalismo de cuates, y el salario de todos se contrajo.

Esas son las lecciones históricas, dolorosas e ignoradas. La solución a un Estado discapacitado no es un presidente (o presidenta) discrecional. La solución a un Estado débil no es un presidente (o presidenta) autoritario. La solución a los privilegios privados no es el empoderamiento de plutócratas públicos, al estilo Bartlett. A raíz del reformismo lopezobradorista, el

gobierno tendrá más poder para chantajear, presionar, partidizar, coercio-
nar. Y, otra vez, una camarilla mafiosa obtendrá permiso transexenal para
robar, pero ahora en nombre del "pueblo".

La autodenominada Cuarta Transformación reproduce los usos y costumbres del viejo régimen. Barre ciertos escalones, pero ha permitido el
enlodamiento de la escalera sobre la cual el presidente López Obrador está
parado, haciendo la historia de siempre, reiterativa y dañina para el país.
La historia de la Estafa Maestra y de la Casa Blanca del periodo peñanietista ahora convertida en historia lopezobradorista, repleta de empresas
fantasma, fondos desviados, amigos enriquecidos, botines repartidos. La
historia de adjudicaciones directas en vez de licitaciones transparentes. El
capitalismo connivente que la 4T no combate; lo expropia.

Documentado por una investigación de Quinto Elemento Lab, y pu-
blicada por la revista *Proceso*. El *boom* en este sexenio de nuevas empresas,
creadas al vapor, ávidas de convertirse en proveedoras gubernamentales,
ávidas de beneficiarse de un proceso de contrataciones que fomenta la
corrupción. Durante el primer año de un gobierno que se proclama "diferente" surgieron 171 empresas y lograron 561 contratos por 366 millones
de pesos con 92 dependencias gubernamentales. El 77% de los miembros de
los Consejos de Administración carecen de experiencia empresarial. Siete
de cada 10 contratos fueron por adjudicación directa y sin convocatoria
pública. Una colmena de corrupción, un enjambre de abejas morenistas,
felices, felices, felices.

Así lo evidencia la fecha de creación de los nuevos proveedores gubernamentales vía las claves alfanuméricas del Registro Federal de Contribu-
yentes en Compranet. Así lo atestigua la revisión de más de un centenar de
documentos patrimoniales en registros públicos de México, Estados Unidos
y Panamá. Así lo revelan los 398 contratos —el 71%— repartidos por asignación directa. Nada de *fake news* o una conspiración del conservadurismo
o una rémora del neoliberalismo o una forma "diferente" de combatir la
corrupción. Está constatado un patrón, con datos y cifras y números y nombres, que AMLO denunció desde la oposición y emula desde el gobierno.
Las contrataciones públicas como una de las áreas más vulnerables al co-
chupo, al soborno, a la simulación. La Auditoría Superior de la Federación
(ASF) lo ha reiterado: la forma en la cual se asigna y licita y entrega contratos
es un riesgo para el erario. Antes de la 4T y durante la 4T.

Citando a AMLO: eso sí calienta. Enfurece examinar un breve corruptómetro de la 4T, que no es exhaustivo pero sí ilustrativo. López Obrador
ha afirmado que "se puede tratar del modelo económico más perfecto, pero
con el agravante de la corrupción no sirve de nada". Tiene razón. Aquí está
la evidencia:

1) La Guardia Nacional reserva durante cinco años información relacio-
nada con las bitácoras y los pasajeros de la aeronave XC-PFM, perte-
neciente al gobierno mexicano. El avión fue utilizado en los últimos
meses por funcionarios federales —incluyendo Adán Augusto López,
Mario Delgado y Armando Guadiana— para asistir a eventos de campaña de Morena. El uso de recursos del Estado con fines partidistas es
corrupción.

2) La Presidencia de la República otorga —y oculta— contratos por adjudicación directa a una red de empresas fantasma que reciben millones
de pesos por organizar eventos como el AMLOFest 2021, aunque no
tienen empleados registrados en nómina, ni alta comercial, ni infraestructura. La información ha sido clasificada como "seguridad nacional". El uso de prestanombres para hacer negocios con dinero público
es corrupción.

3) El Fondo Nacional de Fomento al Turismo (Fonatur) no ha cumplido
con las disposiciones legales y normativas en la obra del Tren Maya, y
las revisiones realizadas por la Auditoría Superior de la Federación revelan pagos injustificados, falta de mecanismos para verificar el cumpli-
miento de contratos y deficiencias en los procesos de contratación. Hay
más de 135 millones de pesos pendientes por aclarar. El despilfarro y
mal uso de recursos públicos es corrupción.

4) La filial de Pemex en Houston que dirige la hija del secretario particular de López Obrador —a pesar de no contar con experiencia en el
sector— mantiene en secreto la nómina y los contratos que ha suscrito
con compañías como Baker Hughes y Vitol. El sueldo de ella, de 13
500 dólares al mes, viola la Ley Federal de Remuneraciones de los Servidores Públicos, ya que gana más que el presidente. El nepotismo, el

conflicto de interés y el ocultamiento de información de interés público es corrupción.

5) Entre 2013 y 2019 el Ejército mexicano desvió 156 millones de dólares a empresas fantasma. A pesar del grave daño al erario, ningún titular de las direcciones que autorizaron las facturas falsas que avalaron operaciones inexistentes ha sido sancionado. La Sedena también está involucrada en un esquema de triangulación de compras multimillonarias a empresas domiciliadas en un desván vacío en un edificio en Polanco. Las peticiones de transparencia fueron rechazadas por "seguridad nacional". Triangular transacciones con empresas fantasma y esconderlo es corrupción.

6) Los militares al frente de la construcción del aeropuerto Felipe Ángeles asignaron prácticamente el 100% de los contratos sin licitación, y muchos de ellos fueron otorgados a proveedores sin la infraestructura necesaria. Los detalles de cómo se gastaron tres de cada cuatro pesos en la obra permanecen en la oscuridad. Asignar contratos a empresas sin experiencia y ocultar contratos es corrupción.

7) La ASF detectó irregularidades por hasta 15 300 millones de pesos en Segalmex, la empresa creada por López Obrador al inicio del gobierno. Las irregularidades incluyen contratos sin licitar, recursos públicos entregados a empresas fantasma y empresarios ligados a una red de corrupción en la institución que construyen cuatro desarrollos de lujo en Yucatán. El titular —Ignacio Ovalle— fue destituido, pero no ha sido investigado o sancionado. Se han girado órdenes de aprehensión tan solo contra funcionarios menores. La impunidad otorgada a colaboradores cercanos también es corrupción.

8) La ministra de la Suprema Corte Yasmín Esquivel —nombrada por AMLO y esposa de su contratista favorito— suspendió la ejecución de una sentencia dictada por el TEPJF, que ordena a la Fiscalía General de la República (FGR) entregar información de la carpeta de investigación sobre Pío López Obrador. El hermano del presidente fue captado en video recolectando dinero para las campañas de Morena. Proteger

a parientes a través de la manipulación del Poder Judicial también es corrupción.

9) El Fonatur compró un terreno por 1 150 millones de pesos a Banco Azteca, de Ricardo Salinas Pliego, que había sido valuado días antes en un precio tres veces menor: 407 millones 783 000 pesos. Este terreno, colindante con el aeropuerto de Cancún, estuvo vinculado en la trama de sociedades *offshore* que Salinas Pliego utilizó para controlar acciones de Grupo Fertinal, y que Pemex compró a sobreprecio durante el sexenio de Enrique Peña Nieto. Hacer negocios cuestionables con los cómplices también es corrupción.

Pongo otro ejemplo. El presidente López Obrador ha presumido, estelarizado, y proclamado abiertamente su preferencia por el Ejército, la Marina y la Guardia Nacional. Luis Crescencio Sandoval, secretario de la Defensa Nacional, es un acompañante asiduo de las mañaneras, mientras que la figura de los mandos civiles en seguridad se desdibuja y se desvanece. La mano derecha del presidente siempre es alguien de casaca, vestido de verde olivo. AMLO admira la ética militar, la disciplina militar, la incorruptibilidad militar. Y por eso ha subcontratado partes tan importantes de la gobernanza de México a quienes considera impolutos.

Lástima que la evidencia reciente contradiga su percepción. De acuerdo con un reportaje puntual de *El País*, la Secretaría de la Defensa Nacional no es tan prístina como la pinta el presidente. Entre 2013 y 2019, la Sedena pagó 2 371 millones de pesos a 250 compañías que la Auditoría Superior de la Federación declaró como "fantasmas". Así queda registrado en 11 175 comprobantes digitales que demuestran caso tras caso de desvíos, caso tras caso de daños al erario a través de hospitales militares, supuestos servicios de obra civil, presuntos gastos de la Dirección General de Comunicación Social, servicios de masaje e hidratación, provisión de playeras y medallas para eventos deportivos, y unidades habitacionales militares, el Heroico Colegio Militar, el cine del Centro de Atención Social para Militares Retirados, el Campo Militar de Santa Lucía. La red de empresas contratistas falsas recorre la República, y el lodazal alcanza a los de verde.

A la Sedena no se le aplican los decretos de austeridad, los recortes republicanos, o la lupa selectiva de la Secretaría de la Función Pública (SFP).

Se le ha permitido actuar en un universo ético y legal paralelo. Se le ha otorgado la capacidad de operar en un contexto de excepción. Se ha convertido en un suprapoder marchando al margen la legalidad, tomando decisiones en la más completa opacidad. Gracias al pretexto de "por cuestiones de seguridad nacional", las fuerzas armadas tienen un cheque en blanco para conducirse de manera extralegal. Impunidad mata incorruptibilidad.

Basta con el "Índice de riesgos de corrupción sobre las compras públicas en México", publicado por el Instituto Mexicano para la Competitividad (IMCO). Entre 2018 y 2020 aumentó el riesgo de corrupción en las compras públicas en 147 de 247 instituciones federales, por la falta de competencia, poca transparencia e incumplimiento de la ley. La Secretaría de Marina (Semar) otorgó 96% de sus contratos sin competencia; la Administración Portuaria de Salina Cruz adjudicó 99% de sus contratos de manera directa; 66% de las adjudicaciones directas de la Sedena no tienen el contrato publicado, y un montón de anomalías más.

Hoy no sabemos exactamente qué montos maneja la Sedena para una amplia gama de negocios y actividades en la cual está involucrada. Hoy no conocemos con precisión cómo se han otorgado los contratos en el aeropuerto de Santa Lucía o para el equipamiento de la Guardia Nacional. Lo que sí evidencia la investigación disponible es que las fuerzas armadas son capaces de cometer actos de corrupción como cualquier otra institución. Los generales no son ángeles y pueden volverse demonios si AMLO lo sigue permitiendo.

Así como permite el conflicto de intereses que también es corrupción. No hay que admirar o confiar con demasiada rapidez en los maestros de la moralidad que "hablan como ángeles, pero viven como hombres", escribía Samuel Johnson. Esa advertencia vale para el presidente López Obrador, su familia y todos aquellos que hablan de una manera, pero viven de otra. Que denuestan la Casa Blanca pero defienden "la casa gris" en Houston. Que fustigan el conflicto de intereses de Angélica Rivera pero rechazan su posibilidad en el caso de la nuera incómoda. Al excusar en unos lo que critican en otros, evidencian un problema central del gobierno actual. La hipocresía no es solo la doctrina de los conservadores, como argumenta AMLO. También es la suya y la del movimiento que encabeza.

Basta con recordar la boda del asesor del presidente, César Yáñez. El problema no fueron las 9 000 rosas, los 500 invitados, el menú, la langosta, las vallas, el vestido opulento de la novia, la música de Los Ángeles Azules, las fotos de AMLO posando con Manuel Velasco y Anahí. El meollo del asunto no fue que la mano derecha del presidente electo pagara por aparecer en la portada de la revista *¡Hola!* La discusión de fondo no era si la boda podía ser catalogada como "fifí", ni cuánto costó, ni el hecho de que no se pagara con recursos públicos.

El motivo de la crítica legítima de tantos residió en lo que la boda biliosa evidenció: la distancia entre lo que el gobierno prometió ser y cómo se comportó. La incongruencia de quienes criticaron, y con razón, a una clase política ostentosa e insensible, para después emularla. Uno de los ejes narrativos de la campaña de AMLO fue el juicio frontal a la frivolidad del peñanietismo. Una crítica necesaria, merecida, compartida. ¿Cómo olvidar los 400 invitados a París, la primera dama paseándose por Rodeo Drive, la portada de Angélica Rivera presumiendo la Casa Blanca, el tatuador invitado a Los Pinos? Escena tras escena del mirreinato mexicano; ese lugar sin límites, ese lugar racista, clasista, elitista. AMLO encaró al país de privilegios, al México de funcionarios ricos y trabajadores pobres, guaruras que custodian a algunos mientras patean a otros, vallas que protegen a los poderosos mientras excluyen a los pordioseros.

Millones de personas votaron en contra de los privilegios abusivos de la clase política. Por eso el desconcierto derivado de una boda que —antes— AMLO habría calificado como evento de "señoritingos", de "fresas", de "blanquitos" y totalmente "Riqui riquín". Por eso la desilusión ante su respuesta: "Yo no me casé", y los "adversarios" de Morena son los verdaderos malosos. Por eso el desconcierto ante los que justifican y minimizan la ostentación porque no fue financiada con dinero público. Ha sido el mismo caso con la boda de Santiago Nieto, la casa gris de José Ramón López Beltrán, la fiesta quinceañera de la hija de Mario Delgado, el turismo de lujo del general Luis Cresencio Sandoval, la bacanal de Carolyn Adams en Culiacán. Justificación morenista ante excesos que en el pasado fueron excoriados. Halos de hipocresía colocados sobre la cabeza de quienes denuestan el aspiracionismo, pero demuestran ser aspiracionistas. Esas son las evasivas que siempre nos dio el peñanietismo. Esas no son las posturas autocríticas que corresponden a la supuesta "nueva era"; son las defensas trilladas de los viejos tiempos. El tema no es el nivel de vida de los miembros del gobierno; el tema es que no son congruentes con lo que exigen y prometen.

La hipocresía de condenar el aspiracionismo de los ajenos, pero justificarlo para los propios, que acumulan propiedades o las ponen a nombre de sus parejas o mintieron en su declaración patrimonial o tienen fortunas en paraísos fiscales o se amparan para no pagarle al SAT. Para ellos no hay admonición, no hay increpación. Para los enemigos el juicio sumario. Para los amigos la defensa, el perdón, la evasión. Un gobierno que deplora la injusticia pero permite que sus allegados sigan disfrutando los beneficios del sistema injusto.

AMLO y Claudia Sheinbaum han denunciado a las clases medias, y —al mismo tiempo— justifican que sus familias han llegado ahí por mérito propio, sin tráfico de influencias, sin favores, con el sudor de su frente. En la versión oficial, Chocolates Rocío no ha recibido un solo beneficio por su asociación con el poder, así como la nuera del presidente no ha recibido un solo patrocinio de la compañía petrolera para la cual trabaja, misma que tiene contratos con el gobierno. Dicen que no son funcionarios y, por ende, no deben ser sujetos al escrutinio público o periodístico. Dicen que no son ricos, son de "clase media". No enoja que sean clasemedieros, porque su riqueza no es mal habida. Pero la nueva "verdad histórica" es incongruente con la homilía diaria que se ofrece desde Palacio Nacional. Es incongruente con la exaltación de la pobreza, promovida en Palacio Nacional.

Desde ahí, el presidente López Obrador ha sido sinceramente hipócrita. Crucifica en público, pero permite en privado. La 4T es la decantadura de la probidad moral, solo que con huecos, lagunas, hoyos, y grotescas excepciones. Como la doble moral y el doble discurso, que recorre las casas de Bartlett, los departamentos de Scherer, las cuentas de Gertz Manero, la colección de carros de lujo de Olga Sánchez Cordero, la fortuna de Armando Guadiana, el estilo de vida de los López Beltrán. Ellos son buenos y honestos, mientras que los académicos del CIDE son corruptos y privilegiados. Ellos son aspiracionistas honorables, pero los demás con aspiracionistas desleales. La corrupción dentro de la Cuarta Transformación es aportación. El privilegio en las filas del movimiento es premio a la probidad.

Lo único que les faltaba a los lopezobradoristas para ser fariseos era poder. Ahora que lo tienen se otorgan licencias morales que jamás les permitieron a sus predecesores. Ahora resulta que la Casa Blanca de Peña Nieto era una desvergüenza, pero la casa de Houston es una muestra de mérito. Angélica Rivera tenía un conflicto de interés con Grupo Higa, pero

Carolyn Adams no tiene un conflicto de interés con Baker Hughes. Quienes poseen doctorados en el extranjero son malditos aspiracionistas, pero quienes poseen casas en el extranjero y están cerca del poder no deben ser molestados, porque es su vida privada. Con estas contradicciones y tantas más, queda exhibido el verdadero crimen del hipócrita que señalaba Hannah Arendt: mentir contra sí mismos.

Lo mismo ha sucedido con el tema de la corrupción. Nadie por encima de la ley, ha repetido AMLO, mientras agita el pañuelo blanco para anunciar que la corrupción había terminado. Lástima que la promesa ya no resulte creíble. Acabó arrumbada en la covacha, debajo de los escalones enmohecidos que prefirió no limpiar. En un peldaño está parado Manuel Bartlett y en otros Ignacio Ovalle, el extitular de Segalmex.

Ambos denunciados, ambos acusados, ambos arropados por un presidente que afirmaba ser distinto pero cuando de proteger a los suyos se trata parece tan panista y tan priista como quienes le precedieron. Incluso recurre a las mismas tesis que usaron para defender a colaboradores cuestionables. "Es de toda mi confianza"; "Es un ataque político de nuestros adversarios"; "No está probado"; "Todo es una suposición"; "La prensa miente". Hemos escuchado estas exoneraciones *a priori* y estos pretextos políticos decenas de veces. Son los mismos argumentos que Vicente Fox usó para exculpar los excesos de Marta Sahagún; que Felipe Calderón usó para excusar los conflictos de interés de Juan Camilo Mouriño; que Enrique Peña Nieto usó para justificar los robos de Javier Duarte. Son las posturas que el lopezobradorismo eliminaría para lograr la transformación de un país saboteado por quienes han hecho negocios privados con bienes públicos.

Pero el manto protector extendido a Bartlett e Ignacio Ovalle mina la credibilidad de un presidente y de un gobierno comprometidos con hacer las cosas de manera distinta. Las están haciendo exactamente igual: pasando por encima de la mugre en las escalinatas de la 4T. Ignorando que Bartlett tiene 25 propiedades valuadas en 800 millones de pesos y que comenzó a ponerlas a nombre de su pareja cuando se volvió senador lopezobradorista en el Partido del Trabajo (PT). Desentendiéndose de un hecho irrefutable e ilegal: Bartlett mintió en su declaración patrimonial. Hechos que ameritaban una investigación para verificar la correspondencia entre el sueldo percibido y la riqueza acumulada; entre lo que Bartlett aseguró tener y lo que posiblemente esconde. Pero en lugar de eso vimos a Irma Eréndira

Sandoval evadir, ofuscar, archivar. La "implacable" secretaria de la Función Pública no lo fue porque el presidente así lo ordenó. Virgilio Andrade "investigó" la Casa Blanca; ella ni siquiera simuló hacerlo, porque creyó que su trabajo era servir al presidente, no a la ciudadanía.

La inacción ante Bartlett e Ignacio Ovalle demostró que López Obrador solo lo ha hecho selectiva y discrecionalmente. Eso ocurre cuando la limpieza de la escalera de todos queda en manos de un presidente y no de un andamiaje institucional; eso pasa cuando un presidente opta por no usar la escoba y esconde el recogedor. La escalera permanece sucia y quienes decidieron dejarla así acaban moralmente cuestionados.

La 4T solo ha perseguido la corrupción cuando ha involucrado a figuras del PRI o el PAN; cuando implica a uno de los suyos, "bartlettea". Cambia el discurso y baja el volumen de la crítica y da instrucciones a sus "fiscales autónomos" para que ignoren lo exhibido. Detrás del caso Bartlett hay una voluminosa investigación —sustentada en documentos públicos— que revela una red de propiedades, negocios, licitaciones simuladas y conflictos de interés ocultados a la autoridad. Las compañías de la concubina negada han hecho negocios con el gobierno; la empresa de uno de los hijos de Bartlett ha recibido contratos por adjudicación directa de la Sedena en esta administración; las empresas de las cuales Bartlett forma parte existen, fueron constituidas, y eso no lo declaró.

La 4T conjuga el verbo bartlettear una y otra vez, en contradicción con su historia, con sus principios, con su compromiso de combatir la corrupción. Y demuestra una discrecionalidad que daña seriamente su credibilidad. La SFP inhabilitó a Rosario Robles durante 10 años por mentir en su declaración patrimonial; inhabilitó a Emilio Lozoya por lo mismo y por la omisión de una cuenta bancaria; inhabilitó —según presume— a casi 400 funcionarios más. Pero a Bartlett no se le tocó. Se le invitó a Palacio Nacional, se le defendió, se le entrevistó y se le exaltó en la televisión unamita. Porque el presidente ha "confiado" en él para impulsar una visión tan atávica como la suya en el tema energético. El gobierno ha reinventado a Bartlett: el viejo ícono de la trampa y la traición ya es el nuevo héroe del nacionalismo y la transformación

Antes de llegar a la presidencia, y en casos anteriores de corrupción o enriquecimiento ilícito o violación a la ley, veíamos a un lopezobradorismo vociferante, exigente, denunciante. Presenciábamos los reclamos y las arengas y las tomas de tribunas y la diseminación de los hallazgos del periodismo que exhibió caso tras caso en sexenios pasados. El fraude de 1988, la partida secreta de Salinas, el Fobaproa, la fundación de Marta Sahagún, la Guardería ABC, la Estafa Maestra, el caso Duarte, Odebrecht. Leímos el libro de López Obrador condenando la corrupción de Bartlett y las columnas de los intelectuales de oposición —ahora orgánicos— reprobando la participación de Bartlett en la "caída del sistema", su involucramiento en el caso Camarena, su vinculación con el asesinato de Manuel Buendía. Ahora esas condenas han sido sustituidas por loas; esas críticas han sido reemplazadas por defensas.

Como la esgrimida en la Línea 12. Qué dolor. Qué rabia. Qué impotencia. Presenciar el colapso del Metro, las familias desesperadas en busca de quienes no encontraban, la precariedad de ser pobre en un país donde se paga un costo tan alto por serlo. Ahí se quebró la esperanza de que un gobierno de izquierda no reproduciría los viejos vicios que arrastra la obra pública desde hace años, como la mala planeación, el mal mantenimiento, la corrupción. Problemas enquistados en el Paso Exprés, el Tren México-Toluca, el NAIM, los segundos pisos, y quizás prefigurados en las magnas obras de este sexenio como el Tren Maya, Santa Lucía y Dos Bocas. Diferentes administraciones demostrando las mismas malas prácticas que dejan tras de sí obras caras o inconclusas, o caprichosas o peligrosas.

Siempre ha estado presente la tentación de usar la obra pública para legitimar, para arrancar aplausos políticos sacrificando la calidad o la seguridad ante la prisa de inaugurar, como fue el caso de Marcelo Ebrard con la Línea 12. Siempre ha existido la tentación de construir por vanidad u obsesión personal y no necesariamente por utilidad social, como fue el caso de Felipe Calderón con la Estela de Luz o AMLO con Dos Bocas. La política por encima del rigor técnico. La opacidad por encima de la transparencia. La cuatitud en las adjudicaciones en vez de la competencia en las licitaciones. La voracidad empresarial evidenciada en el imperativo de reducir costos y maximizar ganancias, con la anuencia del gobierno. El aumento en los costos originales que después entrañan subsidios permanentes porque han dejado de ser proyectos rentables. El desvío de recursos, los recortes presupuestales, los oídos y los ojos cerrados ante los reclamos ciudadanos. La impunidad transexenal, ya que —luego de colapsos y socavones y muertes— nadie es responsable.

La Línea Dorada es un microcosmos de todo lo que podía ser mal y está mal, antes y ahora. Una obra con problemas desde que fue concebida, diseñada, alterada, inaugurada, luego cerrada y reabierta sin que lo señalado fuera arreglado. Un "incidente" —como lo llamó Claudia Sheinbaum— terrible pero totalmente prevenible, dado que las alertas fueron ignoradas, los focos rojos fueron apagados, las recomendaciones acabaron archivadas. Como lo ha detallado el periodismo independiente, la historia de la Línea 12 es una de autoridades ausentes, autoridades irresponsables, autoridades cómplices. Desde antes de su inauguración, el director del Sistema de Transporte Colectivo, así como otros funcionarios, habían advertido sobre posibles fallas en las vías, bamboleos en los trenes y soldaduras, movimiento diferenciado entre los rieles, desgaste ondulatorio. A pesar de ello se inauguró, pero con parches y eludiendo las intervenciones mayores requeridas. El sismo de 2017 solo agravó lo que desde el principio estuvo mal planeado, mal diseñado, mal construido.

En 2014, cuando la obra se clausuró temporalmente, investigadores de México Evalúa publicaron un estudio premonitorio, titulado "La Línea 12: una tragedia anunciada". Siete años antes de que murieran 24 personas que no debieron morir, ya había voces alzadas que las autoridades no quisieron escuchar. Señalaban que ni el contrato ni el costo quedaron cerca de lo planeado, ya que la obra costó 50% más de lo originalmente previsto. Recordaban que tres auditorías realizadas por la Auditoría Superior de la Federación evidenciaban problemas en el desarrollo y el manejo del proyecto. Subrayaban el conflicto de interés existente, porque el encargado de la Línea Dorada era hermano de uno de los directivos de Ingenieros Civiles Asociados (ICA), y avaló cambios que beneficiaron a la constructora. Criticaban los riesgos de impacto ambiental, nunca resueltos. Y concluían con un aporte doloroso: las fallas de la Línea 12 no son la excepción. Son la regla. De una muestra de 80 proyectos realizados entre 1999 y 2010, 71% demostró ser técnicamente inviable.

A esos entuertos habría que añadir el tema presupuestal. Un Metro altamente subsidiado pero malamente mantenido. Un Metro que según las investigaciones de la periodista Sandra Romandía ha padecido años de recortes y subejercicios. Un Metro afectado por las políticas de austeridad republicana que solo han acentuado los males ignorados o no encarados. Y como siempre, el costo recae sobre la vida de los que viven en la periferia, de los que se sintieron orgullosos y atendidos por la Línea Dorada, pero ahora pagan su letalidad. Desamparados, consiguiendo medicamentos escasos para heridos que los requieren. Un gobierno que buscó cómo proteger políticamente a Marcelo Ebrard y a Claudia Sheinbaum, cuando las prioridades deberían ser otras: empatía, acompañamiento a las víctimas, reconocimiento del dolor legítimo que no es politiquería ni persecución por parte de la prensa. La oposición se montó de manera deplorable sobre los muertos del Metro, pero el gobierno hizo mal en minimizarlos. En las democracias funcionales ruedan cabezas, pero en México se mantienen en el puesto. Y no hay distinción o justificación que valga. No hay relativismo ético que sirva.

Tan condenables los sobornos para las reformas de Peña Nieto como las cooperaciones al movimiento de López Obrador. Tan ilegales los desvíos para las campañas priistas como las colaboraciones a las actividades pejistas. Las actividades captadas en los videos tanto de Lozoya como de Pío López Obrador son corrupción. Las entregas de recursos no reportados al INE son corrupción. Las investigaciones filtradas y la justicia selectiva son corrupción.

Lo que en un caso es ilegal en otro caso no puede ser moralmente defendible. El gobierno de la resignificación pejepriista intenta defenderse con argumentos que rayan en la ridiculez: nuestros videos son "videítos"; nuestras bolsas son pequeñas y de papel; las aportaciones que nos dieron fueron para una buena causa; solo fuimos un poquito corruptos; se trata de un complot de los opositores del cambio en nuestra contra; Manuel Velasco y el Partido Verde forman parte del pueblo humilde que nos apoyó; Leona Vicario también contribuyó pero nadie la grabó.

No hay cleptócratas malos y cleptócratas buenos. No es congruente condenar a Lozoya y encumbrar a Pío. Ambos —junto con sus cómplices— merecen el oprobio, la investigación a fondo, la actuación imparcial de la supuestamente autónoma FGR, la sanción necesaria, el castigo obligado ante los delitos cometidos. Como escribe Noam Chomsky: "Para los poderosos, los crímenes son eso cometido por los otros". Pero aquí no hay unos y otros. No hay Lozoyas lodosos y Píos piadosos. Llamemos a los protagonistas de la corrupción actual por su nombre: delincuentes.

AMLO, el hombre sencillo, modesto, cruelmente perseguido por el Estado, incorruptible, justiciero, que México necesitaba con urgencia para evitar que siguieran saqueando al país, ha permitido lo que denunció: un nuevo saqueo. Pero como bien lo dijo él mismo: "la historia me juzgará". Y al consignar cómo jineteó recursos de todos los mexicanos, el juicio no debería ser lisonjero sino implacable.

10

FUERA EL FALSO
NACIONALISMO

La inseguridad no logró abatirse y el presidente ha permanecido con altos índices de aprobación. Los medicamentos escasean y el sistema de salud está en crisis, pero la mayor parte de la población no ha culpado al peripatético paladín de Palacio Nacional. AMLO ha contradicho o traicionado promesas que hizo en campaña, pero sus seguidores no se lo han cobrado. La aureola de aceptación lo ha acompañado a lo largo del sexenio. Y las explicaciones ante la gloria garantizada —que los datos no minan o disminuyen o encogen— suelen ser las mismas. El líder cercano y humano; el hombre austero y dicharachero; el personaje que prefirió predicar a gobernar; el que enarbola la política del reconocimiento y mira de frente a ese México marginado que el neoliberalismo ignoró.

Pero a esos esfuerzos explicativos habría que añadirles uno más. Para aquellos a quienes ha visitado en sus giras, mandado mensajes en sus conferencias mañaneras, apelado en sus arengas y convencido con sus críticas, AMLO es el Gran Dignificador. Como argumenta Francis Fukuyama en su nuevo libro, *Identidad: la demanda de dignidad y las políticas de resentimiento*, las democracias contemporáneas no han logrado resolver el problema del *thymos*; esa parte del alma que anhela el reconocimiento de la dignidad. Esa dignidad que —en la narrativa lopezobradorista— élites tecnoburocráticas pisotearon, empresas rapaces dañaron, la era neoliberal desconoció. AMLO con las palabras que pronuncia y las élites que embiste y las promesas que hace, se ha vuelto un megáfono del México marginado. Le ha dado tribuna y voz. Ha entendido sus agravios y los ha magnificado.

Por ello la agresividad retórica del nacionalismo económico que justifica y la polarización política que promueve la Cuarta Transformación. El partido-gobierno-movimiento se ha propulsado hacia delante, atado a los resentimientos legítimos de millones que se han sentido poco respetados, poco protegidos, poco reconocidos por gobiernos cosmopolitas que hablaban de la modernización. Para ellos nunca llegó. La "transformación" empodera discursivamente a los de abajo, a los oprimidos, a los desposeídos, a los habitantes de las rancherías y los pueblos sin agua potable o luz o pavimento o escuelas. AMLO les habla a ellos: ya rescatamos a Pemex de la expoliación transnacional, ya rescatamos al sector salud de la industria monopólica nacional, ya rescatamos a México de los privilegios indebidos de la era neoliberal. Eso dice y le creen, aunque sea una simplificación o una distorsión o una mentira.

La demanda de la dignificación no está enraizada en razonamientos económicos ni puede ser resuelta a través de medios económicos. No importa que los pronunciamientos presidenciales sobre el crecimiento sean ilógicos e ignorantes. Sus seguidores no esperan de él las cifras del economista o las proyecciones del tecnócrata. Lo que exigen y reciben no se encuentra en el ámbito de la razón, sino de la moral. Para los mexicanos humillados o excluidos por su color de piel o su origen social o su falta de educación, la restitución de la dignidad importa más que las ventajas económicas. La destrucción del mirreinato pesa más que el tamaño del PIB, o los datos del INEGI o la descalificación de las calificadoras o el aumento real de la deuda.

López Obrador entendió que la lucha por el reconocimiento es el motor de su movimiento, el punto de partida de su presidencia y de las que vendrán después de él. Lo que promueve tiene mucho que ver con el espíritu y muy poco que ver con la teoría económica. Quienes se sienten representados y reconocidos por él no están pensando en lo que México necesita para crecer; anhelan un liderazgo en el cual creer. Un liderazgo enfocado hacia adentro, no hacia afuera, que come y viaja y habla y actúa y se viste como tantos más, aunque desdemocratice o desmodernice o empeore las circunstancias económicas de las mayorías que mira pero no les provee herramientas para crecer.

AMLO puede afirmar "somos distintos" aunque en la práctica sean iguales. Puede señalar culpables en lugar de corregir políticas. Puede seguir redistribuyendo el pastel mientras lo achica. La épica de la dignidad y la identidad sustituye el pensamiento serio sobre cómo revertir 30 años de desigualdad socioeconómica y debilidad democrática. Paradójicamente, al final de su sexenio habrá más mexicanos que se sientan reconocidos y dignificados por un gobierno que los dañó.

Y por un gobierno que los dividió, apelando a un falso nacionalismo, alejado del concepto moderno de nación. Un ejemplo de ello es la narrativa en torno a la energía. Jesús Carrillo lo explica magistralmente en el texto "La reforma eléctrica de AMLO: de regreso a 1960", publicado en Gatopardo, los cambios exigidos por la dupla AMLO/Bartlett han suprimido entramados institucionales creados durante 30 años de reformismo y le otorgan un poder desmesurado a la CFE. No se trata solo de un pésimo intento por fortalecer el control de este gobierno sobre el sector eléctrico. Bajo el argumento tramposo de la "soberanía nacional" y "recuperar la rectoría del Estado", ambos buscan acrecentar el poder político para favorecer la discrecionalidad de dos hombres sobre la economía. Eso corroe la vida democrática del país. Corre en contra de la creación y el fortalecimiento de controles institucionales y democráticos.

La rectoría del Estado —leyes, reglas y códigos de conducta— se expresa a través de instituciones que definen cómo deben comportarse los actores económicos en cualquier sector. Para eso se diseñan organismos regulatorios cuya obligación es diseñar y aplicar las normas que rigen tanto a las compañías productivas del Estado como a las empresas privadas. Para eso se creó la Comisión Nacional de Hidrocarburos y la Comisión Reguladora de Energía. A lo largo de los años han funcionado, a veces de manera imperfecta, para promover la coexistencia entre el Estado y el mercado. La reforma energética aprobada por el lopezobradorismo no busca fortalecer o mejorar ese modelo de regulación, busca acabar con él. El Estado ya no ejercerá la rectoría a través de instituciones colegiadas, con personal técnico especializado y calificado, y con autonomía que debía fortalecerse en vez de eliminarse. La rectoría del Estado ha pasado a manos de AMLO y Bartlett, quienes no son el Estado. Son miembros de un gobierno que ha buscado concentrar el poder y lo seguirá haciendo.

López Obrador ha dicho que debemos escoger entre Cárdenas y Salinas; entre el modelo nacionalista y el modelo neoliberal. Esa es una falsa disyuntiva. Es un argumento estrictamente político/electoral, que tiene poco que ver con el interés público y mucho que ver con una estrategia polarizadora. Ni México es el país que era en los treinta, ni la única opción es la privatización rentista sin regulación robusta, que benefició a empresarios privilegiados del régimen salinista; muchos de los cuales son cómplices protegidos de la 4T. Ninguno de los dos modelos sirve para los retos actuales que enfrenta el país. La visión nacionalista del cardenismo no reconoce que la CFE produce energía cara, sucia e insuficiente. La visión neoliberal del salinismo-peñanietismo no reconoce que los privados necesitan mejor regulación del Estado para ser verdaderamente competitivos y reducir precios al consumidor.

Pero en vez de ofrecer alternativas que eviten el regreso al estatismo ineficiente o a la privatización rapaz, la Dupla Dinosáurica impulsó una tercera opción incluso más destructiva y más contraproducente: que solo ellos decidieran cómo se distribuye el botín. Así como AMLO decidió seguir otorgando adjudicaciones directas a oligarcas rentistas al estilo de Slim, Salinas Pliego o Armando Guadiana. Y mientras tanto, la "transformación" ha ignorado la compleja y cambiante realidad de los energéticos a nivel internacional, mal utilizando el ejemplo de España para justificar su arrebato antipatriótico.

Hay datos duros, verificables, distintos a los "otros datos" de Palacio Nacional. La CFE produce electricidad más cara y más contaminante que requerirá subsidios multimillonarios, sacados del presupuesto de salud, educación y programas sociales. La CFE necesitará invertir 20 000 millones de dólares —que no tiene— para garantizar el suministro de electricidad. Como no los tiene, comenzarán los apagones y el alza en las tarifas, o el aumento despilfarrador de los subsidios para mantenerlas congeladas.

Y mientras tanto, la 4T seguirá arengando con un discurso ya conocido: "¡Mexicanos al grito de guerra contra la inversión extranjera! ¡A pelear contra los borregos y los saqueadores y los colonizadores y los injerencistas! A eso ha convocado el gobierno, comunicado tras comunicado, decreto tras decreto, reforma tras reforma. El presidente es un nacionalista, y eso es distinto a ser un patriota. Como escribe Timothy Snyder, un nacionalista apela a nuestros peores instintos. Nos asegura que somos los mejores, cuando nos comportamos como los peores, confundiendo la defensa del honor de un hombre con la defensa del país. AMLO vive obsesionado con el poder, la victoria, la derrota, la venganza, las cicatrices del pasado. AMLO vive desinteresado de lo que ocurre en el mundo real, el aquí y el ahora, el siglo XXI. Su mirada es consistentemente arcaica: un inventario de los agravios, una lista de los latigazos de la conquista. Que nos pidan perdón, que nos devuelvan el penacho, que relitiguemos la historia para que él pueda ser el héroe de su reinvención. La única verdad en su visión de los vencidos es el resentimiento.

Por eso promueve un nacionalismo deficiente y obsoleto, que calca el contenido de los libros de texto gratuito escritos por el viejo PRI. Repleto de héroes martirizados, historias de victimización, y cuentos contados para reconstruir la identidad nacional, desempolvada por el caudillo. Una identidad incongruente que elige a algunos enemigos, mientras se acurruca con otros. La Cuarta Transformación orgullosamente insulta a parlamentarios extranjeros, pero penosamente recorta las escuelas de tiempo completo. Pelea contra partidistas de la Unión Europea, pero no parece preocupada por quienes agreden o asesinan a periodistas. Denuncia el supuesto injerencismo de los europeos, pero no ha denunciado el racismo de Donald Trump. Vocifera sobre los saqueadores españoles, pero ha callado sobre los saqueadores mexicanos.

Hay que defender la doctrina Estrada, y "la autodeterminación de los pueblos" y la "no intervención", aunque el gobierno no reconozca la primera aspiración en Ucrania, y traicione la segunda cada vez que el presidente despotrica contra cualquier gobierno extranjero. Hay que rechazar la crítica de fuera durante el sexenio lopezobradorista, aunque la celebráramos durante el sexenio peñista. La patria pequeña del pejismo no es una de valores universales como la defensa de la democracia, o la protección de los derechos humanos. No está liderada por personas que entiendan el Acuerdo de Asociación Económica, Concertación Política y Cooperación firmado con el Parlamento Europeo en 1997, o por miembros del servicio exterior que comprendan la cláusula democrática que contiene, o por cancilleres que sepan cómo hacer su labor.

En la Peje-Patria, que Claudia Sheinbaum se encargará de calcar, la diplomacia ha sido sustituida por la monerocracia: los caricaturistas orgánicos dibujan la política exterior en sus cartones, y de ahí el gobierno deriva su visión. Es la de un país encogido, un país de miras cortas, un país sin aspiraciones de entender o relacionarse con el mundo. Chiquito, rencoroso, de patriotismo panfletario. Los patriotas verdaderos —en contraste— quieren que México haga realidad los ideales fundacionales. Buscan exorcizar las ideas muertas del pasado, y forjar un futuro que nos conecte con un mundo veloz, innovador, posneoliberal.

El patriotismo mal entendido no solo nos empequeñece y aísla, coloca la carga de la culpa en los "otros" en lugar de nosotros. Es un cálculo deliberado para azuzar políticamente a los que se creen las mentiras piadosas y los mitos heredados. Para distraer la atención de los verdaderos males que este gobierno no ha logrado resolver. El pacto de impunidad que permite la supervivencia de personajes que violan la ley, como el fiscal Alejandro Gertz. El rentismo acendrado y avalado a los oligarcas empresariales aliados con la 4T. La apabullante criminalidad y violencia que nos aquejan. El compadrazgo y los conflictos de interés evidenciados por el entramado de la Casa Gris-Baker Hughes-Vidanta-Pemex-José Ramón López Beltrán, entre tantos casos más. Hoy, ser patriota equivale a ser porrista incondicional. Hoy, ser patriota implica envolverse en la bandera nacional, aunque debajo de ella ocurra lo indefendible. Como lo advirtiera Samuel Johnson: "El patriotismo es el último refugio de un bribón".

Si tú prefieres estar parado o del lado de ciudadanos que merecen electricidad barata, energías renovables, inversión privada para complementar la inversión pública, y un modelo energético que tenga en mente a las mayorías y no los intereses personales y políticos de dos señores, declárate traidor o traidora. Y que nos envíen juntos al paredón. Que nos quemen en la hoguera. Que nos corten la cabeza. Confesemos que somos "traidores a la patria" porque preferimos las energías limpias a las sucias, preferimos la preservación ecológica a la devastación ecológica, preferimos el patriotismo crítico al patriotismo manipulado.

Que nos coloquen las cadenas porque creemos en el Estado robusto e intervencionista capaz de coexistir con el mercado, en beneficio de consumidores, exprimidos y maltratados durante décadas por empresas privadas y empresas públicas. Apostemos al Estado que diseña reglas para el capitalismo democrático y competitivo, en el ámbito energético y muchos más. Enojémonos con las políticas extractivas de Iberdrola y otras compañías, pero también las de Carlos Slim, porque el problema no es la nacionalidad de una empresa, sino los abusos que el gobierno le permite. Indignémonos por la rapacidad de compañías transnacionales, pero también por la ineficiencia contaminante y políticamente perversa de Bartlett al frente de la CFE.

Argumentemos que el discurso patriotero enciende los ánimos, pero no resuelve los problemas. Argumentemos que la exaltación de la soberanía no debe ser pretexto para instrumentar políticas del pasado, contraproducentes para el futuro. Si asumimos que a México le urge sumarse a la transición energética global, y promover energías limpias es sinónimo de vileza, declarémonos viles.

Que pongan nuestra cara en millones de pósteres y los peguen en la pared, al lado de los ambientalistas asesinados en estos tiempos. Que nos encierren tras las rejas porque nos preocupa la devastación ambiental que acarreará en Tren Maya al pasar por la selva, arrasando, cortando, mutilando. Que nos encarcelen porque creemos que es indispensable poner un alto a sexenio tras sexenio de obras públicas mal planeadas e improvisadas, violatorias de las normas, sin manifestaciones de impacto ambiental, sin proyectos ejecutivos. Ya hemos padecido las consecuencias de demasiadas bardas sin terminar, estelas de luz plagadas de corrupción y sobrecostos, trenes que nunca llegarán a su destino, y aeropuertos inaugurados sin haber sido concluidos. En la península de Yucatán se está soltando otro elefante blanco, destructor de cenotes, talador de árboles, aniquilador de ecosistemas. Si quieren acusarnos de seudoambientalistas, háganlo.

Porque entendemos que hoy México enfrenta el peligro de las "Tres P's" que Moisés Naím detalla en *La revancha de los poderosos*, y tendremos que frenar: el populismo, la polarización y la posverdad. Si esa tarea lleva a que el oficialismo nos tache de traidores, aceptemos la etiqueta. Porque sabemos que el disenso es un derecho democrático que —como ciudadanos— podemos y debemos ejercer cuando el gobierno incumple promesas o abdica a su responsabilidad. Sabemos que pensar distinto es parte de la pluralidad que el pensamiento único teme y busca erradicar. Muchos crecimos luchando contra el autoritarismo priista y rehusamos celebrar su resucitación, disfrazado de progresismo que dista de serlo.

Neguémonos a traicionar la aspiración de un México más democrático, más justo y más equitativo del que vende la 4T. Si pelear contra las grandes mentiras que se cuentan —con otros datos— desde la mañanera nos convierte en Judas, que nos cuelguen del árbol de una buena vez. Que nos apedreen en la plaza pública porque seguimos pensando que los contrapesos son importantes, los partidos políticos son necesarios, y las instituciones son cruciales para la posibilidad democrática.

Que nos arranquen las uñas de los dedos cada vez que intentemos evidenciar el muro de secretismo creado por la militarización, los subterfugios seudolegales defendidos por ministros oficialistas en la Suprema Corte, la manipulación de la opinión pública en el #QuiénEsQuiénEnLasMentiras, y el ataque incesante del poder a críticos y "adversarios".

Que nos coloquen en una pira por protestar cuando desaparece una mujer, o el cuerpo de otra es encontrado en una cisterna.

Que nos azoten cada vez que alertemos sobre los riesgos de glorificar la maquinaria militar.

Que nos quemen en la hoguera cuando insistamos que "la mafia en el poder" no ha sido desmantelada, solo ha cambiado de manos o permanece en las mismas: Grupo Vidanta y Grupo Carso, la CFE y la Sedena, el Ejército en Ayotzinapa y el Ejército en el Aeropuerto Felipe Ángeles.

El Estado mafioso, renombrado y robustecido, con nuevos nombres y viejas alianzas.

Si defender a México del populismo, la polarización y la posverdad nos vuelve "traidores a la Patria Pejista", seámoslo.

11

LO PÚBLICO ES NUESTRO

En este gobierno, los mexicanos perdimos el acceso irrestricto a los murales de Diego Rivera en Palacio Nacional. ¿Recuerdan la sensación al contemplarlos? Pararse ahí, escudriñando cada detalle, explicándoles a los hijos la historia de México, cara por cara. La emoción, el embelesamiento, el amor con el cual uno veía la historia plasmada con el pincel. Al menos para mí, era parte de la rutina familiar, cada par de meses, comenzando por las enchiladas suizas en el Sanborns de los Azulejos, pasando por un chocolate al Café Tacuba, terminando el recorrido en la escalinata del Palacio, mirando el dolor de la conquista, el orgullo de la Independencia, el fragor de la Revolución. El patrimonio compartido, concurrido, visible, y nuestro, ahora privatizado por un presidente que prometía acabar con los privilegios, pero también se los apropió.

Ahora aseguran que para verlos basta con pedir una cita. Pero con frecuencia es imposible hacerlo por internet, que no provee ni pistas ni instrucciones ni claridad ni una persona que conteste el teléfono. Ahora hay que recurrir a alguien en algún museo, que conozca a alguien en otro museo, que tenga algún contacto en Palacio Nacional, donde te exigen una serie de requisitos burocráticos y acreditaciones para finalmente otorgar —de manera discrecional— una autorización, si tienes suerte. O ir por la mañana a un "módulo de atención" para ver si puedes hacer una cita y te dejan pasar ese mismo día.

Lejos quedaron esas mañanas luminosas de entrar por la puerta principal de Palacio Nacional, pensándolo tuyo y de todos. Ahora solo el gabinete y la familia de AMLO tienen acceso libre a lo que era del pueblo. Abrieron Los Pinos donde no hay nada, pero se apropiaron de un palacio que alberga nuestra memoria histórica.

Un bien público se volvió un privilegio privado. Y como esa anécdota, tantas más. Como esa historia, muchas otras y con consecuencias más desoladoras que la apropiación presidencial del patrimonio cultural. López Obrador se queja a diario del neoliberalismo privatizador que dejó a los mexicanos a la intemperie, pero imita sus métodos y exacerba sus peores efectos. Al pauperizar lo público, obliga a recurrir a lo privado. Al encoger al Estado, somete a los ciudadanos a los abusos del mercado. Al abdicar de un sinnúmero de responsabilidades gubernamentales, fuerza a los desposeídos a buscar soluciones particulares.

He ahí al padre de Debanhi, la chica asesinada, convertido en detective privado, contratando a un médico independiente para hacer una autopsia en la que pueda confiar, abriendo su propio canal de YouTube, en busca de la justicia y la verdad que el Estado no puede proveer. He ahí a quienes dependían del Seguro Popular, que después migraron al fallido Insabi, ahora varados en las colas del IMSS-Bienestar, obligados a comprar sus propios medicamentos, o acudir a un médico particular porque la "austeridad republicana" los ha dejado desprotegidos. He ahí a las familias de 112 000 desaparecidos, formando comisiones de búsqueda en estado tras estado, escarbando la tierra, rastreando fosas, ante la falta de recursos de un gobierno que gasta a manos llenas en Dos Bocas.

O el ejemplo de las familias de la Línea 12 que no aceptaron la miserable compensación ofrecida por el gobierno capitalino, ahora intentando litigar en el extranjero, para obtener ahí lo que su propio país no les otorgó. O los niños que aún no han recibido la vacuna para el covid, o las niñas que no han podido protegerse contra el papiloma humano, o las mujeres que antes podían ir a la Fundación de Cáncer de Mama (Fucam) para pelear contra el cáncer de mama, y ahora tienen que desembolsar dinero de su propio bolsillo, porque el apoyo público desapareció. O los atrapados en la pobreza extrema que —según el INEGI— reciben montos menores que en gobiernos anteriores, debido a la eliminación del Seguro Popular, y a pesar de los publicitados programas sociales. Menos Estado, más desamparados. Parafraseando a James Baldwin, se ha vuelto muy caro ser pobre.

Pasamos de la retórica "de todo para todos" a la realidad de "ya no hay nada para nadie". Porque el presidente desconfía de la burocracia y la despidió; odia los programas imperfectos del pasado y los eliminó; no entiende para qué sirve el Estado y lo adelgazó; en lugar de acrecentar la provisión de bienes públicos los encogió. Las transferencias directas de dinero equivalen a una privatización *de facto*. Ahora muchos tienen que comprar lo que el Estado debería proveer. Y mientras, la nueva élite camina por los pasillos del poder, contemplando murales que antes eran nuestros, pero ahora son suyos.

Lo público es nuestro patrimonio, y lo ilustro con una anécdota personal. El Zócalo es patrimonio colectivo, espacio público, espacio de todos y todas. Nunca creí que se podría correr a alguien de ahí, dado que supuestamente habíamos superado al priismo represor. Jamás imaginé que un grupo de jóvenes me insultara ahí por manifestarme contra la militarización, y contra la impunidad, como lo he hecho desde hace décadas, gobierno tras gobierno. El Ejército violó derechos humanos en 1968, en el halconazo, en la guerra sucia, en Ayotzinapa. Había que marchar contra los abusos del pasado y la militarización del presente. Ahí estuve, junto con colectivos de madres de desaparecidos, y ahí me agredieron con consignas, empujones y gritos.

A quienes presumieron por arengar "Fuera Dresser" en aquella marcha del 2 de octubre de 2022, les recuerdo: yo también soy ciudadana con derecho a la libertad de expresión. Soy mexicana con el derecho de marchar acompañando a colectivos de feministas, de antimilitaristas, de madres buscadoras de sus hijos desaparecidos que —por cierto— también son ciudadanos con derechos. Quienes me expulsaron pusieron en peligro el pluralismo que toda democracia debe respaldar, y violaron el espíritu que animó el movimiento estudiantil de 1968, que buscaba precisamente más democracia, no menos. Al amedrentarme pusieron en jaque mis libertades y las de otros. De pronto resulta que no puedo tener voz, ni derecho a disentir, ni capacidad de participar, cuando eso querían quienes tomaron Tlatelolco en 1968.

Gritaban que no soy pueblo auténtico, de a de veras, o no merezco serlo. Como a tantos más, se me linchó por mi supuesta identidad, no por mis argumentos. Una identidad falsa, manipulada, alejada de mi trayectoria, de quien soy, de donde vengo, a cuantas marchas del 2 de octubre he ido. Llevo más años peleando contra el autoritarismo que muchos de mis agresores de vida. Llevo más años defendiendo causas progresistas que ellos mimetizando el discurso incongruente del presidente, y construyendo una identidad estereotipada que me coloca en el basurero de las élites conservadoras, aunque mi biografía no es esa. Cuestionar el ataque a los órganos autónomos no me vuelve una vocera del neoliberalismo. Pedir que la política pública se haga con datos en vez de prejuicios no me transforma en una tecnócrata neoporfirista. Participar en la vida política a través de organizaciones de la sociedad civil como Seguridad sin Guerra no me hace conservadora ni calderonista ni oportunista. Defender el derecho a decidir no me convierte en fakefeminista. Es más, mi activismo y el de tantas mujeres más les ha asegurado a las mujeres de Morena un aborto legal y seguro. Ante la pregunta de moda, "¿y dónde estabas?" va la respuesta: marchando.

La actitud de mis agresores en el Zócalo fue lamentablemente autoritaria, aunque la morenista Citlalli Hernández intentara justificarla argumentando que era una nueva forma de "debate" a la cual debería acostumbrarme. Sí, la misma mujer que no me quiso recibir cuando fui al Senado con un colectivo feminista a hablar con representantes de Morena sobre su apoyo incongruente a la militarización. El encuentro fue insólito. La senadora reaccionó de manera malencarada. Primero se alejó de las mujeres variopintas que le pedíamos audiencia, para después recular y anunciar que se reuniría con algunas, pero no conmigo por mi "agenda política de derecha". Mis compañeras y yo nos mirábamos con asombro, desconcertadas. Jamás imaginamos una reacción tan descalificadora, tan antidemocrática de una representante popular, que vive de nuestros impuestos, y despacha en un recinto público.

Después ella pasó la tarde tuiteando sobre mi trayectoria (que distorsionó), y sobre cómo ella no dialogaba con quienes le gritan. Publicitó fotos sobre eventos a los que asistí en el pasado, que (falsamente) dizque probaban mi afiliación al PAN y mi añoranza (inexistente) por el pasado. Editó los videos sobre lo ocurrido para eliminar su actuación sectaria. Sus colegas se sumaron, alegando rugidos inexistentes y majaderías que jamás pronuncié. Remataron sentenciando: "No grites, Denise".

Las mujeres de Morena no han sabido cómo justificar el recorte de sus convicciones para ajustarlas al viraje de AMLO. Han tenido que desacreditar a otras —las incluyentes, las consistentes, las que marcharon contra la militarización hace 10 años y ayer— porque un hombre cambió de opinión, obligándolas a hacerlo también. Y han recurrido a acallar voces o cerrar espacios públicos como el Senado, cuando los críticos no son enemigos existenciales a los cuales se vale descalificar o negarles el derecho a hablar. Quienes alzamos la voz contra las prácticas autoritarias del lopezobradorismo ni añoramos el pasado ni queremos regresar ahí. El tema no soy yo o las fobias personales de algunas mujeres morenistas en mi contra. El tema es la profundización de la militarización bajo un gobierno que se dice de izquierda, y cómo se han encogido los espacios públicos para oponerse a ello.

No me fui del Zócalo aquel día por cobarde; lo hice para evitar violencia a personas valientes que me acompañaron y me acuerparon: Amnistía Internacional y las madres buscadoras de Hasta Encontrarte, entre tantos y tantas más. Mis lágrimas ese día no eran señal de debilidad, sino muestra de dolor por mi país. Porque el Zócalo no le pertenece a López Obrador, como tampoco le pertenecía al PRI.

Y como parte del pueblo plural y como ciudadanos que somos, reiteremos nuestro derecho a estar, a marchar, a participar, a ser escuchados en el Senado. No debemos permitir que nos corran ni del Zócalo, ni del debate, ni del país, ni de las instituciones culturales, ni de la lucha democrática, más importante que nunca. La preservación de lo público es una lucha inacabada por la patria incluyente que exigieron los estudiantes de 1968 y debemos seguir exigiendo hoy. Una patria libre y democrática, no mezquina o sectaria.

12

CON LOS OLIGARCAS, NI A LA ESQUINA

"Dios dijo, estoy cansado de reyes. No los sufro más. A mi oído la mañana trae la indignación de los pobres". Eso escribió Ralph Waldo Emerson. Eso viene a la mente al leer cada reporte, cada investigación, cada estudio sobre la desigualdad en México. Siempre es el mismo retrato de quienes concentran la riqueza y los que no tienen acceso a ella. Carlos Slim, Ricardo Salinas Pliego, Germán Larrea y un manojo más de multimillonarios coexisten con 9.1 millones de personas en pobreza extrema; que no tienen dinero suficiente al día para comer. Un país con uno de los niveles de desigualdad más altos del mundo. Un país donde ha crecido el ingreso per cápita pero también crece la tasa de pobreza extrema.

Con datos alarmantes, cifras preocupantes. Al 1% más rico le corresponde 47% de los ingresos; el 10% más rico concentra 78.7% de toda la riqueza del país. La riqueza de los millonarios creció 32% entre 2007 y 2012, y excede por mucho las fortunas de otros en el resto del mundo. En 2002 su riqueza representaba 2% del producto interno bruto (PIB); en 2014 esa cifra subió a 9%, y para 2022 había ascendido a 12.2%. Y en los cuatro primeros lugares están hombres que han hecho sus fortunas a partir de sectores privados, concesionados y/o regulados por el sector público. Son "criaturas del Estado" al cual capturan, ya sea por falta de regulación o por exceso de privilegios fiscales.

Beneficiarios de la falta de impuestos a las ganancias de capital en el mercado accionario. Beneficiarios de la ausencia de impuestos a las herencias. Beneficiarios de un capitalismo subóptimo que premia a los amigos mientras exprime a la población. Privilegiados vía una política fiscal que favorece a quien más tiene. Y mientras tanto, la política social ha condenado a tantos al subempleo, a la economía informal, a vivir con la mano extendida esperando el próximo cheque del próximo político. Un círculo vicioso de pobreza, en el cual los reyes siguen siendo reyes, los pobres siguen siendo pobres, y México se ha vuelto un país de ganadores donde siempre ganan los mismos.

Desatando con ello una sociedad polarizada y violenta. Desatando con ello una democracia de baja calidad, capturada constantemente por intereses que logran poner las políticas públicas a su servicio. México en la lista de los sistemas económicos donde los dueños del capital se apropian de una porción cada vez mayor del valor agregado. México está entre los primeros 10 lugares del "Índice de capitalismo de cuates", publicado anualmente por *The Economist*. De ahí la desigualdad creada, perpetuada, avalada por un Estado que en lugar de detonar el crecimiento para muchos permite la apropiación por parte de pocos. Un país con forma de pirámide con los beneficios concentrados en la punta, donde no están parados los innovadores sino sentados los rentistas; donde no están aquellos que han creado riqueza inventando sino extrayendo. Y en su base apenas uno de cada cinco mexicanos puede catalogarse como "no pobre y no vulnerable".

La desigualdad y la concentración excesiva de la riqueza son problemas estructurales que han ido creciendo con el paso del tiempo. Las reformas estructurales de gobiernos pasados no los encararon y el lopezobradorismo tampoco quiso hacerlo. Son problemas sistémicos porque la extracción de rentas y la permisividad de la política fiscal son reglas y no excepciones. No es un asunto de mercados neoliberales rapaces sino de mercados manipulados ineficaces. Así el crecimiento económico acelerado es imposible. Como lo argumentan Santiago Levy y Michael Walton en *No Growth Without Equity? Inequality, Interests and Competition in Mexico*, el crecimiento no puede ocurrir en el contexto de un Estado que carece de credibilidad y mecanismos institucionales para desconcentrar la riqueza, regular oligopolistas, y rendir cuentas sobre licitaciones opacas, adjudicaciones amañadas y empresas fantasma.

México tiene una estructura económica apuntalada por una nomenclatura de todos los partidos políticos que participan en el gatopardismo sexenal. Reformar para que todo quede igual. Reformar para que continúe la captura regulatoria, la extracción de rentas, los privilegios especiales y la aplicación discrecional de la ley. Para que nuestro perverso equilibrio autosustentable se mantenga intacto. Obstaculizando el crecimiento, bloqueando políticas fiscales progresivas, acentuando la desigualdad, impidiendo el surgimiento de un Estado que proteja derechos en lugar de incentivar clientelas.

Ante esa realidad, López Obrador había prometido la separación entre el poder político y el poder económico. Tenía razón al insistir en ello por las alianzas inconfesables, los contratos amañados, las adjudicaciones arbitrarias, la extracción de rentas y el enriquecimiento de oligarcas empresariales apoyados por el gobierno. Eso, más que el neoliberalismo como lo entiende AMLO, explica nuestro atraso persistente como país. Una plutocracia privilegiada se ha dedicado a exprimir a los ciudadanos con anuencia de un presidente tras otro. El candidato de Morena había anunciado que frenaría a quienes han expoliado a México con la complicidad y la anuencia del gobierno. Esas eran las posturas de la Cuarta Transformación por las que muchos votaron. Y por ello el desconcierto de tantos ante la decisión de empoderar, arropar y darles más negocios a los oligarcas de siempre.

Sin duda, hemos tenido un presidente animado por la intención de mejorar la vida de la inmensa mayoría de los mexicanos. Para lograrlo hay que alterar la correlación de poder entre el Estado y los empresarios; entre los señores del dinero que han logrado, una y otra vez, poner las políticas públicas a su servicio. Hasta ahí vamos bien. Pocos progresistas disputarían ese diagnóstico y los imperativos que genera. Pero al examinar las decisiones decretadas durante los últimos años resulta imposible sostener el argumento del lopezobradorismo incendiando la pradera neoliberal para sembrar ahí una floresta.

Primero porque el neoliberalismo sigue vivo en muchas de las políticas promovidas —como el libre comercio— e incluso se ha reforzado el encogimiento del Estado. Segundo porque el presidente rechazó de tajo la idea de una reforma fiscal progresiva con fines redistributivos, dirigida al gran capital. Y tercero porque con la cancelación del aeropuerto de Texcoco bajo el argumento de "aquí mando yo" el presidente mandó un mensaje a la cúpula empresarial, pero no es el mensaje que México necesita, basado en transparencia y competencia, más licitación y mayor fiscalización, contrataciones públicas conforme a la ley y no basadas en la cuatitud. AMLO puso a temblar a la clase empresarial pero no la sujeta a nuevas reglas. Simplemente reemplazó la discrecionalidad tecnoburocrática por la discrecionalidad amloísta. No acabó con el amasiato sistémico entre el poder político y el poder económico; solo se apropió de él. Quizás se han negociado nuevos acuerdos, pero no del tipo que favorezcan al consumidor, empoderen al ciudadano o reduzcan la extracción de rentas.

AMLO ha cambiado la correlación de fuerzas, pero para beneficio propio y de los suyos, no a favor del gobierno como tal. No a favor de leyes y regulaciones que desmantelen al capitalismo oligárquico y acaben con su faceta extractiva, rentista y rapaz. No a favor de un sistema fiscal que aumente la carga tributaria a los que más tienen, encarando así la desigualdad. La 4T exhibe su fuerza para amedrentar y personalizar; no usa su poder para fortalecer capacidades gubernamentales. AMLO ha asestado algunos golpes simbólicos para debilitar a un manojo de actores poderosos, a través del endurecimiento del SAT con algunos grandes deudores, por ejemplo. Pero es Andrés Manuel quien gana fuerza, no la nueva y necesaria institucionalidad, no las reglas distintas y permanentes, no el Estado mexicano *vis à vis* los oligarcas.

El mejor ejemplo es Ricardo Salinas Pliego. Al frente de un emporio extractivo, abusa y se salta las reglas porque no encuentra resistencia en Palacio Nacional. El demandado en Estados Unidos por las autoridades financieras ante el incumplimiento de sus obligaciones con accionistas minoritarios. El que debe millones de pesos en impuestos. El miembro más emblemático del amasiato entre el poder político y el poder económico que AMLO se comprometió a combatir. Pero en lugar de ser investigado fue encumbrado. En vez de ser acotado fue apuntalado. Se convirtió en miembro del consejo asesor empresarial de AMLO, y usó esa posición para abrirse nuevas oportunidades de negocios, junto con otros —como Olegario Vázquez Raña y Carlos Hank Rhon— conocidos por sus prácticas rentistas y oligopólicas.

El presidente no cortó el cordón umbilical que lo ata a uno de los empresarios más cuestionables de México. No importa lo que haga, o diga, Salinas Pliego es apoyado por Palacio Nacional. No importa que el concesionario de un bien público convoque a desobedecer al gobierno. No importa que desde la pantalla desafíe los ordenamientos de la autoridad sanitaria o critique los libros de texto. No importa que violente a mujeres de la 4T como Citlalli Hernández en las redes sociales. A Salinas Pliego no se le enfrenta; se le perdona. No se le cuestiona; se le consiente. Aunque sea "fifí", el presidente lo trata con guantes de terciopelo.

Lo acaricia, lo elogia, le da contratos a manos llenas, coloca a sus incondicionales en puestos clave. Ayuda a que su fortuna aumente con adjudicaciones directas y licitaciones a modo, como la concedida por la Secretaría de Educación Pública (SEP) a Seguros Azteca Daños por 969 millones de pesos. Desde la mañanera, el presidente maltrata a medios críticos que "no se portan bien" con el gobierno y miente sobre sus presuntas omisiones. Pero en el caso de Javier Alatorre, el conductor del noticiero de TV Azteca, guarda silencio. A los adversarios, el puño cerrado. A los amigos, la mano tendida. A los poderes fácticos detrás de la 4T, conmiseración y comprensión.

Salinas Pliego sí puede ser evasor de impuestos y receptor del amor amloísta. Puede desobedecer las órdenes de López-Gatell y seguir financiando sus proyectos preferidos. Puede rechazar el confinamiento en crisis sanitaria y hacer negocios con el gobierno que lo ordenó. Puede seguir exprimiendo a los pobres, y ser amigo de quien promete ponerlos primero. Para Salinas Pliego no habrá multas o clausuras o acciones frontales o implicaciones legales. Para el amigo de AMLO no habrá mazazos, solo abrazos.

Al principio del sexenio, por "invitación directa y sin contrato de por medio", López Obrador decidió que Banco Azteca fuera el encargado de repartir las Tarjetas del Bienestar. Así nada más. Sin licitación transparente. Sin concurso público. Sin aval normativo, ya que la asignación discrecional no es un mecanismo legal, por más que la Secretaría de Hacienda argumente que "no hay licitación porque los contratos de servicios financieros no están sujetos a la ley de adquisiciones". La SHCP abusó al interpretar la legislación de esa manera. En efecto, para el pago de la nómina de los servidores públicos no se licita para elegir un banco; los usuarios deciden en qué banco se deposita su sueldo. Tienen la opción de elegir, como deberían tenerla en este caso. La decisión de darle el contrato a Banco Azteca fue una decisión política y discrecional, y de esa manera debería interpretarse.

Por eso es tan criticable. Contradijo las mejores prácticas que el gobierno debería promover. Fomentó la concentración económica y la cuatitud que el gobierno debería confrontar. A México lo mantiene maniatado un modelo económico que no se basa en la competencia o la productividad sino en el favoritismo y la concentración. Y que produce hombres como Salinas Pliego, haciéndose rico a expensas de los consumidores, a expensas de los que compran una licuadora —por la que pagarán intereses el resto de su vida— en Elektra, a expensas de los que cargan con comisiones usureras en Banco Azteca.

Habrá quienes justifiquen esta nueva variante de la mafia en el poder, argumentando que Banco Azteca tiene la mayor presencia en el país y eso explica que se le otorgue el premio mayor. O que la relación personal entre el presidente y el empresario extractor no explica la decisión de darle más negocios. O que así se evitará el clientelismo producido por intermediarios, ya que el dinero llegará de manera directa. Pero si esgrimen estos argumentos olvidarán que Banco Azteca ocupa el noveno lugar en la lista de los 10 mejores bancos de México y el peor lugar en cuanto a la evaluación de sus Afores. Olvidarán que recibe el mayor número de quejas no atendidas por parte de usuarios reclamando malas prácticas de cobranza. Olvidarán que otros bancos tienen un número comparable de sucursales a lo largo del país. Ignorarán la trayectoria cuestionable de un empresario al cual presidentes "neoliberales" no quisieron ponerle un alto, y por lo visto el de AMLO tampoco. En México, el nombre de Salinas Pliego es sinónimo de la rapacidad empresarial combinada con la ambigüedad ética: pocos dicen que es un criminal, pero muchos afirman que es un abusivo. Y él ha sido uno de los principales congraciados de la Cuarta Transformación, evidenciando sus contradicciones.

Comportándose a lo largo del sexenio como el *bully* de la cuadra. Agrediendo, amedrentando, intimidando como siempre lo hace cuando alguna autoridad gubernamental intenta ponerle límites. No olvidemos cómo intentó darle un puñetazo a Jana Palacios, la excomisionada presidenta de la Comisión Federal de Competencia Económica, quien osó sugerir que la adjudicación directa de las Tarjetas del Bienestar a Banco Azteca corría en contra de las mejores prácticas. Primero publicó un desplegado en su contra y luego la denunció, porque esa es su naturaleza. Amedrentar en lugar de competir. Obstaculizar la competencia antes que triunfar gracias a ella.

Y muchos callan ante el temor de ser destazados por el monstruo que el capitalismo amiguista engendró y la 4T no controla. Es más, López Obrador le dio permiso para noquear.

Permiso a Banco Azteca para hacer negocios lucrativos con la lista de cinco millones de beneficiarios a los cuales buscó hacer sus clientes. Permiso para aprovecharse de una decisión que podría tener un impacto negativo permanente en la dinámica de la competencia del sector bancario. Permiso para acceder a obtener una ventaja indebida por encima de otros proveedores de servicios financieros, contribuyendo a la oligopolización del sector. Riesgos que Jana Palacios advirtió; problemas que debían ser señalados y señaló. Porque ese era su trabajo como cabeza de una entidad regulatoria que busca desconcentrar mercados, sancionar prácticas anticompetitivas, fomentar el crecimiento por vía de la competencia. Y precisamente por eso, Salinas Pliego buscó desacreditar al mensajero para distraer la atención sobre el mensaje. Buscó acallar a quien denuncia la irregularidad, para ocultar cuán grave es.

Así actuó contra titulares de la Comisión Nacional Bancaria y de Valores, contra el diputado José Estefan Chidiac, contra el exsecretario de Hacienda Francisco Gil Díaz, contra el extitular de la Bolsa Mexicana de Valores Luis Téllez, contra todos los que han intentado regularlo o sancionarlo o exhibir cómo exprime o cuando expolia. Demanda para silenciar; embiste para poder seguir doblando la ley o violándola. Y desde hace más de 30 años los presidentes de México han permitido que Salinas Pliego ascienda bulleando, porque su apoyo los ha propulsado al poder. Incluso AMLO no actuó para acotarlo; más bien le permite jugar el papel de aliado de la Cuarta Transformación.

La extitular de la Comisión Federal de Competencia fue solo una víctima más de un *modus operandi* que tanto daño le ha hecho a la competitividad de la economía mexicana. Jana Palacios —desde el papel institucional que le correspondía— encendió los focos rojos que López Obrador y los suyos debieron mirar en lugar de ignorar. La Comisión Federal de Competencia lleva años diciendo que es necesario acotar las excepciones, que es imperativo limitar las adjudicaciones, que es crucial acabar con la contratación discrecional. Mientras más excepciones a la ley, más posibilidades hay de violarla. Mientras más adjudicaciones directas, más oportunidades para la colusión. Mientras más cuatitud, más corrupción. Los grandes escándalos sexenales suelen ser producto de contratos que empiezan mal y terminan peor; surgen a partir de decisiones en las cuales no imperó la eficiencia sino la connivencia. Antes fue la Torre del Bicentenario, ahora será el Tren Maya. Antes fue Telmex, ahora será Banco Azteca.

Lástima que el presidente no leyó —o no le importó— el reporte de Twitter (ahora X) que describió otro escándalo vinculado a Salinas Pliego, en lo que ha sido una trayectoria plagada de escándalos. La empresa detalló cómo —en una investigación que involucró a México, Venezuela, China y Tanzania— detectó una red de bots dedicados a ensalzar la figura de Salinas Pliego y justificar su reto al confinamiento sanitario ordenado por la Secretaría de Salud durante los momentos más álgidos de la pandemia de covid-19. Salinas Pliego nunca cerró sus tiendas ni sus bancos ni sus oficinas corporativas ni su televisora, aunque la autoridad sanitaria lo ordenó. Ignoró al presidente, ignoró al secretario de Salud y, desde la pantalla, el conductor Javier Alatorre afirmó que la población no debía seguir las recomendaciones de Hugo López-Gatell. Salinas Pliego, como tantas veces en el pasado, se sintió por encima de la ley y con el poder para ignorarla.

Twitter descubrió e hizo pública la existencia de 276 cuentas que operaban de manera irregular, violando las normas de la plataforma, vía acciones coordinadas para impulsar *trending topics* manufacturados. Para hacer creer que el empresario tenía más respaldo en las redes del que presume. Para apoyar a veces al presidente López Obrador con hashtags de la red pro-AMLO, pero también para amplificar —aunque en menor medida— las voces de sus detractores. En pocas palabras, Salinas Pliego estaba manipulando la plataforma para hacer publicidad a sus posicionamientos políticos y empresariales. Twitter canceló las cuentas y compartió la base de datos con el Observatorio de Internet de la Universidad de Stanford, donde cualquiera la puede consultar. Carmen Aristegui fue la única periodista en México que prestó atención a la investigación. Los demás —a excepción de *Emeequis*— callaron probablemente por miedo, por temor a ser demandados, por la dificultad para enfrentar un poder fáctico que se ha especializado en difamar, amedrentar e intimidar a cualquiera que lo cuestione.

Salinas Pliego es un problema para México que el gobierno —antes y ahora— no quiere encarar. Un problema para el Estado de derecho, la regulación, la concentración oligopólica, la competencia, el desmantelamiento de cotos de poder privado que doblegan al poder público. Pasan los años, se acumula el recuento de los daños y sucesivos presidentes guardan silencio, en vez de sancionar su comportamiento. Carlos Salinas le vendió el Canal 13, aun sabiendo que su hermano Raúl le había prestado dinero para poder realizar la transacción. Vicente Fox le permitió tomar de manera ilegal las instalaciones del viejo Canal 40 y apropiárselo. Felipe Calderón le permitió abusar de la pantalla para denostar a políticos y chantajearlos, obstaculizando iniciativas legislativas que iban en contra de sus intereses. Peña Nieto le regaló la ley secundaria que acompañó la reforma a la Ley Federal de Telecomunicaciones, protegiéndolo de la competencia.

Y López Obrador no solo lo ha alabado: le permitió seguir eludiendo impuestos, jugó con la idea de que el Banco de México comprara dólares en efectivo para beneficiar a Banco Azteca, le consintió seguir operando durante el confinamiento, sin sanción, y ni respingó cuando TV Azteca emprendió una campaña contra los libros de texto gratuitos, llamándolos "comunistas". Y así, con protección de gobiernos doblegados o cómplices, su fortuna sigue creciendo a expensas de la población. Hoy Salinas Pliego es el tercer hombre más rico de México, con una fortuna estimada de 10 900 millones de dólares.

A pesar de conductas reiteradamente irregulares y abusivas. A pesar de mentirles a las autoridades regulatorias estadounidenses, engañar a sus accionistas minoritarios, evadir el pago de impuestos que le corresponde, apropiarse ilegalmente de una concesión pública como lo era el antiguo Canal 40, intimidar a periodistas y analistas, demandar a reguladores, frenar la legislación que contraviene a sus intereses, exponer a sus empleados al covid-19 y tanto más. AMLO ha atacado verbalmente a los privilegiados, pero no toca al privilegiado mayor. El presidente ha criticado el saqueo, pero alaba a uno de los saqueadores, argumentando que Salinas Pliego tiene "conciencia social". López Obrador dice estar del lado del pueblo, pero protege a quien hace negocios aprovechándose de la pobreza. Duerme con el enemigo al que ha reclasificado como amigo y le ofrece todos los beneficios del patronazgo presidencial: enriquecimiento, protección, silencio, inacción.

Twitter, una empresa extranjera, hizo lo que el presidente de México no pudo o no quiso hacer: ponerle un alto. En el exterior sancionaron la manipulación; en México permiten que persista. Mientras tanto, Salinas Pliego se burla de la población, porque se sabe arropado por la Cuarta Transformación. Desacata al gobierno, porque se sabe protegido por el

presidente. Se ríe jocosamente, tuitea vulgarmente, prevalece impune-
mente. Y AMLO cierra los ojos, le tiende la mano, camina a su lado, porque
cuando prometió acabar con el país de privilegios le pareció moralmente
correcto que Salinas Pliego mantuviera los suyos. A él no lo ha mandado "al
carajo". A él le ha puesto la mesa para que se siga sirviendo.

Junto con otro privilegiado permanente, sentado al lado del presidente
en el primer recorrido presidencial del Tren Maya. Carlos Slim. Otro oli-
garca a quien López Obrador ha enriquecido, promovido y escudado con
un "No te preocupes, Carlos", luego del colapso de la Línea 12. Como
antes, como ahora, como en el futuro: la confabulación por encima de la
responsabilidad, la protección por arriba de la investigación, la complicidad
entre el poder político y el poder económico que la 4T prometió erradicar, pero que tan solo mimetiza. Los políticos sexenales se rotan, pero los
oligarcas inmutables se mantienen ahí. La alianza entre el plutócrata y el
presidente lo confirma; 27 muertos no la rompieron.

En el gobierno que se jacta de ser "el más transformador de la historia" sigue habiendo intocables. Y Carlos Slim es uno de ellos; apapachado,
admirado, requerido. Perdió el aeropuerto de Texcoco, pero rápidamente
fue recompensado con otras obras. Se le cayó un negocio pero inmedia-
tamente fue el beneficiario de otros. Es un invitado regular a Palacio Nacional, y tiene el oído y la chequera de quien despacha ahí. En ningún
momento se ha buscado regularlo mejor, contenerlo más, obligarlo a competir en múltiples mercados que domina, para así bajar precios y beneficiar a
los consumidores. Es el Primer Plutócrata, aunque cobre de más y construya
mal. Para los enemigos está el SAT, la Unidad de Inteligencia Financiera (UIF),
la Fiscalía General de la República y el "quién es quién en la mentira de la
semana". Para el ingeniero están las adjudicaciones directas y las exoneraciones palaciegas.

AMLO lo ha consentido, lo ha cuidado. Tan es así que anunció lo
acordado a puerta cerrada entre él y Claudia Sheinbaum. Slim repararía la
Línea 12 con su propio dinero, y así, capítulo cerrado. Cuando no debería
ser así. Cuando en cualquier país con Estado de derecho Slim enfrentaría
una *class action* multimillonaria —una acción colectiva— iniciada por el
propio gobierno de la ciudad, para resarcir el daño a las familias afectadas. Para obligarlo a asumir responsabilidades y pagar errores. Para limitar
su capacidad de seguir participando en otros proyectos de obra pública

como el Tren Maya. Pero en el México de hoy, igual que ayer, a uno de los hombres más ricos del país el gobierno le da una palmada en la espalda, mientras las víctimas recibieron otra patada. Unos cuantos pesos, en contraste con todo lo que Slim ha obtenido: impunidad asegurada y ganancias garantizadas.

A pesar de lo constatado por el dictamen técnico sobre la Línea 12, y que apunta a CICSA/Grupo Carso. Prácticas cuestionables de construcción. Pernos mal puestos, mal colocados y mal soldados. Deficiencias en las trabes, las conexiones, la colocación del cemento y los componentes de acero. Cálculos originales que fueron cambiados para reducir costos. Seis kilómetros edificados al aventón. Oficios ignorados y reportes archivados y controles de calidad desatendidos y riesgos minimizados por Marcelo Ebrard, Miguel Ángel Mancera y Claudia Sheinbaum porque a Carlos Slim no se le reclama. Se le rinde pleitesía. Se le perdona. Se le convoca para llegar a un buen arreglo.

Aun sabiendo que la empresa encargada de supervisar la construcción de la Línea 12 es la misma que supervisa la construcción del Tren Maya. Aun conociendo las prácticas cuestionables del Grupo Carso, y su falta de experiencia en el negocio lucrativo de los rieles cuando incursionó en la Ciudad de México. Aun escuchando las quejas de ingenieros que trabajan en la "magna obra de revitalización del sureste", donde encuentran problemas similares a los evidenciados en el Metro. Problemas que serán exacerbados por la prisa, la improvisación, la construcción que comienza sin un plan maestro terminado. Problemas que podrían reproducir lo padecido en Tláhuac: desplomes y defunciones, seguidos de manos manchadas y caras duras. Los mercados castigaron las acciones del Grupo Carso después de la caída de la Línea 12, sin embargo el gobierno que lo contrató no lo hizo. El presidente ya explicó que el pueblo humilde, trabajador y bueno entiende que "estas cosas pasan". A los cómplices se les protege, y los demás que se jodan.

AMLO lo admite, pero la realidad lo exhibe. Por el futuro político del lopezobradorismo, primero mantener contentos a los que ganan a costa de los demás. Para las pequeñas y medianas empresas ha habido palo, persecución fiscal y desprotección durante la pandemia. Para las clases medias, mentadas de madre. Sin embargo, para los privilegiados en el pináculo de la pirámide social, ni el asomo de una reforma fiscal. Ni una sola mención al clamor que recorre el mundo, exigiendo le cobren impuestos a los más ricos: "Tax the rich".

Slim, consentido por Carlos Salinas de Gortari cuando le vendió Telmex y convirtió un monopolio público en un monopolio privado. Protegido de la competencia real durante décadas, lo cual le permite extraer rentas y lo convierte en uno de los hombres más ricos del planeta. Obligado a aceptar la entrada de nuevos jugadores con reformas a la Ley Federal de Telecomunicaciones en 2013, lo cual produjo precios más bajos para todos, empezando por los más pobres. Una crónica de consumidores expoliados, regulación incipiente, esfuerzos tímidos de contención y gobiernos débiles o cómplices. Una historia de avances lentos y con Carlos Slim siempre en contra, siempre obstaculizando, siempre saboteando, siempre ignorando o viendo cómo saltarse los términos de la concesión que el gobierno le dio en 1991. Presidentes previos se coludieron con Slim o le proporcionaron protección regulatoria. Pero ninguno, desde Salinas, había prometido darle tanto: empoderarlo aún más. Enriquecerlo aún más.

El presidente quiere congraciarse con su amigo en lo que resta del sexenio, de cara a la sucesión presidencial y más adelante. AMLO desdeña la inversión, se burla del imperativo de la competencia, y cree que la regulación es un resabio tóxico del neoliberalismo. En vez de promover una regulación robusta y autónoma, nos regresa a la era de la regulación capturada por el Poder Ejecutivo, para él, para sus partidarios. ¿Y quién pagará el precio del obsequio a Carlos Slim? El pueblo bueno, obligado a pagar más por las alianzas políticas del presidente.

Demasiados mexicanos justifican este revés, apelando a un nacionalismo mal entendido: mejor que nos expolie Slim con la venia del presidente, a que nos expolien empresas extranjeras. Cuando la lógica ciudadana y gubernamental debería converger, para ponerle fin a la expoliación. Para ponerle un alto a la extracción de rentas. Para impedir que oligarcas como Slim abusen de su posición predominante. Pero en lugar de ello, López Obrador armó otro sexenio del Slimfest, y le dio permiso al ingeniero para que volviera a exprimirnos como naranjas.

Al igual que sus predecesores, AMLO ha permitido el influyentismo, el favoritismo, los conflictos de intereses que han caracterizado la relación entre el gobierno y los empresarios desde hace años. Por eso el gobierno se rehusó a transparentar la lista de los empresarios que acudieron a la cena tamalera y de recaudación de fondos en Palacio Nacional. Por eso no se hicieron públicos los donativos que dieron, aunque se prometió que entrarían al presupuesto y se gastarían en bienes públicos, y en atender la crisis del sector salud. Pero eso lleva a la pregunta obvia: ¿por qué no pedirle a la cúpula empresarial que donara en especie, con medicamentos, camas hospitalarias y equipo médico?

El presidente afirmó que no estaba obligado legalmente a dar a conocer la lista de los empresarios convocados y donantes, y que quería "protegerlos". ¿Pero de qué los quería proteger? ¿Del vínculo que se establecería entre la donación y las licitaciones que ganarían o las adjudicaciones directas de las que se beneficiarían? AMLO negó que "el pase de charola" constituyera una violación a la Ley General de Responsabilidades Administrativas y a la Ley de Transparencia, que prohíbe a los funcionarios públicos solicitar donativos o compensaciones a cambio de beneficio propio o de terceros, y obliga a transparentarlos. ¿Cómo vamos a saber a quién beneficiaron los donativos empresariales si son recursos que el Congreso no fiscalizó y no habrá manera de comprobar su destino? ¿Qué tan "voluntario" pudo haber sido ser el apoyo empresarial a la rifa del avión, cuando el gobierno decidió de manera arbitraria a quién fiscalizar, a quién declarar ganador de una licitación, a quién investigar a través de la Unidad de Inteligencia Financiera? ¿Por qué no hubo un solo empresario capaz de declarar que lo ocurrido en Palacio Nacional era un despropósito? ¿Tanto miedo le tienen al gobierno?

Antes de la cena el presidente declaró que ahí iba a saber "quién es quién". ¿No constituyó eso una amenaza velada y no estableció una relación de *quid pro quo*? ¿Te doy y me das? ¿O me das o te quito? ¿En qué es diferente esta relación patrón-cliente a las que practicaban presidentes del pasado? ¿Qué es lo "inédito" de abusar del poder presidencial para obtener recursos para usar a modo? ¿Los empresarios que se comprometieron a donar estaban conscientes de que si sus empresas cotizan en la Bolsa estadounidense están sujetas al Foreign Corrupt Practices Act, que prohíbe influenciar a un gobierno con dinero? ¿Sabían que si proseguían con el donativo tendrían que haberlo hecho de sus propios bolsillos porque sus consejos de administración no les permitirían usar recursos de la empresa?

¿Por qué un gobierno de izquierda convocó a los empresarios a comprar boletos para la rifa de un avión, en vez de hacerlo para discutir proyectos viables de inversión, el imperativo de una política procompetencia robusta, la necesidad de fortalecer un marco regulatorio autónomo, la importancia de una reforma fiscal para repartir mejor el pastel, el reto de la concentración de la riqueza y cómo enfrentarlo con buenas políticas públicas y no con montajes? ¿Y no es cierto que un charolazo "noble" sigue siendo un charolazo?

A López Obrador no se le eligió para proteger intereses creados, blindar a grupos empresariales, darles nuevos negocios a los privilegiados del país. Se votó por el cambio para desarticular a la mafia en el poder, no para hacerla suya. Por eso habrá que oponer resistencia y demandar transparencia. Exigir mayor competencia y denunciar la falta de concurrencia. Denunciar la forma en la cual se han colonizado o pauperizado o dejado sin nombramientos a las instituciones como la Cofece, el IFT, la Comisión Reguladora de Energía y la Comisión Nacional de Hidrocarburos, que se crearon para regular y domesticar oligarcas. Habrá que enfatizar los vicios de las adjudicaciones directas y las virtudes de las licitaciones públicas. Habrá que exigir una reforma fiscal que se centre en los multimillonarios de México.

Pero sobre todo habrá que defender a quienes hacen la tarea profesional que les toca, aun cuando eso provoque la rabia de los rufianes. Al demandarla en tribunales, Salinas Pliego le estaba gritando a la excomisionada presidenta de la Comisión Federal de Competencia: "Ya siéntese, señora". López Obrador en la mañanera incluso dijo que "la señora" se había equivocado. Pero todos deberíamos estar parados junto a ella y al lado de reguladores, analistas y funcionarios que tratan de contener a los compadres del presidente. Se trata de erigir una valla contra los exprimidores empresariales y los políticos patrimonialistas que los protegen.

13

SÉ DUEÑO DE TUS PALABRAS
Y DE TUS SILENCIOS

"Muérete, chayotera", me grita el hombre escondido detrás de un cubre-bocas negro, y parado frente a mi carrito del supermercado. "Muérete, chayotera", ruge una y otra vez, hostil, vociferante, entre las filas de frutas y verduras. Corro, salgo a la calle, volteo a ver si alguien me siguió o si alguien me espera afuera, acechante.

No sé qué hacer, a quién llamar, a qué autoridad apelar. Me siento tan sola y desamparada como el día que recibí mi primera amenaza de muerte en 2006. Luego de esa elección turbulenta, en la cual voté por AMLO, pero me deslindé de su comportamiento poselectoral, llegó el ultimátum a mi correo electrónico: "Andrés Manuel te manda decir que tienes dos opciones: irte del país o un accidente automovilístico". Al leerlo sentí pánico. Intuí que lo había enviado algún fanático, de esos que dañan sus causas, pero aun así no podía respirar. Recuerdo haberle hablado al director de *Proceso*, quien me aconsejó denunciar, lo cual hice. No pasó nada, como suele suceder cuando alguien agrede a una mujer o una periodista o a una comunicadora o a cualquier ciudadana.

Desde aquella primera amenaza hace tantos años he recibido miles de mensajes similares o peores, de todos los bandos políticos, de morenistas, priistas, panistas y anexas. Solo que ahora Twitter (X) y Facebook amplifican el vituperio verbal, la misoginia acendrada, el sexismo rampante que no rebate argumentos o ideas, y se centra en mi salud mental, mi sexualidad, mi edad, mi físico, mi género, la pareja que se me adjudica, el chayote que supuestamente recibí. Las redes se han vuelto tóxicas para las mujeres. Y no escribo desde la victimización; hablo desde la sororidad para acompañar a otras en vida pública, objetos de una violencia que desde las redes salta a las calles. El ciberacoso que es otra forma de acoso de género como lo explica la organización Ciberseguras.

Internet no es un mundo aparte; no es solo un espacio virtual separado de nuestra vida no virtual. Ahí somos mujeres, feministas, periodistas, madres, parejas, personas trans, lesbianas, indígenas, defensoras de derechos humanos, activistas. Ahí se humilla, se agudizan patrones, se juzgan maneras de habitar el cuerpo, se maltrata, se degrada, se desacredita. Se mandan mensajes de texto como aquel que recibí con la fotografía de mi hijo en algún café, junto con la advertencia de que esa noche no regresaría él, sino solo sus dedos. Antes, en las redes mi nombre estaba asociado con columnas, libros, conferencias. Ahora helo ahí, el tatuaje digital de mi cara colocada encima del cuerpo de un buitre, los memes donde aparezco en camisa de fuerza de "mujer loca", obliterando 30 años de trabajo y crítica al poder autoritario en todas sus encarnaciones. La Denise real asesinada por la Denise digital.

Todos los días abro la computadora o reviso el celular y se viene encima la avalancha de epítetos, la andanada de amenazas, la metralleta de memes. "Esta vieja loca mal atendida", "Gárgola loca", "Nadie quiere a Denise la loca travesti", "Ve a chuparle los huevos a alguien", "Ningún chile te embona", "Terminarás en el psiquiátrico", "Obvio la mal cogida y lame huevos eres tú", "Amargadamente frígida", "Súbete a mi carro, mal cogida", "A usted lo que le hace falta es una buena cogida y estoy dispuesto a sacrificarme", "Gárgola/zopilota = Denise Dresser", "Dresser ni para perra sirve, digo, ni para perrear sirve", "Maldita carroñera, vas y chingas a tu puta madre", "Mejor ni salgas perra, asquerosa anciana decrépita", "La bruja Dresser, esa vieja monstrua". Pocos contraargumentos, muchas agresiones de índole sexual o de género. Pocos debates sustantivos, muchas diatribas en un país donde matan a mujeres.

Pensé que bastaría con ignorar, bloquear, reportar los amagos más explícitos, ser estoica, imbatible. Pensé que sería suficiente con colocarme la armadura, engrosar la piel, reír en vez de sollozar, respirar cuando sé que mis hijos están bien, exigir a Twitter (X) que sea más seguro para nosotras.

Pero lo que sucede conmigo no es algo nuevo ni único; es parte de un patrón con un objetivo explícito: obligarme y obligarnos a abandonar el espacio público. Vivir con miedo. Dejar de opinar o participar. Dejar de criticar o señalar. Amordazarnos o negar la autoridad, la fuerza o el humor de nuestra voz.

Pero no lo he hecho ni lo haré. Porque no solo son tiempos de machismo, también son tiempos de polarización y degradación del debate público. Las palabras importan. Las que sigue escupiendo Donald Trump y las que recogen quienes lo siguen o lo emulan. Las que pronuncia el presidente López Obrador y las que copiamos nosotros. Las que se viralizan en las redes y las que se reproducen en los hogares. Por eso hay que usarlas responsablemente, cívicamente, democráticamente. Yo a veces he fallado en esta tarea, diseminando memes o utilizando expresiones inapropiadas, y reconozco que debo ser más cuidadosa. Porque la historia enseña los vínculos entre las palabras y el antisemitismo, las palabras y la violencia étnica, las palabras y los feminicidios, las palabras y la discriminación de género, las palabras y la encomienda de un hombre armado que quería matar al mayor número de mexicanos en Texas o los que querían colgar al vicepresidente Mike Pence.

Los insurreccionistas del Capitolio estadounidense en enero de 2021 fueron a tomarlo de manera violenta porque Trump los amamantó. Ellos aprendieron a odiar así porque el líder más importante de su país les enseñó a hacerlo. De la estigmatización a la violencia hay solo un arma de por medio. En Estados Unidos y en México la discriminación al diferente y el odio al otro están escalando. La rutinización de los abusos, la normalización de la ilegalidad, el odio al trans, al miembro de la comunidad LGBTQ, al migrante que cruza por nuestro país. Y cuando métodos de estigmatización se vuelven aceptables para el gobierno e imitados por la sociedad, cualquiera puede volverse la víctima. O peor aún, el perpetrador.

Donald Trump se dedicó a denostar a los mexicanos y luego un hombre armado con una AK-47 mató a cuantos pudo en un Walmart. El expresidente estadounidense usaba su cuenta de Twitter para identificar enemigos y después un seguidor suyo los asesinó. Trump normalizó la retórica de la rabia y la ha traducido en política pública con su muro y su narrativa nativista de los migrantes como un acecho a la seguridad nacional. El terrorista de Texas fue a impedir la "invasión hispana" porque Trump lo amamantó con una analogía autoritaria. Trump se dedicó a polarizar y la polarización extrema amenaza la democracia.

Hay lecciones importantes que aprender de lo ocurrido en El Paso, y en tantas ciudades estadounidenses donde han aumentado los crímenes de odio. Hay reflexiones importantes que hacer sobre el acceso estúpidamente fácil a las armas en Estados Unidos y el racismo y la discriminación y la criminalización étnica. Pero ojalá que el aprendizaje más importante fuera transnacional y moral. Ojalá echara un poco de luz sobre comportamientos y formas de hablar y actuar que trascienden lo ocurrido al norte de la frontera. Lo más fácil sería embestir a los trumpistas por las implicaciones de su retórica rabiosa, sin mirarnos críticamente y ver cómo la emulamos. Lo más sencillo sería ver al trumpismo xenófobo y polarizante como algo aislado, sin precedentes. Como algo excepcional e irreproducible, cuando no es así. Condenamos la violencia verbal y física al norte de la frontera, como si eso permitiera absolvernos de la autocrítica acá.

Como si no tuviéramos comportamientos análogos, violencias similares y cotidianas, reproducidas incluso en nuestra manera de hablar. Las de políticos polarizadores como López Obrador, pero también las mías y las tuyas. Desde la mañanera, López Obrador ha recurrido cotidianamente a calificativos despectivos como "fifís" y "machuchones" y "canallas" para referirse a quienes no piensan como él. Desde las trincheras de Twitter (X), opositores del gobierno conjugan el vocabulario del descrédito, con frecuencia enraizado en expresiones racistas y clasistas. A lo largo del país, en todo momento, alguien usa expresiones sexistas y misóginas para referirse a una mujer, y después violentarla. En las calles y en los cruces fronterizos y en las encuestas, muchos mexicanos miran con malos ojos a un migrante y lo maltratan. He ahí el patrón cada vez más peligroso: calificar al "otro", etiquetar al distinto, menospreciar a la mujer, gritarle al gay, darle un trancazo al trans, quemar la efigie de una ministra de la Suprema Corte en el Zócalo, insultar al que piensa distinto o matarlo.

Desde la mañanera, López Obrador ha recurrido cotidianamente a calificativos despectivos para referirse a quienes no piensan como él. Gabriel Zaid ha hecho la lista. Achichincle, alcahuete, aprendiz de carterista, arrogante, blanquito, calumniador, callaron como momias, camajanes, canallín, chachalaca, chayotero, cínico, cómplice, conservador, corruptos, corruptazo, deshonesto, desvergonzado, espurio, farsante, fichita, fifí, fracaso, fresa, gacetillero vendido, hablantín, hampones, hipócritas, huachicolero, ingratos, intolerante, ladrón, lambiscones, machuchón, mafioso, mafiosillo, maiceado, majadero, malandrín, malandro, maleante, malhechor, mañoso, mapachada de angora, matraquero, me da risa, megacorrupto, miente como respira, mentirosillo, minoría rapaz, mirona profesional, monarca de moronga azul, mugre, ñoño, obnubilado, oportunista, paleros, pandilla de rufianes, parte del bandidaje, payaso de las cachetadas, pelele, pequeño faraón acomplejado, perversos, pillo, piltrafa moral, pirrurris, politiquero demagogo, ponzoñoso, pregonero, prensa vendida, ratero, reaccionario de abolengo, represor, reverendo ladrón, riquín, risa postiza, salinista, señoritingo, sepulcro blanqueado, simulador, siniestro, tapadera, tecnócratas neoporfiristas, ternurita, títere, traficante de influencias, traidorzuelo, vulgar, zopilote.

El país de Andrés Manuel es uno que se ha ido encogiendo, retóricamente y en cuanto al reconocimiento de derechos ciudadanos. En su patria pequeña no hay espacio para críticos, científicos, médicos, organizaciones de la sociedad civil financiadas desde el extranjero, feministas, académicos, periodistas, defensores del medio ambiente, empresarios de todo tipo, miembros de la clase media que día con día se contrae. México parece estar atrapado en la inexorable lógica de la enemistad. El gobierno que finalmente iba a ser de y para el pueblo divide, separa, selecciona, cataloga y expulsa a quienes no pueden formar parte de sus filas. Y solo el presidente conoce la clave del método de clasificación.

Tanto las políticas como las palabras del presidente incitan a sus seguidores a patrullar las fronteras de una patria más reducida. Así como al proyecto de Carlos Salinas le sobraban los pobres, a AMLO le sobran los críticos, la oposición, los que piensan distinto y ambicionan un país diferente. La 4T nos está transportando a un lugar donde el antiintelectualismo y la misoginia y el confesionalismo y la denigración del contrario son actitudes validadas desde el púlpito presidencial. Parado ahí, AMLO saca lo peor de las personas, mientras recita un repertorio reiterativo, limitado a la ofuscación, la mentira, el autoelogio y la amenaza. Todo presidente es un Cuenta-Cuentos-En-Jefe y la historia del lopezobradorismo es siempre una declaración de guerra.

López Obrador modela y moldea el lenguaje de nuestros tiempos; el del insulto y la descalificación y la deshumanización. Peor aún, ha creado millones de mini-AMLOs —brigadistas de la belicosidad— dedicados a extinguir cualquier posibilidad de diálogo. Porque López Obrador no admite oposición; exige rendición. No acepta interlocución; demanda sujeción. No permite la deliberación; recurre a la clasificación.

Yo misma he sido reclasificada luego de 107 críticas presidenciales en la mañanera. En parte del imaginario colectivo pasé de ser promotora de causas progresistas a convertirme en traidora a la patria y enemiga del pueblo. Para demostrarlo, la 4T usa imágenes viejas sacadas del internet, con el objeto de tildarme de algo que nunca fui. Ahí estoy en una fotografía, parada junto a Margarita Zavala. Ahí estoy en otra, sentada junto al exgobernador de Chihuahua Javier Corral. Esas y otras imágenes son usadas a diario para calificarme de panista o prianista o calderonista o conservadora o saboteadora o traidora.

No importa que en las últimas tres elecciones presidenciales haya votado por Andrés Manuel López Obrador. No importa que la fotografía con Margarita haya sido tomada hace cuatro años, cuando fui condecorada por el gobierno de Francia con la Legión de Honor por mi trabajo a favor de las mujeres, y ella estaba entre los invitados a la ceremonia. No importa que Javier Corral —durante décadas— fuera considerado un aliado de la izquierda por su oposición al desafuero y su lucha contra el duopolio televisivo y su pelea con Peña Nieto por la corrupción de Duarte y el uso político del Ramo 33. No importa que yo haya sido crítica constante de los defectos del sistema político y económico a lo largo de los últimos seis sexenios y eso esté constatado en libros, columnas, tuits, conferencias, programas de radio y televisión. No importa que lleve 30 años siendo feminista: marchando, escribiendo, participando y exigiendo derechos, incluyendo el derecho a decidir. Mi trayectoria ha sido borrada y distorsionada para crear una mujer de paja, que después la 4T procede a quemar. Mi caso no es excepcional. Es un fenómeno común que nace de la política polarizada que va asolando al país.

El analista Ezra Klein lo describe a lo largo de su libro *Why We're Polarized*. En México actualmente —al igual que en muchas partes del mundo— prevalece la dinámica de la polarización, y todas las fuerzas políticas recurren a ella. Para apelar a una población a la que conviene confrontar, las instituciones y los actores políticos actúan de maneras cada vez más polarizadas. Un bando usa el epíteto "fifí", mientras el otro acuña la descalificación "chairo". Los lopezobradoristas tildan a sus críticos de "conservadores" y la oposición califica al presidente de "dictador". Y entonces el debate no se centra en las ideas; gira en torno a la identidad. No importa lo que argumentes sino quién se supone o se dice o se cree que eres. La identidad se ha vuelto un arma para la descalificación. Se usa para desacreditar las preocupaciones de los críticos, presentándolos como parte de un grupo que solo busca proteger sus intereses o sus privilegios a costa del cambio o a expensas del pueblo. La racionalidad o legitimidad de la crítica queda subsumida frente a la supuesta identidad de quien la esgrimió. Ya no es posible discutir las ventajas o desventajas de cualquier política pública porque la discusión se centra en las personas y no en las ideas. Ya no es posible evaluar Jóvenes Construyendo el Futuro o la militarización o el Tren Maya o el AIFA o en función de lo que sabemos de su viabilidad o su impacto. Todo se remite a lo personal. A la clase social a la que perteneces, a los intereses que supuestamente representas, al partido que falsamente apoyaste en el pasado, a la fotografía en la cual apareciste.

Entonces, cualquier crítica —aunque sea constructiva— a la 4T automáticamente es construida como adversarial y no como representativa de un país plural. Las líneas entre una identidad y otra se han vuelto tan fijas y demarcadas, que se vive y se muere en función de la lealtad a tu grupo. Salir de la tribu para defender a alguien que fue tu compañero de lucha en batallas históricas, a alguien con quien marchaste, a alguien cuya trayectoria conoces y sabes que no merece ser linchando por la red AMLove, es enfrentar la posibilidad del ostracismo, la probabilidad del aislamiento. Todos queremos pertenecer y ese sentido de pertenencia a la 4T está avivando lealtades que se expresan de manera violenta o manipuladora o incongruente. Algo está mal cuando, para la izquierda, el enemigo son las madres buscadoras y no Manuel Bartlett; cuando las feministas son acusadas de cacerolistas golpistas; cuando se agrede a Carmen Aristegui y no se toca a Enrique Peña Nieto.

Tristemente la 4T está erigiendo fronteras impermeables alrededor de un mundo donde para que alguien gane todos los demás tienen que perder. Donde no hay cabida para la discrepancia o la disidencia o la crítica o el reclamo o la exigencia o la diferencia de opinión. Hoy están ganando el enojo, la rivalidad y la incivilidad. Lo que sentimos está imponiéndose sobre lo que pensamos, y los sentimientos que más trascienden son los que llevan a odiar al bando contrario, al enemigo construido e imaginado: las mujeres ingenuas y tontas, manipuladas por la derecha golpista. Antiguos aliados son resignificados como nuevos adversarios, al margen de su trayectoria, la legitimidad de sus luchas, el trayecto común recorrido.

Una de las habilidades políticas más notorias de AMLO consiste en resignificar y renombrar eventos. Darles un significado distinto al que verdaderamente tienen para arrancar aplausos y atajar críticas, desactivar granadas y convertirlas en guirnaldas. Así la militarización se vuelve la pacificación. El desabasto de gasolina se convierte en una cruzada contra el huachicol. Restablecer la extracción estatal de rentas vía los monopolios disfuncionales de Pemex y la CFE significa recuperar la soberanía energética. Señalar decisiones desdemocratizadoras o regresivas del nuevo gobierno equivale a ser fifí o defensor de privilegios perdidos. Palabras que antes significaban una cosa ahora significan otra.

De pronto, vivimos en un país donde el término "sociedad civil" tiene connotaciones negativas. Donde el concepto "contrapeso" es cuestionable. Donde la defensa de la división de poderes es controvertida. Donde exigir el fortalecimiento en vez del desmantelamiento institucional es reaccionario. Donde para entender la política tenemos que estar atentos a cada palabra que pronuncia el presidente, como lo hacíamos en los viejos tiempos de la presidencia imperial. Donde señalar esto significa ser clasificada en automático como elitista, complaciente ante el dolor y la rabia y el resentimiento legítimo de los desposeídos. Estos son los tiempos del pueblo bueno y las élites insensibles; de los que buscan la verdadera transformación y quienes son sus enemigos. Estos son tiempos de canallas y la 4T se encargará de identificarlos como "enemigos del pueblo".

Pero yo también soy pueblo. Los científicos a los que López Obrador tilda de "mafia" también son pueblo. Los profesionistas educados a los que acusa de "aprender mañas" en el extranjero también son pueblo. Los miembros de la burocracia a los que despide y sataniza también son pueblo. Las mujeres trabajadoras y víctimas de la violencia a quienes desprotege también son pueblo. Las organizaciones de la sociedad civil "conservadora" que llevan años peleando por buenas causas también son pueblo. México es muchos Méxicos: los de abajo, los de arriba, los de en medio, los de tez blanca, los de tez morena. México es Yalitza Aparicio y Alfonso Cuarón. México no es homogéneo ni está dividido solo en ángeles y demonios, en miembros del pueblo sabio y élites que se dedican a exprimirlo.

Al construir un país binario, el lopezobradorismo pone en peligro el pluralismo que toda democracia debe respaldar. La 4T y quienes mimetizan su forma de pensar y hablar ponen en jaque mis libertades y las de otros. En su mapa mental no puedo tener voz, ni derecho a disentir, ni capacidad de participar, o solo debería hacerlo por la vía partidista. No soy mexicana auténtica, de a de veras, o no merezco serlo. Como a tantos más, se me lincha por mi supuesta identidad, no por mis argumentos. Una identidad apócrifa, alejada de mi biografía, de quien soy, de donde vengo. Una identidad estereotipada que me coloca en el basurero de las élites complacientes cuyo privilegio se construyó sobre las espaldas de otros, aunque no haya sido así. Si cuestiono las consultas populares, no creo en la democracia, aunque lleve años señalando cuán deficitaria ha sido. Si cuestiono el ataque a los órganos autónomos, soy una vocera del neoliberalismo. Si pido que la política pública se haga con datos en vez de prejuicios, soy una tecnócrata neoporfirista. Si busco participar en la vida política a través de organizaciones de la sociedad civil, arrogo una representatividad que no me corresponde.

Esta es una visión no solo incorrecta e injusta; también es profundamente antidemocrática. Presupone que los críticos no son interlocutores con los cuales hay que hablar, sino adversarios a los cuales hay que aniquilar. Presupone que las mayorías no tienen la obligación de proteger a las minorías. Presupone que quienes alzan la voz lo hacen para apoyar el pasado, cuando muchos también buscamos sacudirlo. Presupone que defender algunas conquistas democráticas es sacralizar lo que no funcionó, cuando intentamos componerlo. Millones queremos la transformación de México, pero con frecuencia no estamos de acuerdo en los medios para lograrlo.

La responsabilidad de la polarización recae no solo sobre el lopezobradorismo; también atañe a sus opositores que reproducen vituperios racistas, clasistas, elitistas y discriminadores. Palabras como "naco", "indio", "borrego", "feminazi", "chango amaestrado", "mata niños". Los conservadores también muestran su cara más fea, cuando descalifican a las causas de las mujeres, o muestran pulsiones discriminatorias con las minorías sexuales, como lo hicieron con el estreno de la película *Lightyear*. Surgió un escándalo por un beso en una película animada. Todo por una expresión de amor entre dos personas que resultan ser mujeres.

Diputadas panistas sonaron la alarma contra "el progresismo" y "la ideología de género" y el imperativo de no llevar a sus hijos al cine, para no exponerlos a imposiciones de "la izquierda radical". Y con ello desataron una oleada de odio a la diversidad sexual que revela cuán alejados están de imaginar un país incluyente. Evidenciaron por qué ese panismo angosto jamás podrá ser partido mayoritario si continúa comportándose así. Las élites de Acción Nacional critican al lopezobradorismo por incitar el odio y sembrar la división, pero son incapaces de reconocer que hacen lo mismo. Panistas que optan por pelear batallas clasistas, racistas, conservadoras y confesionales están restando en vez de sumar, están dividiendo en vez de unir.

Acción Nacional —aun como miembro de una coalición opositora— no podrá armar un frente verdaderamente amplio si no se sale del castillo de la pureza. Si no es capaz de diseñar una opción electoral amplia con el apoyo de múltiples mexicanos y mexicanas, feministas y ecologistas, ateos y agnósticos, homosexuales y heterosexuales, mujeres que aman a los hombres y mujeres que se besan entre sí. No bastará con ser anti-AMLO si sigue siendo antiderechos. La oposición conservadora no irá a ningún lado si un pedazo custodia los valores tradicionales, y excluye a quienes no lo comparten. Si insiste en ser una fuerza política muy cerca de Dios, pero muy lejos de los besos que necesitaría para resucitar.

Precisamente porque somos un país plural y una democracia secular debemos rechazar los monopolios de la verdad, los monopolios de la interpretación histórica, los monopolios morales, y los monopolios de la grandeza nacional encabezados por una persona o un partido o un movimiento o una transformación. Hay que oponerse sistemáticamente al lenguaje que define y desacredita al otro en función de su supuesta identidad: el mexicano amenazante o el conservador indecente o la mujer delirante o el chairo repugnante o el drogadicto al que —según AMLO— hay que decirle "fuchi y guácala". La democracia que anhelamos no debe ir ahí. No es necesario estar de acuerdo con ese "otro" pero sí señalar los peligros de designarlo así, segregarlo así, odiarlo así.

Tenemos muchas identidades que trascienden la afiliación ideológica, la identidad política, la religión, y la lealtad al presidente o a su partido. Sí, hay orillas opuestas, pero también puentes. El puente sobre el cual todos deberíamos caminar y cruzar para defender a las mujeres, para alzar la voz por las víctimas de la violencia, para exigir la equidad de género. Podemos atenuar y apagar la política de la identidad y la polaridad. Podemos darnos cuenta cuándo estamos siendo manipulados. Podemos recordar de dónde venimos, quiénes somos y a dónde queremos ir como país: un futuro más democrático, más liberal y más decente que donde estamos varados y peleados hoy.

Ojalá defendiéramos nuestro pluralismo a pesar de vivir en una era de confusión y confrontación, a pesar de la amargura y el cinismo de tantos. En las redes y en el debate público rondan los demonios de la descalificación, las hienas de la histeria. La denostación —muchas veces escondida en el anonimato— es barata, mientras que la valentía y la fuerza y la fe escasean. Nos divide el miedo; el miedo al otro, al que piensa distinto, o al que tiene dudas o al que es crítico. Estas palabras son un llamado a contrarrestar la divisibilidad, el enojo, el prejuicio, e izar la bandera de la reflexión.

Vacunémonos contra la demagogia que reduce temas complejos de política pública a identidades binarias: los buenos y los malos, los "conservadores" versus los "liberales". Rehuyamos el discurso que coloca toda la culpa por el atraso del país en un solo grupo, el de los que no piensan como nosotros. La demagogia polariza, reduce el mundo a "nosotros" contra los "otros", e insistamos en que es innecesario evaluar la necesidad, la solvencia, o la viabilidad de una propuesta si las motivaciones de quien la presenta son nobles. Cuestionemos a cualquiera que minimice la complejidad, el matiz o la importancia de la deliberación democrática para resolver un problema. Las visiones facciosas y polarizantes engendran demagogos de todo tipo, tanto de derecha como de izquierda. Parafraseando a Lillian Hellman, no recortemos nuestra conciencia para ajustarla a la moda en boga. Rehusemos aceptar o rechazar un argumento exclusivamente sobre la identidad de quién lo propone. Discutamos propuestas y no identidades priistas, panistas, morenistas.

Cuando los libros de historia consignen la era de la polarización, ojalá nos encuentren parados en un lugar insurgente desde donde alertábamos los peligros de la "rasurada patriótica", y las divisiones capitalizadas con afán político. Desde donde intentamos proveer un mapa de acción para sobrevivir las pulsiones antidemocráticas de los poderosos y excluyentes, como lo hace Masha Gessen en su libro *Surviving Autocracy*. Desde donde señalábamos la necesidad de una visión política y de país centrada en la dignidad más que en el poder, en la igualdad más que en la popularidad o la rebatinga partidista por la riqueza, en la unión más que en la destrucción del opositor. El México de la libertad amenazada que nunca calló.

14

CON LA CIENCIA TODO, CON LA CHARLATANERÍA NADA

Hay dos clases de personas; aquellos que no saben y aquellos que no saben pero creen que saben. López Obrador ha sido de los segundos. Alguien que todos los días se burla de los técnicos, llama a la economía un "oficio", desprecia el conocimiento, desdeña la ciencia, trivializa la experiencia y cree que siempre tiene la razón. Alguien que todos los días desoye a quienes le presentan datos duros, ninguea a quienes le advierten sobre las consecuencias de las posturas que toma, acalla a quienes intentan decirle que está cometiendo errores y muy graves. Con la forma en que ha recortado, gastado y dictado decretos, López Obrador ha demostrado el talón de Aquiles del proyecto que impulsó y ahora hereda a Claudia Sheinbaum: su analfabetismo económico, científico, tecnológico. El mayor peligro de la 4T y quien la ha liderado no es su "populismo"; es su ignorancia, y cómo su sucesora ha prometido perpetuarla.

La 4T ha demostrado su ignorancia sobre cómo funciona el Estado y cómo funcionan los mercados. Ignorancia sobre cómo se arma un presupuesto y las variables que intervienen en su elaboración y ejercicio. Ignorancia sobre el vínculo entre crecimiento y recaudación, certidumbre e inversión, regulación y competencia, competencia y productividad, política social e informalidad, monopolios y extracción de rentas, capitalismo de cuates y subdesempeño económico. El lopezobradorismo está intelectualmente atorado en los paradigmas del pasado. Habla y escribe y dicta documentos como si hubiera dejado de leer, informarse y educarse desde 1970. Defiende su visión de capitalismo estatal y discrecional como si esos modelos no hubieran producido crisis tras crisis debido a la politización y personalización de la política económica. Presume planes nacionales de desarrollo inspirado en documentos de 1960.

La ignorancia de López Obrador sería menos grave si se hubiera dejado educar, si tuviera voluntad de aprender, si reconociera sus limitaciones en este tema y permitiera que otros lo asesoraran. Pero en México en los últimos años no ha habido un gabinete funcional. Se instaló un gobierno cada vez más unipersonal. López Obrador ha revelado el carácter de quienes lo rodean y ellos demuestran no tenerlo. Gente talentosa que carece de fuerza interior hace las concesiones obligadas, acepta las humillaciones impuestas, obedece las instrucciones presidenciales aunque las sepa desinformadas o deshonestas. He ahí a Luisa María Alcalde agachando la cabeza, a Rogelio Ramírez de la O mordiéndose la lengua, a la subsecretaria de Egresos de Hacienda intentando explicarle al presidente que sus números simplemente no dan, a los pocos técnicos que quedan proveyéndole una dosis de realidad que AMLO ha preferido ignorar.

Que no hay manera de rescatar a Pemex al estilo 4T sin hacer cada vez más grande el boquete en las finanzas públicas. Que no hay forma de seguir financiando proyectos inviables como el Tren Maya y la refinería de Dos Bocas y el aeropuerto de Santa Lucía con más recortes y más despidos y más adelgazamiento gubernamental. Que no hay forma de atraer y mantener la inversión si consuetudinariamente se cambian las reglas de juego. Que los programas sociales no están garantizados ya que al gobierno le faltarán millones de pesos que no tiene, a menos de que siga enedeudando al país o recortando en salud, educación y servicios básicos. Pero AMLO ha callado a los economistas que lo quieren asesorar; ha marginado a miembros de su equipo que le han sugerido rectificar; ha insultado de mala manera a expertos con buenas intenciones. Y evidencia así cuán terrible es la ignorancia en acción; cuán peligrosa es la ignorancia sincera; cuán contraproducente es no saber, pensando que se sabe.

Ignorancia presidencial —traducida en política pública— producto del orgullo o la obcecación o la prisa o la visión ideologizada de la economía. Necedad detrás de cada memorándum y cada decreto anunciando recortes adicionales que "permitan liberar mayores recursos para el desarrollo".

Pasar de la austeridad republicana a la pobreza franciscana para salvar a Pemex acabará mermando la solvencia al Estado y su posibilidad de actuar, de subsidiar, de apoyar. Porque le han quitado recursos al Instituto Mexicano del Seguro Social (IMSS), al Instituto de Seguridad y Servicios Sociales de los Trabajadores del Estado (ISSSTE) y los servicios básicos que proveen. Porque han mermado aún más la operatividad institucional a múltiples niveles. Porque al abrazar la ignorancia voluntaria, en vez de una visión a futuro nacional habrá una regresión generacional. Como lo escribió Robert Browning: "La ignorancia no es inocencia, es pecado". Pecado presidencial.

Pecado que se vuelve aún más grave cuando es escondido. Por cuestiones de "seguridad nacional", gran parte de la información que debería ser pública ha sido reservada. Los proyectos ejecutivos, los contratos, las compras, los proveedores, las licitaciones, las asignaciones directas. El presidente que se jactó de ser el "más transparente" en la historia ha agrandado un hoyo negro de opacidad en el centro de la administración pública. Será cada vez más difícil fiscalizar, evaluar, seguir la ruta del dinero que —con demasiada frecuencia— acaba en el laberinto de la corrupción.

¿Dónde está la información sobre los montos robados al Banco del Bienestar? Reservada por cinco años. ¿Dónde está la información sobre los contratos de Pegasus, el sistema de espionaje ilegal usado por la Sedena? Reservada por cinco años. ¿Dónde está la información sobre la operación fallida para detener a Ovidio Guzmán? Reservada por cinco años. ¿Dónde está la información sobre los contratos del AIFA, de Dos Bocas, y del Tren Maya? Clasificada como de "seguridad nacional" y, por lo tanto, retirada del escrutinio. El ocultamiento de información que debería de ser pública forma parte de un patrón peligroso. AMLO no protege a las mujeres de la violencia, pero sí protege a los militares de la supervisión. AMLO no protege a la población de la violencia, pero sí protege a aquellos que ejercen el poder de manera metaconstitucional. AMLO no protege al INAI, pero sí protege a quienes subvierten el derecho ciudadano a la información y a la protección de datos personales.

Aquí propongo una lista, preliminar e incompleta, de lo que tenemos derecho a saber; la numeralia esencial de un gobierno con "otros datos":

- El costo real por cancelar el aeropuerto de Texcoco y las investigaciones de corrupción en el NAIM.

- El destino de fondos derivados de la extinción de fideicomisos de ciencia, cultura, salud y educación.
- Los datos reales del programa Jóvenes Construyendo el Futuro que entregó apoyos a fallecidos, repartió ayudas a personas que ya estaban recibiendo otras becas gubernamentales y carece de mecanismos de control para validar los datos de los aspirantes. En los centros de trabajo se encontraron domicilios inexistentes o abandonados, y otros no pudieron comprobar la supuesta capacitación económica.
- El aumento en costos anuales de la electricidad generados por la reforma en el mercado energético y a cuánto han ascendido los subsidios de la Comisión Federal de Electricidad (CFE).
- La medición en el aumento de las emisiones contaminantes y el monto de los créditos fiscales otorgados a Pemex.
- Cifras confiables y verificables sobre el desabasto de medicamentos, el número de niños fallecidos por falta de acceso a químicos indispensables, y qué ha sucedido con el Programa Nacional de Vacunación.
- Los recursos que quedan en el Fondo de Estabilización Presupuestaria.
- Los contratos por cada una de las adjudicaciones directas que ha hecho el gobierno federal.
- Los fondos existentes en los fideicomisos manejados por la Sedena.
- Los documentos y la información que el Grupo Interdisciplinario de Expertos Independientes de Ayotzinapa le exigieron a la Sedena y que no han sido entregados.
- La investigación de la Fiscalía General de la República que exoneró al general Cienfuegos de vínculos con el narcotráfico.
- La metodología del nuevo censo llevado a cabo por la Secretaría del Bienestar, para hacer un recuento de los desaparecidos.

Espero que cada quien expanda la lista, y busque obtener datos vía solicitudes de transparencia al INAI.

Y planteo otra interrogante que ilustra la mesa los problemas de la opacidad. ¿Dónde está y con qué metodología se elaboró el Censo del Bienestar de la 4T? La información no se ha hecho pública y hay un motivo que lo explica. Carlos Salinas tenía su partida secreta, y AMLO ha tenido la suya semisecreta. Salinas perfeccionó el uso clientelar de la política social, y López Obrador tomó la misma dirección. Ambos con la misma intención: apoyar a los desposeídos, pero también movilizarlos políticamente. Crear redes de seguridad social pero también usarlas como apoyo electoral. Poner primero a los pobres para que voten por un partido hegemónico y así asegurar su longevidad. Eso fue el Programa Nacional de Solidaridad y eso son los programas de transferencias, similares en cuanto a su opacidad, análogos en cuanto a su discrecionalidad, idénticos en cuanto a la ausencia de reglas de operación y mecanismos de evaluación. El gobierno de la autollamada 4T ha distribuido miles de millones de pesos, sin que sepamos exactamente a dónde irán y a quiénes beneficiarán. El salinismo de 1988 redivivo en el lopezobradorismo de 2018-2024, creando clientes en vez de empoderar ciudadanos.

Eso es lo que sucede cuando un gobierno diseña programas sin reglas, sin mecanismos de supervisión, sin sistemas de evaluación, sin vigilancia del Congreso. Política social electorizada, puesta al servicio de un partido o un movimiento o un presidente. "Soluciones neopopulistas a problemas neoliberales", como escribí en una monografía crítica en 1991; soluciones neopopulistas a problemas morenistas, como escribo hoy. Salinas necesitaba recuperar el voto para un PRI desacreditado; AMLO ha buscado inducir votos para el movimiento que lo llevó al poder, que dista de ser un partido institucionalizado capaz de mantener el arrastre del tsunami electoral de 2018. Salinas necesitaba la secrecía para destinar recursos de manera discrecional a donde tuvieran el mayor impacto electoral; a AMLO le ha obsesionado lo mismo. Si no fuera así, hubiera atendido los reclamos de quienes señalaron la falta de reglas de operación y de transparencia en los programas sociales que echó a andar. No repetiría el error y sin embargo lo ha hecho.

Como lo señaló la carta entregada a la Cámara de Diputados por un grupo nutrido de organizaciones de la sociedad civil, el Presupuesto de Egresos para 2020 no transparentó los recursos, no incorporó las reglas de operación faltantes a programas como Jóvenes Construyendo el Futuro o Sembrando Vida. Al contrario, legitimó el hoyo negro al que se han ido los recursos de todos, y ante el cual la Cámara de Diputados opta por cerrar los ojos. Esa ha sido la pauta, y como resultado, 64% del presupuesto se ha ejercido al margen del escrutinio, al margen de la auscultación.

Ya sabemos qué ocurre cuando la opacidad se impone por encima de la transparencia; cuando el gobierno cierra las cortinas y apaga la luz; cuando un presidente usa el dinero público como quiere, cuando quiere, aun con las mejores intenciones. Mala planeación y mala instrumentación, trato discriminatorio a los supuestos recipiendarios, decisiones tomadas con criterios políticos y no con fines distributivos, ganancias electorales priorizadas por encima de beneficios sociales, la transferencia directa y sin intermediarios de dinero que compra lealtades y propicia votos.

El antiguo Programa Nacional de Solidaridad le proveyó popularidad a Carlos Salinas y al PRI; las transferencias actuales han amplificado a AMLO y a Morena. Ambos, armando partidos de Estado que también son gobierno y tienen todos los recursos a su disposición. Una contradicción más incurrida por un gobierno que se precia de ser distinto, pero es tan similar al salinismo. El lopezobradorismo no descarta la politización de la política social instrumentada por Salinas; perfecciona sus métodos. No reconoce los retrocesos democráticos que produjo el clientelismo salinista; se apropia de sus tácticas. Vía programas cuyo diseño, ejecución e impacto desconocemos, vía los delegados de Morena, vía la entrega de recursos públicos no a quienes menos tienen sino a quienes más votan, vía un presidente peripatético que recorre el país predicando el "humanismo mexicano", que años antes Salinas llamara "liberalismo social". Parafraseando a Malraux, el gobierno no es lo que cree que es, sino lo que esconde. Y el gobierno de AMLO, como el de Salinas, prefiere guardar secretos.

El impacto de la secrecía, la falta de transparencia y la costumbre de usar "otros datos" no impacta solo la esfera política. Impacta la vida misma. Durante la pandemia de covid-19 hubo miles de muertos y millones de desempleados. Familias devastadas y empresas quebradas. Pobres infectados y pobres desamparados. Y un presidente cuya forma de enfrentar la crisis pareció la de un instructor de yoga, y no la de un líder en medio de la peor debacle de nuestros tiempos. Llegamos a ese punto por una combinación de errores y omisiones, lo que se hizo y lo que se dejó de hacer, lo que se ocultó y lo que se desinformó.

La responsabilidad principal recae sobre los hombros de un presidente que no entendió la gravedad de la pandemia y buscó minimizar sus efectos. Había que seguir recorriendo el país, comiendo en las fondas, besando a las niñas, en campaña permanente. A México lo salvaría el "Detente, Jesús", lo protegería la fuerza moral, lo inmunizaría la familia solidaria. No la ciencia, no la evidencia, no los ejemplos de otros países. Aquí no hubo pruebas ni cubrebocas sino plegarias y estampitas. Aquí no hubo política pública sino grilla presidencial. Hubo una trágica terquedad.

Pero no hubo recursos ni ganas ni instrucciones para reaccionar a tiempo. No se ordenó un confinamiento drástico, agresivo y vigilado desde los primeros casos. No se dedicó dinero a la compra oportuna de cubrebocas ni equipo desde los primeros días. No se preparó la reconversión hospitalaria ni se educó al personal de salud sobre los protocolos para el covid-19 desde las primeras semanas. México tuvo el tiempo y la experiencia para prepararse y este gobierno decidió no hacerlo porque AMLO no quería endeudarse o encerrarse o educarse o posponer sus obras o cambiar la dirección de la Cuarta Transformación.

En lugar de flexibilizarse, el presidente prefirió atrincherarse en su posición. En vez de saltar obstáculos, López Obrador optó por ponerse un anillo al dedo. El anillo del decretismo y el austerinato y la pauperización y la discrecionalidad. En vez de esa estrategia bien pensada, bien ejecutada, bien calibrada, en México tuvimos a Hugo López-Gatell y sus contorsiones; a Claudia Sheinbaum y sus concesiones; al gobierno federal peleándose con los estados en lugar de colaborar con ellos; a funcionarios de salud dando explicaciones confusas en conferencias ininteligibles; a un presidente que en medio de la pandemia denostó a muchos mexicanos cuando debió unirlos; a un gobierno que no exigió pruebas ni requisitos de vacunación para viajeros que entraban al país. Semáforos que cambiaban de color sin explicaciones creíbles; picos de contagio que se anunciaban y después no ocurrían; subregistros que solo se reconocían después de ser señalados por la prensa internacional; una economía despedazada que se reabrió con una estrategia improvisada; un gobierno que obligó a los pobres a salir de nuevo a la calle, porque no les proveyó apoyos económicos para que se quedaran en casa. Es como si Churchill hubiera dicho: "Los nazis están en toda Europa. No podemos pelear contra ellos. Mejor rindámonos". Así México fue México durante el Pandemonium. Así ignoró los datos y la ciencia y las mejores prácticas.

Al no regular adecuadamente la actividad social y económica, al no apoyar a las empresas, y al no proveer recursos para que la gente pudiera quedarse en su casa, el gobierno falló. Al no reorientar el dinero destinado a obras cuya viabilidad ni siquiera estaba comprobada, y cuya urgencia palidecía ante el imperativo de salvar vidas, AMLO falló. Lo subrayó la Comisión Económica para América Latina y el Caribe (Cepal) en su "Observatorio COVID-19 en América Latina", donde resaltó que México desplegó menos acciones en educación, salud y seguridad social que otras naciones en el hemisferio. Lo constató el Fondo Monetario Internacional (FMI), en una tabla comparativa de apoyo gubernamental directo a hogares, empresas y el sector sanitario en América Latina, donde México está en último lugar.

En México los criterios para la aplicación de la vacuna no surgieron de una deliberación institucional que incluyera al Consejo Nacional de Salubridad. Emanaron directamente de la cabeza de AMLO, sin ton ni son, sin rigor científico, sin lineamientos técnicos. Por eso se vacunó a los maestros en Campeche antes que a los trabajadores de salud en la primera línea de batalla. Por eso se vacunó primero a los Servidores de la Nación pero no a aquellos con comorbilidades y en mayor situación de riesgo. Por eso la Guardia Nacional y los adultos mayores en zonas rurales estuvieron en el primer lugar de la fila, mientras millones de mexicanos fueron relegados al último lugar. El gobierno se dedicó a politizar y centralizar antes que a inmunizar. Le apostó a la opinión del presidente, por encima de la confirmación de la ciencia.

Tal como se ha hecho en el tema del medio ambiente y las energías renovables. Desde la mañanera, López Obrador desplegó como estrategia de gobierno aquello que el Diccionario de la Lengua Española define como "sofisma": "Razón o argumento falso con apariencia de verdad". Todo lo trastocó, todo lo redefinió, todo lo resignificó para que lo blanco fuera negro, el petróleo y el carbón parecieran la panacea, lo ciudadano fuera "fifí", la defensa de fideicomisos científicos se convirtiera en la defensa de la corrupción, la lucha por derechos se volviera la apología de los privilegios, y lo progresista se trastocara en conservador.

Ha sido una narrativa deshonesta pero eficaz. Se construye sobre años de adoctrinamiento oficial sobre la defensa de la soberanía nacional. Se inserta en el discurso patriotero de la nación puesta en jaque por Repsol e Iberdrola, contratos leoninos, vendepatrias traicioneros, colonizadores rapaces. Forma parte de una fantasía amarga, vanagloriosa y xenofóbica, que inventa triunfos asegurados, pero ignora desastres producidos. Ante cualquier cuestionamiento —como la controversia de Estados Unidos y Canadá acusando al gobierno de violar obligaciones contenidas en el T-MEC—, López Obrador se ha envuelto en la bandera nacional, ha desempolvado la retórica del lopezportillismo y ha mentido sin cesar. No importa que esas obligaciones en torno al tema energético existan y que su administración haya firmado un tratado suscribiéndolas. No importa que los precios de la energía solar hayan bajado dramáticamente, y que eso beneficie a los consumidores. No importa que las energías renovables ayuden al planeta dado que son menos contaminantes que el carbón. Al lopezobradorismo no le ocupa la realidad sino su reinterpretación.

La mejor defensa ante las mentiras es la transparencia y la ciencia. Los datos duros y la información verificable. Las mejores prácticas a nivel mundial y lo que podemos aprender de ellas. Pero lo que hemos visto es el desprecio constante a los datos y la degradación reiterada de la ciencia. Basta con recordar el primer golpe propinado desde el poder, cuando el presidente decretó que cualquier académico, investigador o funcionario público tenía que pedir permiso para salir del país. Sin duda hubo excesos cometidos en el pasado, pero no se corregían convirtiendo a López Obrador en una especie de capataz de rancho, decidiendo a qué hora pueden comer los jornaleros. El presidente de la República se volvió gerente de una fábrica de focos decretando los turnos de los trabajadores. Así comenzaba el día sentado frente a su escritorio, decidiendo qué investigador, científico, académico o funcionario público podía salir del país. Le llegaban cientos de peticiones, y de un plumazo palomeaba los permisos o los negaba o regresaba de Cannes a la directora del Instituto Mexicano de Cinematografía (Imcine) porque no había tramitado la autorización correspondiente. Así, de manera arbitraria, de manera discrecional, en función de su voluntad y sin atender algún tipo de normatividad. En nombre del supuesto combate a la corrupción y el desmantelamiento de privilegios, López Obrador se convirtió en el Cuentachiles en Jefe.

Hubiera sido hasta gracioso si no hubiera sido tan dañino para la ciencia y la investigación y la academia y los centros públicos de investigación y el futuro de México. Porque más que sembrar, la Cuarta Transformación ha segado. Ha cortado "el árbol de todos", como lo escribiera el historiador José Antonio Aguilar Rivera. Ha cortado las ramas de ese árbol frondoso, erguido, de tronco firme y frutos generosos; los frutos del conocimiento, del

entendimiento. Las instituciones públicas producto del proyecto posrevolu-
cionario, abocadas a investigar y descifrar y comprender al país y vincularlo
con el mundo. El CIDE, El Colegio de México, el Instituto Mora, y tantos sitios más, dedicados a formar mentes de clase mundial. De ahí han egresado
abogados, historiadores, politólogos, economistas y funcionarios del nuevo
gobierno. De ahí han surgido pensadores de todo tipo que contribuyen al
progreso de su país vía el debate, los datos, el análisis de las políticas públicas, el resguardo de la memoria, el mapa de ruta para reformar el sistema
de justicia penal y proteger los derechos humanos, entre tantas innova-
ciones más. Científicos de todas las ramas que han desarrollado patentes,
ganado premios internacionales, transmitido el conocimiento, colocado a
México a la vanguardia. Ahora ahorcados presupuestalmente y vilificados
públicamente. Ahora humillados por un presidente que se burlaba de "académicos" y "científicos", cuando muchos votaron por él y no comprenden
ni su descalificación ni su acecho.

Acecho manifestado en la Ley de Remuneraciones a Servidores Públicos, en los recortes brutales a los centros públicos de investigación, en la
cancelación de prestaciones protegidas por la ley, en la obligatoriedad de
pedir permiso presidencial para asistir a cualquier congreso internacional. Y habrá quienes defiendan que esto ha sido necesario para acabar
con las castas doradas, para terminar con los abusos de los académicos
apapachados, para cercenar los privilegios de los pachás subsidiados por
el Estado. Habrá quienes argumenten que la defensa del CIDE o los centros públicos de investigación o el Instituto Mora equivale a una apología
de las élites, cuando en realidad equivale a una defensa del futuro. Una defensa de instituciones imperfectas pero indispensables. Una defensa del
apoyo gubernamental a los niños geniales de México para que puedan
asistir a la Olimpiada de Matemáticas, y no tengan que depender de la
generosidad de Guillermo del Toro para hacerlo. Una defensa de recortes
racionales que produzcan ahorros reales, y no sablazos simbólicos que
generan la imagen de poda necesaria del árbol, cuando le están arran-
cando la raíz.

Una cosa es criticar a la élite intelectual mexicana —por su justificación histórica del *statu quo*— y otra es emprender cruzadas gubernamentales
contra el pensamiento, la ciencia, la academia, las instituciones que hacen
posible el debate y la investigación. Hay una impaciencia innegable a nivel

mundial con élites que fueron indiferentes ante la desigualdad, que se distanciaron de las luchas populares, que no empujaron políticas para atender los agravios de aquellos a quienes la modernidad excluyente dejó afuera o atrás. Pero el antiintelectualismo de la 4T no debería convertirse en hostilidad a la labor académica, en aversión a la vitalidad institucional, en negación a la presencia de México en el escenario global.

En la mañanera el presidente aseguró que los científicos del país eran unos "ladrones". Afirmó que quienes defendían los 109 fideicomisos creados para apoyar la ciencia y la investigación defendían la corrupción. Encomendó a la directora del Conahcyt, María Elena Álvarez Bullya, la tarea de armar una presentación que exhibiera la corrupción generalizada que se dio en ellos. Logró que la mayoría morenista en el Poder Legislativo los extinguiera. Y quienes le creyeron sin chistar o verificar celebraron el triunfo de los buenos sobre los malos, la victoria de los impolutos sobre los manchados, el golpe que la Cuarta Transformación les dio a todos los mamadores de la malversación. Compraron el cuento que el presidente les vendió, sin percibir siquiera que se volvería una novela de policías abusivos y bandidos imaginarios.

En nombre de la cruzada anticorrupción, el presidente ha ido purgando al país. En el tema de los fideicomisos, el gobierno ha mentido, ha tergiversado, ha manipulado. Es cierto, había algunos fideicomisos que malversaban fondos, operaban en la opacidad, se prestaban a la discrecionalidad. El creado para apoyar políticamente a Josefina Vázquez Mota es indefendible, como otros tantos más. Pero es falso que no fueran auditados; es falso que no fueran supervisados; es falso que todos los fondos acabaron desviados. Fundar y la Auditoría Superior de la Federación llevan años detectando las irregularidades y sugiriendo cómo encararlas. De eso se trataba: de componer, no de destruir. De fiscalizar, no de cancelar. En lugar de corregir, auditar, investigar y sancionar a funcionarios que habían mal utilizado un instrumento administrativo —productor de perjuicios y beneficios—, el presidente dio la orden de acabar con ellos de tajo.

Pero la meta del lopezobradorismo en el combate a la corrupción no parece ser enmendar los errores del pasado, para evitar cometerlos en el presente. El objetivo es identificar al enemigo e ir tras él. Y la directora del nuevo Conahcyt se ha prestado a ello. Ambos, inconscientes de las contradicciones en las cuales han caído, las incongruencias que demuestran. El presidente —cuando era jefe de Gobierno en la Ciudad de México— usó fideicomisos para construir los segundos pisos, y Álvarez Bullya se benefició de ellos para impulsar su propia carrera profesional. Ahora aplican para los demás raseros que jamás utilizaron consigo mismos. Pero la incongruencia mayor ha sido enfatizar los defectos con los cuales cargaban algunos fideicomisos, cuando son los mismos problemas que presentan todos los proyectos de la 4T: falta de planeación, falta de estudios preparatorios, falta de control, falta de supervisión. Aquello de lo cual adolecen los fideicomisos que maneja el Ejército y no han sido tocados.

Mientras tanto, AMLO asegura que "no les van a faltar recursos a los auténticos deportistas, a los auténticos investigadores, a los auténticos escritores, a los auténticos artesanos, artistas, creadores". A aquellos que recibirán los recursos directamente, sin intermediarios, después de ir a rogar por ellos al Poder Ejecutivo, quien ha sustituido una forma de discrecionalidad y arbitrariedad por otra. Porque en el cuento del combate a la corrupción se trata de convertir a ciudadanos en clientes, y reemplazar la independencia por la sumisión.

Y ese mismo afán persecutorio ha sido utilizado contra centros académicos, incluso los públicos, incluyendo la UNAM y el CIDE. El lopezobradorismo ha querido que el pensamiento único —enraizado en un nacionalismo revolucionario extemporáneo— prevalezca en todos los ámbitos de la educación superior. No busca impulsar la inteligencia libre; prefiere la inteligencia enjaulada. En aras de desmantelar el neoliberalismo, termina justificando el antipluralismo: la supresión de quienes piensan, y de quienes piensan distinto.

En nombre del combate a las élites privilegiadas, acaba por arrasar con instituciones que han sido trampolines de movilidad social: generaciones enteras de jóvenes formados por el CIDE para participar, servir, crecer, contribuir. Entre ellos hay miembros del gobierno actual, que con sus defensas tibias o su silencio cómplice demuestran una lamentable ausencia de valor moral. Ahora que el Conahcyt elimina 95% de las becas en el extranjero, habría que señalar a quienes trabajan para o defienden a la 4T, que obtuvieron posgrados fuera de México y ahora le niegan la oportunidad a los demás. Claudia Sheinbaum presume haber estudiado en la Universidad de California, Berkeley, pero no defiende el mismo acceso educativo para los demás.

La embestida al CIDE, similar a la emprendida contra la UNAM, evidencia la organización política del rencor. El odio a la educados, el odio a los bilingües, el odio a los críticos, el odio a la técnica, el odio a los datos, el odio a la evaluación. El odio a la modernidad concebida como amenaza existencial. Odios nutridos incluso por aquellos que fueron beneficiarios de la educación de excelencia, y jalan la escalera por la cual ascendieron para que nadie más suba por ahí, porque AMLO lo exige. Él necesita que miembros de su élite intelectual y educada encabecen una guerra contra el resto de la élite intelectual y educada, aunque eso incluya a colegas, amigos, excolaboradores, estudiantes. Necesita que sus intelectuales orgánicos se aboquen a hacer propaganda a favor de un proyecto político. Y dicten cómo se debe enseñar, cómo se debe pensar.

Los esfuerzos por estrangular y controlar al CIDE y a otras instituciones de docencia e investigación reflejan impulsos profundamente antidemocráticos. Reflejan predisposiciones preocupantemente autoritarias. La búsqueda del orden y la homogeneidad, por encima de la diferencia y la diversidad. La alergia al debate feroz. La visión conspiratoria que ve a las universidades como lugares comandados por ideologías extranjerizantes que ponen en peligro a la patria.

La misión del CIDE ha sido la de toda universidad: alzar la vara de medición. Enseñar. Investigar. Confrontar la mentira con los datos, y la propaganda con el rigor. Quienes han sido formados ahí saben que la mejor manera de rendirle tributo a tu país es a través de la inteligencia independiente. Y ahora que se encuentra acechada, toca defenderla. Porque, como sentenciara Jean Monnet, "sin las personas nada es posible; sin las instituciones nada es duradero".

Si no exigimos datos y defendemos la ciencia seguirá ocurriendo lo que ya ocurrió. Durante la pandemia del covid-19 parte de la población de la Ciudad de México fue sometida un experimento de salud sin su consentimiento. El gobierno de Claudia Sheinbaum repartió una sustancia —la ivermectina— que no ha sido autorizada para tratar el covid, y es usada primordialmente como una medicina veterinaria. A quienes se les entregó ivermectina en kits regalados por el gobierno de la ciudad nunca se les informó ni se les notificó que participaban en un experimento médico. A ninguno de los habitantes de la ciudad que recibió las tabletas de ivermectina se le dijo que era una droga experimental. Se les usó como ratones de laboratorio, aunque eso violó normas científicas fundamentales. Se les aplicaron "mentiras disfrazadas de ciencia". Se les negó información sobre posibles efectos secundarios como náuseas, mareos, debilidad, hipertensión y convulsiones. Se les dio sin seguimiento riguroso, y el proceso se convirtió en una intervención pública experimental, arbitraria, y altamente peligrosa, como sentenció el sociólogo Juan Pablo Pardo-Guerra.

Por eso y tanto más será imperativo seguir dudando, seguir investigando, seguir defendiendo el acceso a los datos y la promoción de la ciencia. E ignorar a cualquiera que diga que su política —científica o económica o social— está por encima de la crítica. Ignorar a quienes sugieren que la transparencia y la rendición de cuentas no se aplican porque "somos diferentes". Lo contrario es cierto. Todas las decisiones tomadas que afectan lo público merecen escrutinio, debate, deliberación y auscultación.

Solo un gobierno eficaz, capaz de proveer información confiable y datos verificables, nos ayudará a progresar en vez de involucionar. No la fe ciega en un presidente (o presidenta) y quienes lo justifican. No la diatriba diaria contra quienes fomentan la discrepancia, indispensable para la vida democrática. No el enojo o la paranoia o las vendettas personales o las recitaciones robóticas de los agravios que justifican los ocultadores en el poder.

15

No a la idiotización, sí a la innovación

La 4T tiene la mirada fija en el México mágico del cardenismo y el lo-pezmateísmo y el echeverrismo. Ese México del Estado intervencionista y el sistema presidencialista y el partido hegemónico y el petróleo como fuente de orgullo nacional. La forma en la cual se ha armado y gastado el presupuesto —por ejemplo— arma una narrativa nacional en la cual hay un deseo evidente de ensalzar al pasado, hacerlo presente. Hay una clara intención de distribuir pero también controlar, repartir pero también centralizar, compensar pero también desdemocratizar. Los recursos gastados y las decisiones tomadas evidencian a un gobierno que no está pensado en el país que podríamos ser, sino en el país que fuimos. El gobierno lopezobradorista ha sido una máquina del tiempo diseñada para regresar al siglo XX, no para triunfar en el siglo XXI. No es un video sino un daguerrotipo.

La mirada es rememorativa, y el pasado se vuelve un prisma a través del cual AMLO se mira a sí mismo y se construye a sí mismo. Cárdenas calcado. Un Benemérito benevolente. Examinar las prioridades de la 4T es como hojear un álbum de fotos viejas, descoloridas. Ahí están los colores sepias, los paisajes bucólicos del Tren Maya, la refinería de Dos Bocas, la ceremonia a la Madre Tierra, solicitando su anuencia para el proyecto de infraestructura más ambicioso del sexenio, pero también el que entrañará una devastación ecológica sin precedentes.

Ahí está el Tata Lázaro resucitado, rescatando a la industria petrolera con la frente en alto. Ahí está el "Gran Benefactor" en el que se fueron
convirtiendo los gobiernos posrevolucionarios distribuyendo dinero a manos llenas, repartiendo recursos a quienes más los necesitan, pero también
construyendo clientelas por doquier. Poco énfasis en el crecimiento, mucho
énfasis en la distribución. Poco compromiso con los contrapesos al poder,
mucho esfuerzo para centralizarlo. Poco interés en el medio ambiente, mucho interés en la repetrolización. Poco hincapié en la transparencia, mucho
mantenimiento de la discrecionalidad. El pasado como preludio.

Ha habido una clara intencionalidad clientelar, tan parecida a la del
pasado. Incluso el presidente López Obrador lo reconoció: "Ayudando a
los pobres va uno a la segura porque ya saben que cuando se necesite defender, en este caso la transformación, se cuenta con el apoyo de ellos… No
así con sectores de clase media, ni con los de arriba, ni con los medios, ni
con la intelectualidad. Entonces no es un asunto personal, es un asunto de
estrategia política". Con esa declaración, el lopezobradorismo demuestra
su ADN. Y es genéticamente priista. No solo por la gerontocracia que lo ha
liderado, o por los saltimbanquis ideológicos de exmilitancia priista que se
han vuelto devotos de la Cuarta Transformación. No solo por la biografía
personal de Andrés Manuel López Obrador y de quienes lo siguen y obe-
decen desde que hacía política en el PRI. No solo por la mimetización en la
que se empeña Claudia Sheinbaum, recorriendo la refinería de Dos Bocas,
embelesada.

El priismo setentero que corre por las venas de cada candidato, cada
corcholata, cada diputado, y cada votante de Morena queda evidenciado
en lo que dicen y lo que callan, en lo que denuestan y lo que están dispuestos
a defender. Las ideas atávicas, resucitadas. El nacionalismo revolucionario,
revivido. El presidente imperial, idolatrado. La expoliación estatal, justificada. Los contrapesos, simulados. Cada práctica perniciosa del PRI ha sido
copiada por Morena. Cada actitud antidemocrática del viejo partido hegemónico ha sido imitada por la nueva mafia que aspira a serlo. Más que exorcizar al priismo de extracción echeverrista, AMLO lo ha sacado del clóset.

Al utilizar narrativas apolilladas, AMLO y Morena nos devuelven a
la dictadura de los paradigmas patrimonialistas. Con cada programa social
cuyo objetivo es asegurar clientes en vez de construir ciudadanos. Con cada
adjudicación directa cuya meta es aprovechar el capitalismo de compadres,

en lugar de promover su transformación. En elección tras elección donde el gobierno ha metido la mano para asegurar el triunfo de su partido, Morena rinde tributo a sus antepasados, le besa los pies al PRI que prevaleció antes de la transición democrática. Lo imita y lo copia porque comprende que para quedarse en la presidencia durante más de 70 años hay que ejercerlo de esa manera. Es necesario comprar votos y voluntades, ofrecer emolumentos y embajadas, otorgar contratos y concesiones, hacer trampas y justificar trapacerías, cerrar los ojos ante el crimen organizado o aliarse con él. El morenismo es la fase superior del priismo. Mucho de lo mismo pero con más desvergüenza y menos simulación.

El PRI perduró porque repartió y ahora Morena lo seguirá haciendo. El PRI se enquistó en el poder porque lo centralizó y López Obrador ha desempolvado esa tradición. El PRI pervivió porque durante décadas no enfrentó oposición creíble y lo aseguró con reglas inequitativas que retrasaron su surgimiento. El PRI fue el partido en el que cabían todos; el paraguas amplio debajo del cual podía colocarse cualquiera para no estar fuera del presupuesto. Destruyó o engulló a cualquier disidente, cooptó o exilió a cualquier opositor. Y hoy Morena mimetiza ese método: comiéndose al PRD, devorando al PRI, convirtiéndose en el movimiento comelotodo.

El PRI nunca fue un partido. Fue una forma de vida. Y a los morenistas les gusta esa vida porque asegura los privilegios, auspicia el nepotismo, reparte los puestos, premia la lealtad, asegura el acceso al presupuesto y permite ejercerlo sin cortapisas. Basta con que te hinques frente a AMLO, o a la próxima reina en turno, para acceder a las canonjías de la corte. Por interés, por supervivencia, por consanguinidad, por miedo, y aunque México siga siendo un país de siervos, siempre habrá expriistas dispuestos a ser morenistas. Esa es la lección para quienes proclaman la extinción del PRIANPRD, aplauden "el cambio verdadero", y se vanaglorian de haber desterrado al PRI de la vida política de México. El priismo detestable al que dicen odiar no se ha ido. Sigue vivo y coleando en Palacio Nacional.

Cada presupuesto anual desde que López Obrador constata el criterio clientelar. El programa de pensiones ha costado cientos de veces más de lo destinado a la Secretaría de la Función Pública. A secretarías que reparten, como la del Bienestar, se les premia y a otras como Cultura y Salud se les castiga. A la Sedena se le dan aumentos estratosféricos, mientras que a ciencia, tecnología y Pymes se les imponen recortes significativos. El mensaje no podría ser más claro: aquí manda el Ejecutivo con pocas constricciones, ahora regresamos al papel central del presidente y al papel subsidiario del sector privado. Más que innovación habrá reconstrucción. A los estados no se les apoya, se les ahorca si no se portan bien. A los militares no les vigila, se les empodera. Hay dinero a manos llenas para las Fuerzas Armadas, pero no para los jueces. Hay recursos para financiar a los soldados, pero no a los fiscales. Hay recursos para promocionar al gobierno, pero no para supervisarlo.

La apuesta del presupuesto parece ser el orden por encima de la justicia; el populismo penal por encima de la modernización del sistema policial; la mano punitiva del Estado acompañada de la mano caritativa del Estado. Como en los tiempos del viejo PRI. El México idealizado de ayer, presentado como el México transformado de mañana. El paraíso perdido, ahora recuperado. Pero es una visión nostálgica que difícilmente producirá trampolines para la prosperidad de los mexicanos. Los mantendrá como rehenes de un pueblo mágico.

Un pueblo mágico otra vez petrobsesionado. Otra vez petroidiotizado. La Cuarta Transformación apostándole de nuevo a la repretrolización, apostándole a Pemex como palanca de desarrollo, apostándole a Dos Bocas como muestra de que refinando fósiles se hace historia, se hace patria. Otra administración más interesada en vender barriles que en educar a su población. Otro sexenio más centrado en la extracción de recursos no renovables que en la inversión en talento humano. El lopezobradorismo adicto al petróleo, y equivocándose como lo hicieron sus predecesores. México, en pleno siglo XXI, tiene otro gobierno preso de la maldición con la cual se busca obtener ingresos con tan solo perforar un pozo o vender un barril. Intentando recrear un país donde —otra vez— todo gira alrededor del petróleo y el Estado que lo controla, lo extrae, lo vende. La 4T huele a gasolina y a carbón. Huele a viejo.

Y hace una apuesta que, en efecto, es histórica pero también equivocada. La apuesta extractiva en vez de la apuesta educativa. La extracción del petróleo sobre la inversión en la gente. Importa más rescatar a Pemex que hacer crecer la economía. Importa más refinar gasolina que impulsar la ciencia y la tecnología. La terquedad lopezobradorista por emular el proyecto cardenista; la reestatización equiparable a la nacionalización. Mismo discurso, misma simbología, mismo mensaje. La recuperación de la rectoría estatal ante la rapacidad empresarial. El gobierno posneoliberal que rescata la soberanía nacional. Lázaro Cárdenas reencarnado en López Obrador. El nuevo presidente resucita el viejo discurso, y el país le aplaude, ya que fue educado con esos códigos, con esos conceptos. La Cuarta Transformación no solo nos remite al pasado; quiere recuperar las ideas que nos heredó. Manuel Bartlett no solo celebra la nacionalización ocurrida hace años; quiere que México regrese ahí.

A ideas vetustas que contradicen al México aspiracionista. A un nacionalismo mal entendido, incapaz de entender los retos —globales, financieros, de promoción de la inversión— que tiene enfrente. A un paradigma energético incapaz de lidiar con un entorno global cada vez más competitivo, a una revolución tecnológica de la cual no podremos formar parte, a un llamado colectivo para transitar a las energías renovables.

Eso es lo que ha promovido el presidente; eso es lo que han aplaudido sus colaboradores; eso es lo que celebran los Armandos Guadianas de México, encargado de conseguir y venderle carbón al gobierno, sin reconocer el conflicto de interés que eso entraña cuando ocupan puestos públicos. Las ideas que la 4T propone para guiar el futuro fueron creadas para lidiar con una realidad que ya no existe; las propuestas para forjar patria han contribuido a su deterioro. He ahí a quienes defienden el regreso al monopolio de Pemex, aunque haya sido ineficiente y huachicolero; o quienes celebran el regreso del monopolio de la CFE aunque esté edificado sobre el carbón y no sobre energías limpias; a quienes rechazan la reforma energética del peñanietismo por la corrupción que solapó, pero tampoco ofrecen algo mejor.

No es mejor poner en jaque la estabilidad económica por rescatar a Pemex de la manera planteada, inyectando recursos para la refinación en vez de la producción. No es mejor dedicar una porción tan importante del presupuesto a un negocio que será muy caro y poco rentable. No es mejor llevar a cabo licitaciones restringidas para Dos Bocas, con criterios discrecionales, invitando a empresas acusadas de corrupción. No es mejor imponer ideología por encima de evidencia, obsesiones políticas sobre criterios económicos. Los mercados están castigando al nuevo gobierno porque los números no dan, las cifras no cuadran, las proyecciones están basadas en las promesas de Rocío Nahle y no en lo que la Secretaría de Hacienda sabe posible. El petrodinosaurio de Pemex cojea malherido por el meteorito de la mala administración, y habría que restañarle las heridas, no profundizarlas.

Al petropolitizar la estrategia económica, el lopezobradorismo no se ve obligado a construir un modelo económico más dinámico o un sistema educativo más funcional que les permita a los mexicanos maximizar su habilidad para competir, innovar, prosperar. El gobierno promueve la explotación por encima de la innovación, la refinación por encima de la educación. Así no se impulsa la modernización acelerada sino la dependencia idiotizante. Así no se transforma a México; se le empuja de vuelta a los veneros del diablo. Mirando para adelante habrá que voltear al pasado, pero no para copiarlo, sino para aprender lo que no debemos repetir. La apuesta al petróleo es una apuesta arcaica que nos urge superar. Y el trampolín al futuro debe estar en el talento de mexicanos que están revolucionando al mundo, y lo seguirán haciendo. Los que diseñan tecnología y dirigen cine; los que diseñan aplicaciones de inteligencia artificial y los que diseñan carros eléctricos; los que están pensando cómo colonizar Marte y cómo mejorar el aire en México; los que están creando robots y los que están combatiendo el cambio climático. En el futuro debe haber cabida y catapulta para todos.

16

DE PIE CON LOS PERIODISTAS

"Juntémonos para una buena odiada", escribía George Orwell y ese ha sido el sello distintivo del estilo personal de hacer política de Andrés Manuel López Obrador. Todos los días elige un enemigo y arremete contra él. Desde el pódium del poder insulta a los científicos, descalifica a los médicos, trivializa a los técnicos, minimiza a las mujeres víctimas de la violencia, e inventa complots consuetudinarios en su contra. Y pocas cosas tan preocupantes como escuchar la denostación presidencial a la prensa durante estos últimos años. Pocas cosas tan perturbadoras como presenciar esa embestida diaria, repleta de adjetivos, llena de descalificaciones, donde emula a líderes autoritarios de otras latitudes. Pocas cosas tan desconcertantes como ver a López Obrador mimetizar las peores prácticas de quienes necesitan identificar a enemigos malos y lanzar al pueblo bueno tras ellos.

En cada mañanera, un presidente que se dice pacifista y humanista se vuelve pendenciero y boxeador. AMLO decide diseminar *fake news* mientras descalifica a los medios por supuestamente hacerlo, y ello forma parte de una estrategia política pensada y calibrada. Al igual que Vladimir Putin, califica todo aquello que no le gusta como "guerra sucia" e insiste en tener "otros datos". Al igual que Donald Trump, percibe cualquier crítica como un complot.

AMLO polariza y arremete y erige a los medios en enemigos del pueblo porque le conviene hacerlo. Para fortalecerse a sí mismo necesita destruir a los demás Al igual que otros protoautoritarios en el mundo, que se han fortalecido con la polarización, no le gustan los contrapesos a su propio poder e intenta debilitarlos. La estrategia compartida es dividir para vencer. Identificar al adversario para destruirlo. Polarizar para consolidar el poder. Matar al mensajero para desacreditar el mensaje. Cuestionar las intenciones de los medios para minimizar lo que informan. Hablar rutinariamente de una conspiración en su contra, en la cual todos son malos y él es el único bueno.

Para López Obrador los peores enemigos de México no son los criminales organizados, los narcotraficantes, los violadores de derechos humanos, los acosadores de mujeres, los corruptos del presente. Son los periodistas. Los críticos. Los que escudriñan al poder ahora como lo han hecho siempre. A ellos dedica más tiempo, atención, agresión y estrategias de distorsión. A ellos persigue con un ahínco que no ha demostrado contra Enrique Peña Nieto, contra el desaparecido Emilio Lozoya, contra los oligarcas que alguna vez señaló y ahora son beneficiarios de su gobierno. Gran parte de la furia presidencial se concentra en los medios y cómo lo cubren injustamente. Y ese enojo lo lleva a estigmatizar a quienes allanaron su propio camino a la presidencia, evidenciando los yerros de gobiernos pasados. Pero ya en el poder, distorsiona el papel del periodismo y lo concibe como un adversario a combatir y no como un contrapeso con el cual está obligado a coexistir.

Así lo detallan los informes anuales de Artículo 19, una organización cuyo trabajo AMLO antes citaba y ahora denuesta. Página tras página, describen una estrategia de distorsión orquestada y diseminada por el propio presidente y su equipo. La deformación de la realidad a través del discurso. La manipulación de la realidad mediante la retórica. Un gobierno que no acepta, corrige y encauza un proceso que garantice y proteja la libertad de expresión y el derecho a la información. Un gobierno que se dice transformador pero conserva muchas de las peores prácticas de regímenes autoritarios que lo precedieron, como el uso de la publicidad oficial para comprar plumas y primeras planas. Con un elemento adicional, novedoso, pero letal: el uso de la mañanera como arma de gobierno, como foro de exhibición, como instrumento de la inquisición.

La mañanera que "se ha alejado de ser un verdadero espacio informativo, de transparencia y rendición de cuentas, para convertirse en uno donde se concentra la agenda del Ejecutivo a cualquier costo, incluso sacrificando la verdad sobre el desempeño gubernamental", se argumenta en un informe de Artículo 19. La mañanera utilizada para hacer montajes mascupanianos, como el que hizo Genaro García Luna con Televisa en el caso de Florence Cassez. Ahí se juzga, moraliza, estigmatiza, informa y desinforma. Ahí cotidianamente se ofrecen "otros datos" o se alude a su existencia no verificable. Ahí se afirma que ya no se violan derechos humanos, que no ha aumentado la violencia contra las mujeres, que se ha acabado la corrupción, que el INAI cuesta mucho, pero no hay comprobación documental. Entre los dichos y los hechos hay una brecha que la sociedad difícilmente puede cerrar. Las peticiones de información crecen, mientras la disposición de la Oficina de la Presidencia a proveerla disminuye. La sociedad exige más, pero el gobierno responde menos.

Al mismo tiempo, trata de controlar el mensaje a través de los mismos mecanismos que llevamos años denunciando: la ausencia de criterios claros para la publicidad oficial, el apiñamiento del gasto en los últimos dos meses del año fiscal, y la concentración de la publicidad en algunos medios. En plena pandemia, y a pesar de la necesidad de campañas informativas para educar y alertar a la población, la Secretaría de Salud ocupó el lugar 11 de las instituciones públicas por su gasto en comunicación social en 2020. Pero *La Jornada*, Televisa y TV Azteca siguieron recibiendo publicidad oficial a manos llenas, siguiendo la lógica del "pago para que no me peguen".

AMLO arma montajes contra los medios porque, como ha argumentado Guillermo Trejo, exhiben la verdadera tragedia de nuestros tiempos: su gobierno ha profundizado la grave crisis de violencia y de violaciones de derechos humanos que heredó. Cuando la prensa y organizaciones como Artículo 19 aportan evidencia sistemática y granular de esta tragedia, se convierten en enemigos del presidente. Los medios revelan cuán dolorosa es la realidad, mientras el presidente sigue insistiendo en falsearla.

El ataque a los periodistas críticos también tiene un componente de narcisismo. Para alguien que se jacta de cuán bien va el país y cuán felices somos todos bajo su liderazgo, López Obrador ha resultado ser demasiado sensible a la crítica y averso al escrutinio. Un hombre que se fogueó en la persecución política del desafuero ahora exhibe sus cicatrices. AMLO ha habitado un mundo conspiratorio donde los villanos triunfan y los héroes terminan asesinados o removidos del poder o víctimas de un golpe de

Estado. AMLO se compara con Jesucristo o Francisco I. Madero e imagina que conjurará enemigos de la misma talla, obsesionados en acabar con él como lo hicieron con ellos. AMLO se imagina tan transformador como el hijo de Dios y anunciándonos que morirá así, en la cruz, moralizando a México.

Entonces, qué osadía de la prensa cuestionar la palabra del hijo de Dios. Qué enjundia del periodismo exigirle cuentas al heredero de Madero. Qué traición a la patria confrontar a quien es la reencarnación de sus figuras fundacionales. Para un presidente que se atribuye cualidades míticas no puede o no debe existir la crítica razonada o el periodismo inquisitivo o la oposición legítima o la deliberación pública y contestataria que caracteriza a todo régimen democrático. Hasta el menor asomo de resistencia es interpretado como una herejía; hasta la pregunta más predecible en la mañanera se vuelve un atentado contra el Estado mismo. Cuestionar a la Cuarta Transformación es tan impío como quemar la bandera o pisotear la efigie de la Virgen de Guadalupe o tomar el nombre de Dios en vano. Ante López Obrador no se vale dudar, es necesario persignarse. A AMLO no se le puede exigir, es necesario arrodillarse. O disculparse.

El oficialismo proclama que la cobertura crítica se debe a los intereses "neoliberales" de los medios, a los vetos impuestos a periodistas de izquierda, a la ausencia de espacios para personajes afines a su proyecto. Pero esta es una visión simplista y autocomplaciente. Lo que el presidente y su séquito no han comprendido es que incluso un periodismo de izquierda vigoroso y autónomo como el de *Proceso* o el de Carmen Aristegui no podría hacer otra cosa más que criticar a la 4T, porque muchas de las acciones instrumentadas en los últimos años minan la agenda progresista.

El periodismo autónomo que sí existe en México consigna las contradicciones, exhibe las traiciones, decanta las distorsiones del presente, tal como lo hacía en el pasado. Exhibe a un gobierno de "izquierda" que denuesta a la oligarquía empresarial pero le da contratos para Dos Bocas, el Tren Maya y las Tarjetas del Bienestar. Un gobierno de "izquierda" que demanda que organizaciones de la sociedad civil (OSC) transparenten sus fuentes de financiamiento mientras reserva información sobre Santa Lucía, Cienfuegos, vacunas, Odebrecht, Tlahuelilpan, el operativo Ovidio, los enfrentamientos entre civiles y militares, Pemex/Etileno XXI, el Tren Maya, Ayotzinapa y mucho más. Un gobierno de "izquierda" que se pelea con antiguos aliados en el periodismo, en el feminismo, en el movimiento de derechos humanos. Un gobierno de "izquierda" que —en plena pandemia— abandona a su suerte a los vulnerables, con el argumento neoliberal de evitar mayor endeudamiento estatal.

Sin duda hay intereses mediáticos y plumas pagadas y emporios empresariales que se oponen a la 4T. Pero también hay cuestionamientos legítimos de quienes miden la distancia entre los dichos y los hechos. Pero cada vez que el presidente ha sido confrontado por periodistas independientes, en vez de responder puntualmente a las preguntas, recurre a las siguientes muletillas: *a)* mis adversarios conservadores quieren politizar, *b)* la prensa internacional debe disculparse con México; *c)* la prensa sicaria no quiere que haya cambio; *d)* eso solo lo dicen quienes quieren defender el régimen corrupto de antes; *e)* los conservadores no quieren perder sus privilegios; *f)* todo eso es herencia del periodo neoliberal; *g)* soy dueño de mi silencio; *h)* esa pregunta proviene de la prensa corrupta y sicaria.

Es falso que *Reforma* haya tapado las cloacas de gobiernos pasados, que haya callado sobre la censura a Carmen Aristegui, que haya guardado silencio sobre el saqueo sexenal. Basta con examinar las primeras planas desde su fundación, las múltiples investigaciones desde su creación. Durante más de 20 años, y junto con *Proceso* y *La Jornada*, ha evidenciado la corrupción, ha desmenuzado las políticas públicas, ha abierto sus páginas editoriales a la pluralidad del país. En realidad, el problema de *Reforma* para AMLO no es su conservadurismo, es su talante opositor; no es su elitismo, es su ánimo auscultador; no es su naturaleza "fifí", es su vocación independiente en tiempos donde el poder premia lo contrario.

Por supuesto que *Reforma* y todos los medios cometen errores, como cualquier otro medio, y como ha sido el caso con *The New York Times o Der Spiegel*. Yo misma he diseminado imágenes en las redes sociales que creía verídicas cuando no lo eran. Todos y todas los que estamos en el debate público debemos tener más cuidado. En esta era de *fake news* y bots y trolls, donde los datos no importan y la verdad es elusiva, el periodismo debe ser más autoexigente y riguroso que nunca. Los medios en México a veces sustituyen la información por la editorialización; a veces el sensacionalismo le gana a la sustancia; a veces el entretenimiento se impone sobre el entendimiento. Pero México es mucho mejor por su existencia y su persistencia; por su compromiso con la tarea que —según Orwell— le toca al periodismo. Publicar lo que algunos preferirían que no publicara. Hurgar, indagar, confrontar. Contribuir a una discusión civil y productiva sobre la cosa pública.

Pero el lopezobradorismo no lo ve así. No lo entiende así. Usa el mismo rasero y la misma estrategia amedrentadora una y otra vez, incluso con la prensa extranjera. Le ha tocado, por ejemplo, a *The New York Times*, un periódico que calificó como falto de ética porque publicó un reportaje en el que simplemente consignaba los hechos, los datos: varias mujeres acusaron a Salgado Macedonio de violación y eso está dividiendo a Morena. Nada más, nada menos. El periódico no editorializó, no publicó un artículo de opinión. Solo consignó la verdad. Verdad que a AMLO podía no gustarle, pero es la verdad. Verdad que también fue revelada por el mismo periódico sobre el subregistro de muertes en la Ciudad de México, o verdad revelada por *The Wall Street Journal* sobre cómo el gobierno no había comprado gasolina suficiente, provocando una escasez que luego fue justificada como combate al huachicol.

Criticar a los medios también ha tenido un efecto distractor. Ha sido una manera de encauzar la atención a donde el presidente ha querido que esté centrada. En vez de criticar la Ley de la Industria Eléctrica, AMLO quería que denunciáramos a Carlos Loret de Mola. En lugar de diseccionar las presiones verdaderas sobre el Poder Judicial, AMLO quería que denunciáramos a la mafia del poder periodístico. Cuando López Obrador señala a los enemigos ficticios de su gobierno, distrae la atención de los enemigos reales de la democracia. Cuando López Obrador conjura a adversarios hipotéticos, lo hace para desviar la mirada de problemas reales. Las más de 600 000 muertes en exceso por la pandemia y la tasa de homicidios y los desabastos del sector salud y el fracaso del AIFA y el aumento en las adjudicaciones directas y la corrupción atrincherada desaparecen del debate público. Un presidente que podría haber sido el Gran Demócrata prefirió ser el Gran Distractor. En vez de desmenuzar los operativos fallidos contra el crimen organizado de Culiacán, AMLO quería que nos lanzáramos contra Carmen Aristegui. En lugar de analizar cómo el gobierno amedrenta a la prensa, AMLO quería que la censuráramos por traidora.

Eso solo lo hacen los Erdogan y los Maduro y los Trump y los Duterte. Eso solo lo impulsan quienes requieren atizar el resentimiento, el enojo, la división, la exclusión y la construcción del adversario para mantenerse en el poder. Las peleas definitorias de su sexenio no deberían haber sido contra los medios sino contra la corrupción de Peña Nieto. No deberían haber sido contra el periodismo "fifí" sino contra el periodismo domesticado que todavía vive de la publicidad oficial, tan discrecional como siempre. No debieron haber sido contra la libertad de expresión sino contra aquello que la coarta, empezando por las diatribas del propio presidente. No debieron haber sido para que un periódico revelara sus fuentes, sino para que el periodismo pudiera sobrevivir sin violencia.

Al descalificar a medios y a periodistas incómodos, AMLO quizás ha ganado algunos puntos, pero se daña a sí mismo y al sistema político. Muchos le aplauden por golpear a la piñata de la prensa sin entender qué pasa cuando lo hace. Cuando AMLO agrede a la prensa da permiso para que otros lo hagan también. Cuando el presidente descalifica a un contrapeso democrático como lo es la prensa, lleva a que sus seguidores la agredan de manera inmisericorde. Cuando exige "derecho de réplica" lo hace desde el lugar más poderoso del país. Y cuando miente, socializa la mentira, la vuelve verdad oficial. No es cierto que todos los periódicos haya sido comparsa de gobiernos anteriores y adversarios del suyo. No es cierto que la prensa "fifí" sea "enemigo del pueblo". La prensa sin adjetivos es amiga del ciudadano deliberativo, informado y exigente. Tratarla como piñata personal desmerece al presidente, y exige la defensa por parte de quienes llevamos años escribiendo orgullosamente en medios como *Reforma* o *Proceso*. Exige la defensa de cualquier periodista que se juega el pellejo para acercarse a la verdad.

México tuvo un récord de agresiones a periodistas en 2022, con una agresión cada 13 horas y 696 ataques de manera directa. El presidente lo permite, lo promueve, lo propaga. El uso del poder para desacreditar a quien lo vigila. Una estrategia de descalificación a la investigación, hábilmente disfrazada de "transparentar intereses mediáticos privados", mañosamente envuelta en oposición a la "intervención extranjera", tramposamente justificada para promover "más medios de izquierda". Hay periodistas a la intemperie, sobrevivientes de la precariedad laboral, censurados desde el poder local, víctimas de la violencia que recorre los estados. AMLO también los pone en riesgo al descalificar a los medios como lo hace. Cuando habla de "prensa chayotera", "prensa basura", "prensa sicaria", da licencia para agredir, primero con las palabras y luego más allá de ellas.

Decía George Orwell, y con razón, que "si la libertad significa algo, significa el derecho a decirle a la gente lo que no quiere oír". El derecho a criticar, disentir y debatir sin represalias por parte del poder. Y cuando esa libertad se ve acechada, hay que defenderla, pero no selectivamente. Hay que defenderla siempre, trátese de quien se trate. Alzar la voz ante la censura, como yo y tantos más lo hemos hecho desde hace años en el caso de Carmen Aristegui, en el caso de Gutiérrez Vivó, en el caso de Lydia Cacho, en el caso de cada abuso de poder cometido contra cualquier ciudadano o ciudadana.

AMLO ha abusado cuando utiliza su puesto para descalificar, acusar, difamar o, como lo ha señalado Sara Sefchovich, "meter a todos los críticos en el mismo saco". El presidente no es un ciudadano más ni la mañanera es un "diálogo circular" con interlocutores al mismo nivel, ni con la misma capacidad de acción o defensa. Cuando el presidente denuesta a una persona o a un periódico, le coloca un tiro al blanco en la espalda y da permiso para que todos sus seguidores apunten a matar. Las palabras del presidente importan porque detrás de ellas está todo el peso del Estado, y lo activa. He ahí el comportamiento discrecional de la UIF y la SFP, abriendo investigaciones para acompañar la agenda personal del presidente. He ahí al ejército de trolls y bots convertidos en jauría que despedaza a quien critica, y nunca falta la diaria amenaza de muerte. Ese clima de denostación tiene efectos en cómo se percibe a los críticos; en cómo se les trata. No es necesaria una consigna presidencial para censurar. Los problemas del pasado no solo persisten; la conducta del presidente y sus seguidores incondicionales los han agravado.

Por eso la preocupación manifestada por quienes han sido aliados históricos en la defensa de la libertad de expresión, Artículo 19, Amnistía Internacional, el relator para la Libertad de Expresión de las Naciones Unidas y tantas organizaciones más, incluyendo muchas de izquierda. De la estigmatización a la violencia solo hay un paso, y más aún en un país donde se mata a periodistas sin consecuencia, investigación o sanción. El presidente va normalizando conductas y expresiones y descalificaciones con efectos tóxicos para la convivencia y el debate público. También Trump se ha referido a la prensa como "el enemigo del pueblo" y, como resultado, los crímenes de odio han crecido de manera alarmante en Estados Unidos.

Por eso es tan importante exigirle al presidente que cuide sus palabras y las use acorde con su investidura. No lo hizo cuando violó en vivo el artículo 16 de la Constitución para evidenciar cuanto ganaba Carlos Loret de Mola. El presidente de México cruzó una línea, violó límites, cometió una aberración jurídica y ética contra un ciudadano. La exhibición del supuesto sueldo de un periodista es aberrante. Es un abuso de poder indefendible. Exigir que el SAT confirmara lo presentado en la mañanera es usar de manera facciosa a las instituciones. Es un desplante autoritario, ni más ni menos. Aunque involucró a Loret, atañe a todos, periodistas y no periodistas, famosos y no famosos, AMLOvers y quienes no lo son. Al margen de filias y fobias, lealtades y animosidades. Que quede claro: el tema no es Carlos Loret de Mola, ni su trayectoria, ni el tipo de periodismo que hace, ni el error que cometió en el caso de Florence Cassez. El tema es la impunidad con la cual el presidente difamó para desacreditar a sus críticos, mintió para mancillar la reputación de quienes piensan de manera distinta, distrajo para desviar la atención de los problemas que su gobierno no ha logrado resolver.

Desde la mañanera, que Carmen Aristegui correctamente ha bautizado como "El Tribunal de la Verdad", el presidente ha usado desproporcionadamente del poder que tiene. Acusa sin pruebas, inventa información, busca pleitos, defiende a indefendibles. Por eso #TodosSomosLourdes, #TodosSomosHeber, #TodosSomosMargarito. Todos somos mexicanos a quienes el presidente juró respetar, pero a quienes pone en peligro, bala verbal tras bala verbal. El "diálogo circular" se ha convertido en un pretexto para difamar. El "derecho de réplica" se ha vuelto un derecho de represalia. Ya en ese lugar sin reglas, el próximo pisoteado podrías ser tú.

Yo he vivido y sobrevivido episodios de censura en otros sexenios, y veo con preocupación cómo los viejos vicios no se exorcizan; se reproducen, solo que con otros amigos y otros enemigos. Es necesario frenar esas agresiones, como un acto de congruencia ante libertades amenazadas, ahora y antes. Como ciudadanos nos corresponde sustituir la adulación con la auscultación; el compromiso con ideales democráticos y de equidad, con la denuncia cuando son traicionados. Nos corresponde criticar el relevo de un clan de intelectuales orgánicos por otro, y la sustitución por ciertos amos y señores del pensamiento por otros, obsesionados con desacreditar a cualquiera que no piense de la misma manera. Precisamente porque peleamos durante décadas contra los privatizadores de la palabra, contra los monopolios televisivos, contra el aparato mediático oligárquico, no podemos permitir que esos males se reproduzcan, pero ahora encumbrados por la supuesta superioridad moral de la Cuarta Purificación. Precisamente porque luchamos durante años contra los saqueos, la violencia de Estado y la corrupción, no debemos cerrar los ojos cuando ocurre lo que parece una simple mutación de la mafia en el poder. Que no se calle a nadie y menos a quienes señalan los defectos de lo que Jorge Hernández Campos llamó "ese pétreo mascarón" que es el poder.

El poder que sin contrapesos de ejerce desde la mañanera. Desde ahí López Obrador ha difamado, agredido, miente, e intenta destruir la reputación de cualquiera que se le oponga. Desde ahí ha atacado a Norma Piña, ha descalificado al INE, ha defendido a Yasmín Esquivel, ha llamado "mapache" a José Woldenberg, y ha demostrado cuán equivocada es su brújula moral. Atrás quedó la promesa del diálogo circular, la rendición de cuentas, la transparencia en el gobierno. En su lugar, hemos presenciado un ejercicio cotidiano de degradación. Como víctima de ese asesinato verbal, ya que he sido mencionada 107 veces en el circo romano de Palacio Nacional, decidí ejercer mi derecho, y el de todas y todos a defenderme de un gobernante abusivo. En septiembre de 2022 interpuse una demanda de amparo por la violación de mis —y nuestros derechos— ante el Poder Judicial de la Federación. Estoy litigando contra el presidente y lo seguiré haciendo. Esta lucha me atañe pero me trasciende.

Apoyada por el equipo del Consejo Nacional de Litigio Estratégico, demandé a AMLO por las menciones mentirosas sobre mí, incluyendo cuando me llamó "agente de un gobierno extranjero". Demandé a AMLO porque no cuento con mecanismos que me permitan contraargumentar o defenderme, y ningún otro difamado o difamada tampoco. Demandé a AMLO porque está violando mis derechos y los de todos al inhibir la libertad de expresión, por el efecto intimidatorio que produce su arenga. Basta con recordar la violencia con la cual un grupo de simpatizantes suyos me sacó del Zócalo a gritos y empujones, en una marcha contra la militarización. Basta con ver cómo la violencia verbal de AMLO —y su permiso para agredir— salta de la mañanera a las redes sociales, y de ahí a las calles. Después de la agresión presidencial contra la ministra Norma Piña, en Twitter circulaba un meme de ella presentándola como "El problema", y una bala como "La solución".

Emprendí la demanda con el objetivo de sentar precedentes históricos y legales: yo digo "basta" en defensa de mi nombre, y en defensa de todos los difamados, agredidos, denostados injustamente. Ojalá los jueces defiendan el derecho de la ciudadanía a recibir información gubernamental veraz, objetiva, oportuna y sin sesgos como lo señala la Constitución. López Obrador me conoce desde hace muchos años, ha ido a desayunar a mi departamento, en numerosas instancias marché a su lado cuando era luchador social, y lo defendí. Hoy veo que traiciona a sus amigos, a las causas compartidas, y a la democracia. Por eso lo demandé. En palabras de Isabel Allende, "Temo el poder con impunidad. Temo el abuso de poder, y el poder de abusar".

17

LA MILITARIZACIÓN
NO ES LA SOLUCIÓN

"La guerra es un mal cincel para esculpir el mañana", decía Martin Luther King. Y eso habría que recordárselo al gobierno que ofreció la paz, pero continuó usando los instrumentos que perpetúan su antítesis. La continuación en las calles de los militares, armados hasta los dientes, entrenados para matar, no para pacificar. Ahí han permanecido, sin estrategia clara de salida, sin plan de pacificación aparente, sin una explicación consistente. Como si la única alternativa fuera continuar con el modelo de sus predecesores, que ha convertido a México en un país de fosas, de desaparecidos, de ausentes. El 22 de agosto de 2018 AMLO se reunió con el general Salvador Cienfuegos, quien le hizo una presentación sobre la violencia en el país. Y a partir de ese momento el candidato que prometió la paz se volvió el presidente que continuaría con la guerra. No envió a los militares de vuelta a los cuarteles; decidió cogobernar con ellos.

Para muchos mexicanos, un voto por AMLO fue un voto por la paz. Un voto por AMLO fue un voto por la salida paulatina y programada de las Fuerzas Armadas, no su expansión y fortalecimiento. Pero el gobierno ha prolongado la guerra iniciada por Felipe Calderón y continuada por Peña Nieto. Tan criticada y luego emulada, tan repudiada y luego mimetizada, tan rechazada y luego copiada. López Obrador ha legitimado tanto el diagnóstico como la estrategia del presidente que siempre despreció. Los lopezobradoristas ganaron la presidencia denunciando la barbarie desatada por

Calderón, pero la han exacerbado. No han sido un gobierno transformador sino un gobierno facsimilar, asegurando no solo más de lo mismo, sino peor de lo mismo.

Con estrategias similares a las que desplegó Felipe Calderón cuando anunció el inicio de una guerra con los saldos conocidos; lo que *The Wall Street Journal* calificó como una "crisis civilizatoria". Más de 250 000 muertos. Más de 112 000 mexicanos que nadie encuentra. Víctimas del crimen organizado o de la policía de un gobernador o de alguno de los tantos cárteles que operan en el territorio nacional. Pero víctimas también de una estrategia de Estado basada en el uso de las Fuerzas Armadas para pelear una guerra contra las drogas que nunca se podrá ganar. Estudio tras estudio lo demuestra: la presencia del Ejército va acompañada del incremento en la violencia. En Guanajuato, en Tamaulipas, en Guerrero. En todos los estados donde ha habido una presencia militar significativa, el índice de letalidad asciende.

El gobierno lopezobradorista criticó el belicismo de Calderón, pero acabó dándole la razón. No solo regresó al camino trazado por el expresidente, lo volvió una supercarretera. Quienes prometieron algo distinto de pronto actúan igual, morenistas esgrimiendo argumentos calderonistas. Como las policías no sirven, habrá que usar al Ejército; la descomposición justifica el estado de excepción; como no contamos con civiles confiables otorguemos más poder a militares entrenados para matar, no para pacificar. López Obrador tiene razón cuando argumenta que el país no está preparado para la retirada del Ejército de las calles de manera inmediata. Tiene razón cuando sugiere que no hemos logrado profesionalizar a las policías para que ocupen el vacío que generaría la salida de las Fuerzas Armadas. Pero estamos atrapados en un círculo vicioso: mientras más se usa a militares para temas de seguridad pública, hay menos incentivos para profesionalizar policías. Y sin buenos policías, no queda más opción que recurrir a las fuerzas armadas.

La Guardia Nacional está formada mayoritariamente por militares, está supervisada por militares, es entrenada por militares. Se utiliza para "la prevención, investigación, detención y presentación de detenidos ante el Ministerio Público (MP) y aportación de las pruebas exigidas por la ley". Las Fuerzas Armadas —*de facto*— son las nuevas policías del país. Personal armado hasta los dientes patrulla las calles, investiga crímenes, detiene a civiles, hace lo mismo que ha hecho durante los últimos 15 años. Y todos los datos, todas las cifras, todas las investigaciones independientes, toda la experiencia internacional, toda la perspectiva histórica y comparativa apuntan en el mismo sentido: más militarización, más muerte.

Porque los militares disparan en vez de aprehender; persiguen en vez de investigar; convierten a presuntos culpables en criminales "legítimamente" abatidos. Tiran a matar, y lo hicieron con dos estudiantes del Tec de Monterrey, como lo cuenta el documental *Hasta los dientes* que todo mexicano debería ver. Dado que están librando una guerra, torturan y asfixian y violan y amenazan y asesinan. Hacen aquello para lo cual fueron entrenados, y eso entraña pelear como soldados y no proteger como policías. Gran parte de los problemas de impunidad y violencia en México provienen de no contar con una policía profesionalizada que sepa aprehender e interrogar a un sospechoso, llevar al cabo una investigación y resolver los crímenes cotidianos que no necesariamente están vinculados a los cárteles.

Los militares en México se han vuelto omnipresentes, polifacéticos, multiusos. El Ejército mexicano está por todas partes, realizando numerosas actividades, involucrado en áreas cruciales de la vida pública que trascienden la seguridad nacional, al margen de la vigilancia civil y en desafío a la Constitución. Las Fuerzas Armadas de un México cada vez más militarizado construyen aeropuertos, controlan aduanas, manejan puertos, distribuyen apoyos sociales, emprenden negocios, detienen migrantes, reemplazan policías, se benefician de fideicomisos, hacen negocios, construyen obras, reciben adjudicaciones directas y disfrutan tajadas cada vez más grandes del presupuesto a discreción.

Usando el argumento del combate a la corrupción y el imperativo de la pacificación, AMLO permite el surgimiento riesgoso de una "democracia militarizada". Así les llama el especialista Javier Corrales a los gobiernos democráticamente electos que caen en la tentación de expandir los poderes militares, a expensas de los liderazgos civiles. Así se entiende la creación de la Guardia Nacional, cuyo mando, operación y despliegue contravienen los límites especificados en la Constitución. Así debe comprenderse —por ejemplo— el control de los puertos a la Secretaría de Marina, incluyendo "transferir facultades en materia portuaria, participar en la autorización de reglas de operación del puerto, y el programa maestro de desarrollo portuario". Concederle el control de puertos y aeropuertos a la Marina es algo que solo los regímenes dictatoriales hacen, como lo ha explicado el director de Puertos y Marina Mercante de la Secretaría de Comunicaciones y Transportes (SCT). De 177 países que integran la Organización Marina Internacional, solo 11 —con gobiernos autoritarios— tienen puertos militarizados.

Ojalá consulten y lean con consternación el "Inventario Nacional de lo Militarizado", armado por los miembros del colectivo Seguridad Sin Guerra y el CIDE: la Guardia Nacional, el combate al huachicol, la custodia de pipas de Pemex, la frontera norte y sur, la construcción y administración del aeropuerto Felipe Ángeles, la construcción del aeropuerto de Tulum, la administración del aeropuerto de Palenque, la administración del aeropuerto de Chetumal, el Parque Lago de Texcoco, la construcción de cuarteles de la Guardia Nacional, la construcción de dos tramos del Tren Maya, la construcción de 2 700 sucursales del Banco del Bienestar, el desarrollo del Parque Nacional Cultural Santa Fe, la entrega de fertilizantes, la distribución de libros de texto gratuitos, la distribución de recursos de los programas sociales, los viveros forestales de Sembrando Vida, la capacitación de jóvenes a través de Jóvenes Construyendo el Futuro, la remodelación de hospitales, la distribución y vigilancia de la vacunación contra el covid-19, la administración de los puertos y la aduanas, la limpieza del sargazo, la administración de finanzas del ISSSTE, la Agencia Federal de Aeronáutica Civil, las Islas Marías, el Corredor Interoceánico del Istmo de Tehuantepec, y la custodia de las obras de Dos Bocas, el control del AICM, y la aerolínea que el presidente les ha regalado.

López Obrador cogobierna con las casacas. Y se nos dice que no hay otra alternativa dado el escalamiento de la violencia criminal en Jalisco, Guanajuato, Baja California y más allá. Pero profundizar la estrategia fallida de Calderón solo producirá los mismos resultados padecidos desde 2007. Más desaparecidos. Más violencia. Más homicidios. Más avance territorial del narcotráfico en los sitios donde el presidente ordena retiradas inexplicables como en Culiacán, luego de la aprehensión fallida de Ovidio Guzmán.

El gobierno no ha actuado para desmontar las redes de gobernanza criminal, no ha hecho un esfuerzo por desarmar a las milicias locales, no ha procurado la reinserción social, no ha procedido con la despenalización y regulación de las drogas, y no ha fomentado la coordinación con los gobiernos locales para crear policías y fiscalías funcionales. No ha logrado que los programas sociales como Sembrando Vida y Jóvenes Construyendo el Futuro sean suficientes para desmantelar la base social del narco. La militarización no ha cambiado de naturaleza solo por el hecho de estar dirigida por AMLO, el bueno. Las masacres del pasado siguen ocurriendo, las ejecuciones extrajudiciales no han terminado, la corrupción militar no ha dejado de existir. Los mandos que permitieron las masacres de Allende, Tlatlaya, San Fernando y Ayotzinapa siguen siendo los mismos; solo han cambiado de puesto o de localidad geográfica. Una estrategia de seguridad pública controlada por las Fuerzas Armadas nos coloca en la categoría repudiable de países autoritarios como Arabia Saudita, Yemen, Irán, Corea del Norte y Siria.

Lo que ha hecho el lopezobradorismo es inaugurar un *modus vivendi* que no busca ni ha querido contener o confrontar al crimen organizado que se expande de estado en estado. López Obrador no confía en que las instituciones del Estado le muestren una lealtad incuestionable, y la ha buscado entre los generales. Piensa de manera paranoide que la derecha prepara un golpe en su contra, y ha querido evitarlo, rodeándose de quienes podrían llevarlo a cabo. La alianza con los militares no es un acto de combate a la violencia en el país; es un acto de protección personal. Más vale tener al enemigo cerca, aplacado y comprado para que no contemple removerlo del poder. El objetivo de la Guardia Nacional no es traer paz a México; es darle paz a López Obrador. Proveerle la posibilidad de dormir tranquilo sabiendo que mientras más poder y recursos y decisiones les dé a las Fuerzas Armadas, menos incentivos tendrán para confrontarlo. Por eso ha buscado constitucionalizar esa alianza, con una reforma que colocaría a la Guardia Nacional bajo el mando de la Sedena.

Un gobierno que se dice democrático ha recurrido a las formas de cualquier régimen autocrático. López Obrador ha cedido todo el poder y todo el control y toda la supervisión de quienes están a cargo de la seguridad pública, para que se manden a sí mismos. Para que sigan haciendo negocios. Para que continúen enriqueciéndose. Para que prosigan actuando con absoluta impunidad, ejecución extrajudicial tras ejecución extrajudicial, caso Allende tras caso Allende. Y para que le hagan creer a AMLO que siempre estarán de su lado, cuidando los intereses que tienen en común. Entre ellos no está abatir la violencia, porque esa continúa en ascenso. Más bien firmarán una *pax* amloísta, que implica la rendición ante el crimen y el narco para protegerse entre sí.

La militarización está basada en la falsa premisa de que los militares son incorruptibles y por ello es mejor que reemplacen a la policía corrupta. Falso. Este argumento olvida casos emblemáticos como el del general Gutiérrez Rebollo, así como el del general Salvador Cienfuegos. El primero terminó coludiéndose con el narcotráfico, y el segundo fue inexplicablemente liberado y exonerado. Algunas de las masacres más brutales de nuestros tiempos —Allende y Ayotzinapa— involucran a las Fuerzas Armadas por omisión o colusión con el crimen organizado. Los Zetas fueron conformados por militares que desertaron. En Tijuana las Fuerzas Armadas ya normalizan el "cobro de piso", volviéndose cómplices de la criminalidad.

AMLO, igual que sus predecesores, cerró los ojos ante una historia de impunidad que corroe a las Fuerzas Armadas desde hace décadas. Los militares, al igual que los civiles, se vuelven cómplices de la criminalidad como resultado de un Estado débil, un andamiaje institucional descompuesto y un mercado de drogas multimillonario.

En lugar de limpiar el huerto enfermo que le dejaron, López Obrador siguió fertilizándolo. Optó por reformar la Constitución para poner a las Fuerzas Armadas a cargo de la seguridad pública, y hoy cinco de los excolaboradores de Cienfuegos están en cargos clave. Creó la Guardia Nacional y sigue buscando traspasarle su control a la Sedena. Pasó por alto las 21 recomendaciones de la CNDH que recibió la Sedena durante el periodo peñanietista. No leyó los informes del Grupo Interdisciplinario de Expertos Independientes (GIEI) sobre el entramado de drogas, militarización e impunidad en Iguala. No respondió al informe que la Comisión de Defensa y Promoción de los Derechos Humanos le entregó en marzo de 2019 sobre los asesinatos, tortura y ejecuciones extrajudiciales cometidos por militares, junto con una exigencia de investigación y depuración de los 61 mandos involucrados.

Detrás de la operación "Sálvenle el pellejo a Cienfuegos" quedó claro quién manda en México. Detrás de la insólita devolución del general —arrestado en Estados Unidos por supuestos vínculos con el narcotráfico— se asomó la verdadera correlación de fuerzas dentro del país. El retorno del exsecretario de Defensa a México fue una demostración del poder del Ejército, por encima del poder del presidente. Lo que se vio fue una negociación política de alto nivel, al margen de la ley, fuera de la institucionalidad y sin precedentes en la relación bilateral. Un auténtico arreglo entre amigos, con un toma y daca en el que no queda claro quién chantajeó y quién cedió. Lo único absolutamente claro es que las Fuerzas Armadas presionaron y el presidente reaccionó para complacerlas.

Los militares corrompidos y el Estado infiltrado son el tronco torcido del viejo régimen, sobre cuyas ramas se ha colgado la 4T. AMLO ha argumentado que entregarle los recursos del Tren Maya o del AIFA al Fonatur o a la SCT sería demasiado arriesgado. No aguantarían la tentación de la corrupción, dice. Pero nada indica que las Fuerzas Armadas serían menos corruptas en el futuro, y mejores administradores en el presente.

De acuerdo con un reportaje puntual de *El País*, la Secretaría de la Defensa Nacional no es tan prístina como la pinta el presidente. Entre 2013 y 2019 la Sedena pagó 2 371 millones de pesos a 250 compañías que la Auditoría Superior de la Federación declaró como fantasma. Así queda registrado en 11 175 comprobantes digitales que demuestran caso tras caso de desvíos, caso tras caso de daños al erario a través de hospitales militares, supuestos servicios de obra civil, presuntos gastos de la Dirección General de Comunicación Social, servicios de masaje e hidratación, provisión de playeras y medallas para eventos deportivos, y unidades habitacionales militares, el Heroico Colegio Militar, el cine del Centro de Atención Social para Militares Retirados, el Campo Militar de Santa Lucía. La red de empresas contratistas falsas recorre la República y el lodazal alcanza incluso a personajes cercanos a Morena.

Que quede claro: las empresas operadas por militares percibirán y administrarán los ingresos producidos por una multiplicidad de obras. Ellos, y no la sociedad, serán los verdaderos beneficiarios de los proyectos prioritarios del presidente. Ellos, y no el gobierno, serán los principales ganadores de la obra pública destinada al pueblo. A la Sedena se le ha permitido actuar en un universo ético y legal paralelo. Se le ha otorgado la capacidad de operar en un contexto de excepción. Se ha vuelto un suprapoder marchando al margen de la legalidad, tomando decisiones en la más completa opacidad. Gracias al pretexto "por cuestiones de seguridad nacional", las fuerzas armadas tienen un cheque en blanco para conducirse de manera extralegal. Impunidad mata incorruptibilidad.

Hoy no sabemos exactamente qué montos maneja la Sedena para una amplia gama de negocios y actividades en la cual está involucrada. Hoy no conocemos con precisión cómo se han otorgado los contratos en el AIFA o para el equipamiento de la Guardia Nacional. Lo que sí evidencia la investigación disponible es que las Fuerzas Armadas son capaces de cometer actos de corrupción como cualquier otra institución. Los generales no son ángeles y pueden volverse demonios si el gobierno —el actual o el siguiente— lo sigue permitiendo. Porque de acuerdo con la perspectiva excepcionalista del presidente, la Sedena puede autovigilarse. Puede ser juez y parte de procesos de corrupción en los cuales está involucrada. Los militares supervisan y sancionan a los militares, lo cual suele llevar a investigaciones inexistentes y exoneraciones ininteligibles. Los tribunales castrenses son los únicos competentes para juzgar a los suyos y suelen no hacerlo o llevarlo a cabo de manera opaca.

Así, la militarización de México procede a pasos veloces, acompañada de una corrupción que difícilmente puede ser detectada o investigada o sancionada. Podría darse en Santa Lucía o en los tramos del Tren Maya, así como ocurrió en la construcción de la barda perimetral del aeropuerto de Texcoco durante el gobierno de Peña Nieto, donde la Sedena subcontrató servicios con 168 facturas falsas. AMLO está engendrando a una criatura del Estado que ha demostrado la capacidad de desfalcarlo. Y la corrupción de los supuestamente incorruptibles no es solo un peligro para el erario, es un peligro para el país.

Según los #SedenaLeaks, el Ejército estaba enterado de los lazos entre funcionarios y el crimen organizado en Tabasco, pero no dio órdenes para actuar. Conoció los movimientos de Caro Quintero, pero no lo mandó aprehender. Sabía de la pugna entre cárteles de la droga en la Ciudad de México, pero no se coordinó con autoridades de la ciudad para impedir su expansión. Fue advertido de que el crimen organizado atacaría el pueblo de Caborca, pero ignoró esa información. La Sedena sabía que el AIFA no cumpliría con los requisitos para ser rentable, y aun así prosiguió con la construcción. La Sedena estaba al tanto de marinos y militares apoyando a huachicoleros en cuatro estados. Está consciente de que ha disminuido la destrucción de plantíos de mariguana y amapola.

Según una investigación reciente difundida por *El Universal* y basada en decenas de reportes militares obtenidos por los #GuacamayaLeaks, 72%

del país está ocupado por uno o más cárteles del narcotráfico. La primera minoría en territorio es la del Cártel de Sinaloa, la segunda es la del Cártel Jalisco Nueva Generación (CJNG) y la tercera es el Cártel del Golfo. Hay más de 80 grandes organizaciones y 16 bandas delictivas reportadas entre 2017 y 2022. Hay grupos delictivos crecientes, dedicados al robo de combustible y al tráfico de migrantes. México se está convirtiendo en un país disputado, estado tras estado, metro por metro.

De ahí la urgencia y la relevancia de preguntas que no han sido respondidas: ¿La parálisis de la Sedena frente al avance territorial del crimen organizado y el narcotráfico deviene de una orden presidencial? ¿La institución castrense comparte la información que posee con López Obrador o se la guarda? ¿Su lealtad leal sigue siendo al gobierno civil del país? Porque la renuencia a rendir cuentas despierta dudas legítimas. La evasión prende focos rojos. En México está surgiendo un Estado criminal, y hoy no sabemos en qué bando están los militares. En el nuestro o en el suyo.

El general Luis Cresencio Sandoval es tan "fifí" y aspiracionista como aquellos a quienes AMLO denuesta a diario. Manda bordar toallas con sus iniciales y las de su esposa, compra y regala corbatas Pineda Covalin y relojes de lujo. Los miembros de las Fuerzas Armadas saben que funcionarios de Campeche, Veracruz y Chiapas podrían estar vinculados con los cárteles, pero no revelan con quién comparten esa información. Los militares violan mujeres, pero encubren el comportamiento criminal de la corporación. Y así, espiando, solapando, armando empresas, planeando la operación de una aerolínea, museos y hoteles —además de lo que ya controlan—, las Fuerzas Armadas arman un meganegocio saqueador, mejor conocido como Sedena Inc. El cártel de cárteles, el suprapoder al margen de la ley, y por encima del Gobierno Guacamaya que lo engendró.

En una mañanera histórica, Nayeli Roldán confrontó a López Obrador sobre el espionaje ilegal del Ejército, sacándolo de sus casillas, y orillándolo a mentir sobre algo que está empeñado en encubrir. Como lo han documentado rigurosamente *The New York Times*, Animal Político, *Proceso* y Aristegui Noticias, la Cuarta Transformación espía a ciudadanos mexicanos tal como lo hacía el gobierno de Peña Nieto: con el *malware* Pegasus, al margen de la ley, sin rendición de cuentas, abusivamente. Con un agravante más: el espionaje ya no está en manos de civiles sino de militares, que actúan a su libre albedrío, por encima del presidente. Él ni siquiera parece saber qué están haciendo, pero los defiende. Paso tras paso, construye su propia versión del Gobierno Espía, y permite el surgimiento de un Estado militar. Ahora lo ilegal se ha vuelto legítimo, el espionaje ha sido rebautizado como "inteligencia/investigación", el Centro de Investigación y Seguridad Nacional (Cisen) ha sido reemplazado por un órgano secreto llamado Centro Militar de Inteligencia, los defensores de derechos humanos son cómplices del narcotráfico, y los periodistas que exhiben el escándalo lo hacen por corruptos.

La seriedad del tema debería haber sacudido al Congreso, impactado a la sociedad, y llevado a la Suprema Corte a imponer controles, ahora que discutirá acciones de inconstitucionalidad contra la militarización. Con o sin el conocimiento del presidente, las Fuerzas Armadas están espiando a civiles. Con o sin el conocimiento del presidente, las Fuerzas Armadas están violando la Ley Orgánica de la Administración Pública Federal y la Ley de Seguridad Nacional, donde claramente se establece que las labores de inteligencia deben quedar a cargo de autoridades civiles, y que toda intervención de celulares debe tener autorización de un juez. Desechable el argumento de que el fin justifica los medios y todo se vale para enfrentar al crimen. Al infectar el celular de defensores de derechos humanos, el Ejército no estaba recolectando inteligencia para combatir al narcotráfico; estaba espiando a civiles para protegerse a sí mismo.

El presidente desconfía de la burocracia estatal, pero confía en un sector que tampoco tiene las manos limpias y que no ha esclarecido su papel en numerosos entramados de drogas, criminalidad y opacidad como lo ha sido Ayotzinapa. Sabemos que la noche entre el 26 y 27 de septiembre de 2014 ocurrió un operativo con siete ataques a los estudiantes y a otras personas que intentaban salir de Iguala, y que el trasiego de drogas fue el contexto y el motivo. Sabemos que las policías federales, estatales y municipales, junto con miembros de Guerreros Unidos, llevaron a cabo las agresiones y que hubo comunicación y coordinación constante entre diferentes grupos y corporaciones del Estado mexicano, incluyendo la Sedena y los Batallones 27 y 41. Sabemos que hubo militares presentes e involucrados, que existía un Centro Militar de Inteligencia y que la Sedena ha mentido al respecto. El Cisen estaba enterado de lo que ocurría en tiempo real.

Pero la voluntad de esclarecer sucumbió ante el imperativo de proteger. La promesa de justicia terminó traicionada, como tanto más en este sexenio. En México desaparecen a 43 estudiantes y no pasa nada. En México la FGR, la Sedena y la Marina fabrican culpables, torturan a imputados, construyen escenas del crimen y no pasa nada. En México las Fuerzas Armadas mienten, espían, destruyen evidencia, se rehúsan a comparecer, se niegan a entregar información y no pasa nada. Seis informes detallados del GIEI, producto de una pulcra investigación, exhiben las resistencias que no ceden. AMLO afirma que se ha roto el pacto de silencio, cuando su gobierno lo volvió a firmar para los militares.

Ante la realidad de militares perpetradores o cómplices de la desaparición forzada, AMLO no quiere o no puede actuar. El resultado es el mismo. Otro presidente acorralado por criaturas del Estado —hoy son las Fuerzas Armadas— a las cuales les da cada vez más poder, negocios, y protección política aunque sea a costa del pueblo.

El legado más duradero de López Obrador será el más virulento. Un nuevo poder que se erige —supremo e intocable— arriba de todos los demás, incluyendo a AMLO. Porque es grave que el presidente sepa del espionaje del Ejército y lo justifique. Pero sería aún más grave que no lo hubiera sabido, y que las Fuerzas Armadas actúen como quieran, cuando quieran. Ante la contención que la Suprema Corte intenta imponer, el presidente responde, desafiante. Si la militarización viola la Constitución, habrá que cambiarla. Si el Ejército busca mantener las prebendas, habrá que permitirle ser jugador político y acompañante electoral. AMLO quiere que las Fuerzas Armadas no sean leales al Estado sino a él, a la corcholata destapada, al proyecto de hegemonía morenista, en el 2024 y más allá. Pero como lo revela Guacamaya Leaks, el Ejército comienza a mandarse solo y a actuar a su libre albedrío. Y hoy no queda claro si AMLO es el jefe máximo de las Fuerzas Armadas o su subordinado.

Produciendo consecuencias perdurables y preocupantes que trascenderán al lopezobradorismo y sus preferencias personales. Una vez que se empodera y enriquece a los militares, es muy difícil regresarlos a los cuarteles, quitarles negocios, cancelarles contratos, recortarles presupuesto. Llegaron para quedarse, con lo que eso implica para la transparencia, la rendición de cuentas, la toma consensada y abierta de decisiones en un régimen republicano. México no solo le ha dado poder sin precedentes a un hombre; él ahora lo comparte con quienes ponen en peligro a la democracia.

El lopezobradorismo insiste en ser un "cambio de régimen", pero la sacudida que vitorea es una donde los militares ganan y los civiles pierden; donde las Fuerzas Armadas se encaminan a convertirse en una quinta columna, con la capacidad de tutelar decisiones fuera del ámbito de la seguridad, apropiarse de partes importantes de la actividad del Estado, tumbar presidentes y convertirse en oposición desleal, como ha ocurrido en otras latitudes.

Los altos mandos se acostumbrarán a intervenir en la vida política, como lo hace el general Cresencio Sandoval que, después del presidente, es quien más ha aparecido y ha participado en las conferencias mañaneras. La política pública se centrará —con demasiada frecuencia— en cómo maximizar la seguridad por la vía militar y no por la ruta civil. Y como hemos visto en demasiados países de América Latina, la seguridad rápidamente será reconceptualizada en términos represivos. Aunque se nos asegure que la guerra calderonista-peñanietista terminó, en realidad prosigue. Aunque AMLO reitera que la soberanía sigue intacta, las injerencias militares estadounidenses aumentan.

Y si los militares terminan al mando de tantas manijas del gobierno, podrían decidir que lo operararían mejor. Al crear una Sedena Inc., López Obrador abre compuertas peligrosas. Militares leales al poder civil hasta que dejan de serlo, golpes de izquierda o eventualmente de derecha, un narcoestado donde el crimen se alía con los militares y lava dinero vía los múltiples negocios que la 4T les ha permitido emprender. Ese es el riesgo de empoderar a una fuerza que hoy se somete al presidente en turno, pero algún día podría rebasarlo. El Ejército del Bienestar, creado para facilitar la transformación, pero con poder sin límites para apropiarse de ella. Y seguir embolsándose los millones de pesos que tan generosamente les da.

Como señala Guillermo Trejo, en México no habrá democracia si no se reforman las Fuerzas Armadas. Si no se les somete a la transparencia. Si no se les obliga a la rendición de cuentas. Si no se les imponen controles civiles. Si no se acaba con una larga historia de impunidad y corrupción sistémica, vía un mecanismo extraordinario con acompañamiento internacional. La defensa de la vida democrática es un tema demasiado importante como para dejarlo en manos de generales.

18

NUNCA DEL LADO DEL OPRESOR, SIEMPRE DEL LADO DE LAS VÍCTIMAS

Soy madre de tres hijos. Son el ancla de mi vida. Los amo ferozmente. Siempre me inspiran, a veces me irritan. Me ensanchan el corazón y me colman la paciencia. Me hacen reír, llorar, aplaudir, sufrir, gozar. He intentado que sean más bondadosos, más preparados, más valientes, y mejores que yo. Educarlos para que tengan raíces y alas ha sido la tarea más importante y la más difícil de mi vida, porque la maternidad te hace volar pero también te pone de rodillas. Ser madre entraña convertirte en línea Maginot, vacuna, impermeable, paraguas contra la lluvia, amortiguador de los golpes, escudo, daga de acero valkyriano. Quieres ser el muro que se erija entre ellos y el dolor, entre ellos y los golpes que propina el mundo, entre ellos y el peligro. Si alguno de ellos desapareciera creo que no podría seguir viviendo.

Eso le confesé a la madre de uno de los más de 113 334 desaparecidos en México al conocerla. Una madre de tantas que va por el país cargando la fotografía de su hija, de Ministerio Público en Ministerio Público, de fosa en fosa, de marcha en marcha. Un letrero con su nombre, su edad, donde se le vio por última vez. La cartografía de la ausencia como tarjeta de presentación, como recordatorio permanente de esa persona a la cual le diste vida y ahora no encuentras. Ese ser de luz al que amamantaste y bañaste y enseñaste a leer y llevaste al kínder y le compraste su primer uniforme escolar y lo llevaste a clase de tenis o danza y le cantaste por las

noches y te acurrucaste a su lado y lo consolaste después de su primer des-
amor y le enseñaste a manejar y lo abrazaste tantas veces como si nunca
quisieras dejarlo ir. Premonitoriamente. Imaginando cómo sería despertar
y no saber dónde está, intentar dormir y no saber dónde está, respirar y no
saber dónde está.

Esa es la realidad de miles de madres en México. Expectantes, ansiosas,
desesperadas. Las condenadas a buscar restos, a cavar la tierra, a recorrer
Semefos, a rezar para encontrar. Víctimas —como sus hijos— de la barbarie
que se desata con la guerra al narcotráfico. Víctimas de las Fuerzas Armadas
o el crimen organizado o la ausencia del Estado. Cargando con las cifras que
estrujan, con los datos que son como dentelladas. Dos mil fosas clandestinas
encontradas entre 2006 y 2016. Una fosa cada dos días, en uno de cada siete
municipios. Al menos 1 978 entierros clandestinos en 24 estados del país,
como lo detalla la extraordinaria investigación de Alejandra Guillén, Mago
Torres y Marcela Turati. Como lo detalló el documental *Sin tregua* sobre ese
pedazo del México macabro que es Colinas de Santa Fe en Veracruz, con 125
fosas en las que se han localizado 290 cráneos y 22 079 restos óseos. Ese lugar
sin límites que es el municipio de San Fernando en Tamaulipas, donde se
han registrado 139 fosas con 190 cuerpos y restos óseos en 11 años. Y siguen
apareciendo cuerpos, por todas partes. Retazos de horror en casas, refaccio-
narias, talleres, minas, obras negras, terrenos baldíos.

Mientras las madres siguen hurgando, se organizan en colectivos ciudadanos, cargan con sombrero y paliacate, agarran un palo y van a los
terrenos donde les dicen que hay huesos. Haciendo la investigación que el
Estado no lleva a cabo. Supliendo las deficiencias de peritos y ministerios
públicos y la Policía Científica. Autoridades que exhuman con trascabos
que destrozan los restos, que pierden el rastro de los cuerpos bajo su resguardo, que colocan cadáveres en tráilers, que no homologan registros
entre fiscalías estatales, que no saben cómo clasificar restos. Una catástrofe
cotidiana que, como dice Jacobo Dayán, "encuera la falta de Estado".

Después de ver el documental *Te nombré en silencio* sobre las rastreadoras
de El Fuerte, esas mujeres aguerridas que escarban la tierra en busca de los
suyos, escribí una carta a mi hijo. La comparto aquí.

Te pienso, te extraño, te escribo, hoy con añoranza particular. Tú
no formas parte de la numeralia de los desaparecidos, los ausentes.

Aunque lejos, ahí estás y puedo, cada par de meses, tocarte, abrazarte, verte sonreír, acariciar tu pelo como cuando eras niño. Ellas no. Ellas son las madres heridas, víctimas de la patología de las armas, y la violencia, y la guerra sin fin. Caminan, con picos y palas, entre el dolor y la esperanza, con la cara de alguien impresa en la camiseta, la falta de alguien agrietando el corazón.

Termina la película. Lloro. Corro a tu cuarto, a tocar la ropa que dejaste, a hojear los libros que has leído, apilados sobre el escritorio. Si te marcara por el celular quizás contestarías, o me mandarías un mensaje de texto, un emoji. Pero pienso en qué sucedería si eso no fuera así. Si algún día desaparecieras, y tu nombre y tu cara acabaran pegados en un póster, o en una lista elaborada a mano por un funcionario de la Comisión Ejecutiva de Atención a Víctimas, o la Comisión Nacional de Búsqueda. Si tuviera que buscar huesos en el desierto, de tacones, como "la mujer de las zapatillas". Si recorriera paraje tras paraje, armada con una varilla de metal, como las que ellas cargan. Cuando la entierras, sacas la punta y la hueles, sabes que abajo hay algo humano. Yo estaría ahí, bajo el sol acribillador. Olería la tierra hasta encontrarte.

Sentiría lo que ellas sienten. Que la violencia es algo ajeno, hasta que te toca. Que tendré una vejez muy triste; se me perdió mi hijo. Que una madre se vuelve perra para defender a quien parió y yo sería una fiera. Sé qué número de tenis calzas, cuánto mides, qué parte de la muñeca te rompiste en un accidente en la patineta. Sé tus señas de identidad y las repetiré en una oficina tras otra. Denunciaría —como "Las Rastreadoras" lo hacen— a los peritos incompetentes, a los fiscales indolentes, a los gobiernos que nos ignoran porque mientras no apareces, no cuentas como muerto. Y a los presidentes no les gusta que crezca el número de muertos.

Me aprendería todos los huesos del esqueleto humano, trazándolos en el póster pegado en la oficina de las buscadoras. Aprendería a reconocer partes de la mano, entre los restos de animales de carroña bajo la tierra reseca. Sabría que el mayor número de desaparecidos los producen las policías municipales, porque les pagan tan poco que terminan vendiéndose al narco local, o al crimen organizado. Entendería que "gobierno es gobierno; la misma chingadera", prometiendo y luego dejándonos solas. Ellas los llaman "delincuentes con charola". Y sabiendo que quien busca es una amenaza ante los poderosos que te dan la espalda, también haría lo que ellas hacen: despedirme de mis cosas al salir de casa. No sé si volveré. Sentiré miedo de hurgar, miedo de encontrar, miedo de no hacerlo.

Te nombraría en silencio, y en voz alta, y a gritos. Como ellas nombran a Roberto, y a Juan, y a Jesús, y a Josué, y a Salvador. Aprendería a perdonar, porque "no buscamos culpables; buscamos nuestros tesoros". Pondría tu lugar en la mesa todas las noches. Te platicaría mientras preparo el café por las mañanas. Saldría a caminar, a buscarte, aunque me duela decir que estamos caminando sobre muertos. Y te extrañaría siempre. A ratos se me olvidaría que no estás, y te marcaría para platicarte en qué ando. Recordaría todo el amor vertido en ti. Mi muchachito. Abrazaría muy fuerte a quien encontrara al suyo, aunque fueran solo sus dedos. El amor se volvería un acto de heroísmo.

Marcharía a Palacio Nacional, al Senado, a la Fiscalía General, con las otras guerreras que no se rinden. Detendría la suburban del presidente, y golpearía la ventanilla para exigirle que cumpla con su promesa de parar la violencia, y escuchar a las víctimas. Denunciaría un país que permite la desaparición de nuestros hijos, que rompe sus cuerpos y nuestra alma. Nadie es inocente aquí. Todos somos cómplices por desidia o ignorancia o lealtad política o privilegio de clase. Hasta que una noche, tu hijo no vuelve a casa. Dejas de ser madre para convertirte en rastreadora. Y yo prometería seguir y sobrevivir por ti. Hasta encontrarte.

Ante ese dolor colectivo que yo no alcanzo a dimensionar ni describir, qué tristeza presenciar al presidente trivializando y despreciando a quienes lo padecen. Qué pesadumbre escucharlo describir a la Caminata por la Paz, la Justicia y la Verdad como un *"show"*, o describir lo que hacen las madres buscadoras como "politiquería". El hombre que muchas veces se paró del lado de las mejores causas, ahora las desprecia. El líder social que con frecuencia manifestó empatía, ahora convertido en un hombre de poder incapaz de demostrarla. Dice que le importa más cuidar la investidura presidencial que atender la angustia de la parte más adolorida de su pueblo. Quienes han perdido a un padre o a un hermano o a un hijo. Quienes no

encuentran a una hermana desaparecida. Quienes marchan desesperada-
mente con las fotografías de las personas que más quieren, Andrés Manuel
López Obrador los descalifica. Como si el dolor fuera un *show*; como si la
añoranza fuera un espectáculo; como si él mismo no hubiera tomado las
calles en nombre de un principio justo.

¿Acaso fue un *show* el Éxodo por la Democracia que encabezó desde
Tabasco, cuando el PRI cometió fraude ahí en 1994? ¿Acaso fue un *show*
exhibir en el Zócalo las 13 cajas de documentos que comprobaban cómo el
PRI compró la elección en su estado? ¿Acaso fue un *show* marchar contra
el desafuero y el intento de sabotaje antidemocrático que exhibió? ¿Acaso
han sido un *show* el movimiento #YoSoy132 o las manifestaciones por Ayotzinapa o las marchas contra el feminicidio? ¿Dónde está el lopezobradorismo que entendía la insatisfacción, apoyaba la exigencia, encabezaba las
expresiones de enojo y llegó a la presidencia porque comprendía sus raíces
profundas? En su lugar hay alguien que se parece más a los priistas que
critica; alguien que parece desdeñar a las víctimas y por ello no las recibe.

Porque no ha querido ser cuestionado, encarado. Porque ha preferido
las giras orquestadas para que le aplaudan a los foros donde osen cuestionarlo. Porque se reunió con colectivos de víctimas durante la campaña presidencial y recuerda que no recibió aplausos sino reclamos. En esos foros
hizo promesas que no ha cumplido, como la justicia transicional; como un
mecanismo contra la impunidad con asistencia internacional; como la desmilitarización para alcanzar la paz. Temas que los LeBarón y Javier Sicilia
y los cientos que siguen marchando le recuerdan, incomodándolo. Lo que
falta por hacer; lo que se ofreció y no se cumplió; lo que se anhela y ha sido
traicionado; la bandera que AMLO ofreció recoger y ahora entrega a la
Guardia Nacional, a las Fuerzas Armadas y a los artífices de la mano dura.

Las marchas en nombre de los desaparecidos y en contra de la violencia hacen patente que no todo el pueblo de México está "feliz, feliz, feliz".
Manifiesta que a lo largo del país la bandera está "ensangrentada, baleada,
herida", como lo dijera Javier Sicilia y lo constatan los miles de mexicanos
y mexicanas ausentes. Las madres cargando pancartas con los nombres de
sus hijos ausentes tienen una legitimidad moral que un presidente y su partido no debería regatearles o negarles. No son "chayoteras" ni "vendidas"
ni están siendo manipuladas ni son opositoras políticas del gobierno. Son
solo eso: madres con derecho a saber qué está haciendo la autoridad ante

lo que no cambió con el cambio de gobierno. La Cuarta Transformación —por estar en el poder— no posee el monopolio de la razón o la moral o las buenas intenciones. Alguna vez sus miembros estuvieron en la calle con nosotros, marchando por lo mismo, hasta que llegaron a ocupar las oficinas desde las cuales ahora dan portazos.

Como el portazo presidencial que se dio a los familiares de los músicos calcinados en Oaxaca, a la esposa del periodista Javier Valdez, a los testigos de la masacre de Bavispe, a los dolientes de San Fernando, a "las mujeres que bordan sus tragedias con letra verde-esperanza de volverles a ver y miles no famosos pero que duelen igual", como describió la periodista Marcela Turati. Descalificación presidencial a la joven caminando a mi lado en una de las marchas, que sostenía —junto con su madre— la fotografía de su hermano desaparecido desde hace ocho años. Lloraba, lloraba, lloraba mientras repetía sin cesar "solo quiero saber qué pasó, dónde está, vivo o muerto". Ellas y tantos más, enlutados, tan lejos del *show* y con razones para lamentar lo que "el hombre ha hecho del hombre", en palabras de Wordsworth. Su llanto no es de felicidad por el gobierno que tienen; es de reclamo por el gobierno que merecen. Uno que les tienda la mano después de marchar y no los denigre por hacerlo.

Uno que no se convierta en salón de belleza donde el presidente aplique el lápiz labial, el subsecretario de Gobernación pinte el pelo, el fiscal general de la República enchine las pestañas y la secretaria de Seguridad Pública haga pedicure. Una "Estética 4T" dedicada a maquillar a México ante la crisis de desapariciones que desfigura al país. Más que durante la dictadura militar chilena, más que en la Guerra Sucia argentina. Pero López Obrador no ha vivido angustiado por los miles de compatriotas ausentes, o por los muchachos de Lagos de Moreno, o por las madres buscadoras que rascan la tierra. Su obsesión ha sido que sus cifras de desaparecidos sean menores a las de Calderón. Y hará todo tipo de tratamientos exfoliadores para lograrlo.

Esos son "los contextos actuales" a los que se refería Karla Quintana, extitular de la Comisión Nacional de Búsqueda, en una carta de "renuncia", que más bien fue una salida obligada. Según un reportaje de *The Washington Post*, ella envió toda la base de datos de desaparecidos a la Comisión Interamericana de Derechos Humanos para su "salvaguarda". Porque ya sabía lo que estaba ocurriendo. Ya anticipaba lo que iba a pasar, desde que un López Obrador encolerizado por las cifras anunció que su gobierno haría un nuevo "censo". Es obvio que el objetivo es desaparecer a los desaparecidos, y rasurar el Registro Nacional de Personas Desaparecidas y No Localizadas. El propósito no es ayudar a las víctimas. Es ayudarse a sí mismo, a su partido y a su gobierno. Mejor poner rímel en los ojos que abrirlos.

El subsecretario de Gobernación Alejandro Encinas le pidió a Karla Quintana que buscara "la manera de reducir" el número de desapariciones que a AMLO le molestaba, y luego dejó de tomarle la llamada cuando ella se resistió. La Comisión de Búsqueda fue marginada del proceso de producción del "nuevo censo", ahora llevado a cabo por Servidores de la Nación, y personal de la Secretaría del Bienestar, que no está en el catálogo de autoridades buscadoras según la ley. De pronto, la Comisión fue auditada y presionada, y parte importante del equipo de Quintana fue desmantelado. Y los problemas comenzaron en la Ciudad de México, cuando Claudia Sheinbaum ordenó que bajaran las cifras de homicidios, mientras crecía el número de desaparecidos.

Sin duda hay cosas que Karla Quintana pudo haber hecho mejor, pero siempre enfrentó obstáculos mayúsculos. Sin duda es necesario mejorar la forma en la que se busca y se registra a los desaparecidos. Pero su salida es ominosa y más aún cuando se suma al patrón de obstaculización reciente. A la salida del GIEI/Ayotzinapa, a los documentos que el Centro Nacional de Inteligencia se niega a entregar a la Comisión de la Verdad, a la protección política que AMLO otorga a las Fuerzas Armadas. Atrás quedó la agenda de memoria, justicia y verdad. AMLO prometió revelar el rostro real de México, pero lo ha escondido bajo pestañas postizas y chapitas aplicadas sobre la palidez mortal. La agenda de esclarecimiento se ha colapsado bajo el peso del maquillaje que el presidente le coloca encima.

El gobierno no quiere mostrar a México al natural, tal como es. La FGR —junto con muchas fiscalías estatales— prefiere colocar más sombras que poner luces. Y en lugar de entender por qué la faz del país luce demacrada y ojerosa, las autoridades optan por emplear polvo corrector. Los 50 000 cadáveres sin identificar no requieren fortalecer la capacidad forense, sino una inyección de botox para que el presidente no frunza el ceño. Las órdenes son seguir cortando el pelo, seguir limando las uñas, seguir ocultando las imperfecciones.

Para el presidente, los desaparecidos en este sexenio son un problema de popularidad, no un reflejo de mala gobernabilidad. El aumento de las cifras no es un tema de política pública, sino de imagen pública. No es un reto de presupuesto o profesionalización o mejor metodología. No es un desafío sobre cómo encarar el contexto de violencia que permite las desapariciones impunes. Lo que importa es que todo se vea más bonito. El ego por arriba de la empatía. Pero como advertía Keats: "Belleza es verdad, verdad es belleza". Y AMLO no está transformando a México, está maquillándolo.

O poniéndolo tras las rejas. El gobierno de "primero los pobres" ha sido el que más energía ha puesto en encarcelarlos. El proyecto de apoyar y visibilizar a los más vulnerables ha sido saboteado por la seducción de la mano dura, la imagen de los corruptos tras las rejas, la narrativa de los criminales exhibidos y castigados. La 4T ha llevado a cabo una transformación epopéyica en el discurso, pero destructiva en los hechos. Porque después de la profundización del punitivismo penal con la reforma lopezobradorista del 2017, los pobres sí han sentido en carne propia los efectos de la política pública, pero no como hubieran querido, ni como hubiéramos anhelado. Con la prisión preventiva oficiosa son los primeros en ser encarcelados, los primeros en ser entambados, los primeros en padecer los efectos de algo que López Obrador ha presumido, pero no debería. El puño de hierro que no reduce la corrupción, ni disminuye la impunidad, ni abate la violencia, ni se usa contra los verdaderos criminales. Parapeta a los poderosos y persigue a los pobres.

A los que son acusados de robar un taco o vender un churro de mariguana. A los que sin investigación van pa' dentro, encerrados detrás de un muro hermético, donde, como siempre, hay demasiada ley para quienes pueden evadirla, y muy poca para los que no tienen con qué. Donde primero aprehenden y luego investigan. Miles de mujeres marginadas, cientos de artesanos acusados, decenas de taxistas condenados, sin sentencia. Apilados en celdas cada vez más llenas, en cárceles cada vez más hediondas. Los prioritarios del lopezobradorismo pudriéndose, encogiéndose, deshumanizándose. Han caído en manos de los que aprueban la prisión automática, y no podría haberles ocurrido algo peor. Esa cárcel oficiosa que victimiza a las víctimas, condena a los inocentes, captura a los débiles, pero no toca a los privilegiados. Esa práctica del pasado, reforzada en el presente, avalada por Morena, votada por el resto de los partidos. Para Peña Nieto hay exilio lujoso en España; para los vulnerables hay Santa Martha Acatitla.

La supuesta izquierda que se ha comportado como la peor derecha. La mano dadivosa acompañada de la mano dura. El puntapié que le da a los desposeídos con el incremento en la posibilidad de llevar a cabo detenciones en flagrancia sin orden judicial. El garrotazo que le garantiza a los desvalidos con la triplicación de penas por encubrimiento, incluyendo casos en los que la persona señalada no sabe siquiera que posee un bien de origen ilícito. El autoritarismo disfrazado de progresismo. Por un lado se habla de no criminalizar a los más necesitados y por otro lado se legisla para hacer precisamente eso. El gobierno ha justificado el populismo penal con los argumentos del conservadurismo castrense; los de Felipe Calderón; los de cualquier gobierno que usa el estado de emergencia para implantar el estado de excepción. Aprovechando la sensación de desamparo en la sociedad para darle poderes extraordinarios al Estado. Jalando los resortes del endurecimiento repentino, exigido. Una población atemorizada que clama "venganza, talión y muerte", como lo explica Pedro Salazar en *Crítica de la mano dura: cómo enfrentar la violencia y preservar nuestras libertades*. Ojo por ojo, diente por diente. Ante la exasperación nos refugiamos en la sinrazón. Ante el horror, aumenta el resquemor. Ante la desesperanza, crece la sed de venganza. "Son unas ratas y hay que tratarlas como tales, merecen morir por criminales, hace falta alguien con pantalones que ponga orden". Día tras día y con estos argumentos, México se vuelve injusto, incivil e indecente. Morena ha contribuido a esa indecencia, montándose sobre ella, capitalizándola política y legislativamente. Se vale del temor para empujar iniciativas populares pero peligrosas. Se envuelve en la bandera progresista para impulsar una gesta reaccionaria. Una población curtida por el miedo y el odio está dispuesta a cercenar derechos, ignorar procedimientos, cambiar la Constitución para volverla más punitiva y menos garantista. Ya no se busca la domesticación de la violencia vía el Derecho sino vía la cárcel.

Ahí están los datos que el lopezobradorismo preferiría negar, y que el gobierno quisiera tapar, revelados por la investigación de *Animal Político* e Intersecta. La ampliación del catálogo de delitos que merecen prisión preventiva oficiosa ha sido catastrófica. Ha llevado al encarcelamiento de 300 personas al día; al crecimiento más rápido de la población penitenciaria en 15 años. Ha producido a 130 mil personas a quienes se les ha arrebatado la presunción de inocencia, mientras esperan juicios, sin acusaciones probadas en su contra. Ha tenido efectos espeluznantes como los padecidos en Oaxaca y la Ciudad de México, donde en 2020, el 100% de las personas encarceladas ingresaron a los centros penitenciarios como presuntos culpables: sin juicio, sin sentencia, sin salida, sin voz, sin derechos, sin defensor público. Atrapados por esa "justicia" discriminatoria que aprisiona a vendedores ambulantes, pero deja libres a los involucrados en Odebrecht.

Una versión aún peor de la podredumbre heredada, mas no reformada. El país donde —a pesar de la prisión preventiva oficiosa— el 95% de los crímenes permanecen impunes. El país donde 75% de los crímenes no son denunciados por falta de confianza en las autoridades. El país donde la Suprema Corte declara la inconstitucionalidad de la cárcel automática, y el presidente ataca a la institución en vez de modificar la ley y corregir la práctica. El resultado de décadas de más de lo mismo: gobiernos que no profesionalizan policías, que no entrenan a procuradores, que no adiestran a peritos, que no saben cómo investigar crímenes y optan por inventar criminales.

Habrá quienes celebren el populismo derechista aunque vaya en contra del pueblo. Los entumidos y los espantados y los cansados abrazarán el estado de excepción que se está construyendo. Insiste Salazar: "La lógica de la excepción es la lógica del miedo pero no es la única lógica posible". A ella se opone la lógica del constitucionalismo democrático, de los procedimientos, de los jueces, de las policías civiles, del Derecho, de los derechos. Habrá que contener a los criminales, pero no con mutaciones autoritarias. No con la mano dura que nos vuelve tan bárbaros como aquellos que nos acechan.

Gobiernos de "derecha" y de "izquierda" han compartido el mismo desprecio por la presunción de inocencia, el mismo desdén por la justicia. Felipe Calderón, Enrique Peña Nieto y Andrés Manuel López Obrador han argumentado que el fin justifica los medios, y que para perseguir criminales hay que generar criminales. Hay que encarcelar a muchos inocentes para encontrar a algunos culpables. Lo han hecho y lo siguen haciendo. Solo que a diferencia de sus predecesores, la 4T se ha jactado de su preocupación por los pobres. Ese pueblo bueno al que le arrebatan derechos como la presunción de incocencia y la justicia pronta y expedita. Y a los pobres también se les encarcela más porque México es un país racista. México es un país clasista. Y llevamos demasiado tiempo minimizándolo. Nos han adoctrinado para pensar que nunca hemos sido un lugar excluyente; nunca hemos sido un lugar intolerante. Pero hay un maltrato sistémico documentado en estudio tras estudio y plasmado en las investigaciones del proyecto "Discriminación étnico-racial en México", del Colmex/Oxfam. El sesgo normalizado a favor de las personas de tez clara. La concentración de personas de tez morena en actividades de baja calificación. Conforme más blanco eres, más movilidad social tendrás. Mientras más moreno eres, con menos escolaridad contarás. Conforme más blanco eres, mayor será tu nivel socioeconómico. Mientras más moreno eres, menor será tu ingreso. Los de tez clara ascienden; los de tez oscura se estancan o descienden. La pigmentación sí es factor de discriminación; la pigmentocracia sí afecta la calidad de la democracia. Pero muchos discriminadores aún no lo comprenden. Viven atorados en lo que Doris Sommer llama "ficciones fundacionales". El mito del país mestizo. El mito del país que es clasista más no racista. El mito del país tan progresista que hasta un indígena zapoteco logró ser presidente. Esas ideas propagadas que llevaron a creer en el mestizaje civilizatorio, el indio noble, la cultura tolerante, la raza cósmica, el bastón de mando. Esas medias verdades que ocultaron la gran mentira. En México nadie nunca se declara homofóbico o racista o discriminador o machista o xenófobo, pero muchos por acción u omisión lo son.

Las dentelladas discriminadoras no son solo un problema de nuestras élites pigmentocráticas. Evidencian un reto social que no queremos reconocer. Según la Encuesta Nacional Sobre Discriminación 2017, 39% de los hombres de 18 años y más no estarían dispuestos a permitir que en su casa vivieran extranjeros. 39% no permitiría que vivieran personas con VIH/SIDA. 41% no permitiría que viviera una persona transexual. 18% no permitiría que viviera una persona indígena. 35% no permitiría que vivieran gays o lesbianas. 56.6% justifica poco o nada que se practiquen tradiciones o costumbres distintas a las mexicanas. Y todo ello se traduce en derechos cercenados, accesos prohibidos, ascensos bloqueados, préstamos negados, dignidad pisoteada. Un país en el que la apariencia física, el color de piel, la clase social, la edad y el sexo niegan la condición humana. Un país en el que las mayorías complacientes han discriminado a las mayorías marginadas. Como lo hace el gobierno ahora con los migrantes. La tragedia de Chiapa de Corzo en la cual murieron 55 migrantes nos exhibe como país. También el incendio en la estación migratoria donde quedaron atrapados otros 40 migrantes. México racista. México trumpista. México convertido en el patio trasero de Estados Unidos y emulando su trato cruel a nuestros connacionales. Aquí —como lo hacen los estadounidenses allá— maltratamos y perseguimos y orillamos a los desesperados a jugarse la vida o perderla.

Nos hemos convertido en un alambre de púas para defender el vecindario norteamericano de la amenaza centroamericana. Los racistas y xenófobos al norte de la frontera ya no tendrán que preocuparse por construir y financiar su muro; México se ha erigido en él. Somos, *de facto*, la barrera entre los inmigrantes y un presidente que los presenta como una amenaza al orden y a la seguridad nacional. Hacemos con los hondureños, salvadoreños, guatemaltecos y venezolanos lo que Estados Unidos lleva años haciendo con nuestros migrantes: criminalizarlos y perseguirlos. Y al aceptar este nuevo trato hemos perdido humanidad y dignidad. Los muertos son nuestros.

Atrás quedó la postura defendida en la campaña de AMLO y asumida en sus primeros meses de gobierno. Atrás quedó una política migratoria centrada en los derechos humanos y la protección de los vulnerables. Ya no se habla de ofrecer empleo y asilo y visas humanitarias a los miembros de las caravanas que transitan hacia la frontera norte. Para ellas hay palo, Guardia Nacional y oprobio en vez de conmiseración. Porque Estados Unidos continúa exigiendo y México continúa cediendo. Deportamos más y acogemos menos. Perseguimos más y toleramos menos. Y ante la oleada creciente de migrantes y el surgimiento de crisis humanitarias y de hacinamiento en la frontera, la opinión pública ya no se vuelca a favor de los migrantes sino en contra de ellos. Por morenos, por pobres.

Las concesiones crecientes que Estados Unidos exige nos han llevado a hacerle el trabajo sucio a diario. A aceptar la imposición de la política "Quédate en México", que obliga a los centroamericanos a ser deportados a México y permanecer aquí mientras procesan sus peticiones de asilo allá. Son botados en Tuxtla o en Tapachula, donde se vuelven víctimas de autoridades corruptas o bandas criminales violentas. Miles de seres humanos viviendo al acecho, por el endurecimiento de una política migratoria inhumana que Estados Unidos impone y México emula; que copiamos en los hechos y en el discurso. Justificamos los abusos de la Guardia Nacional en la frontera: los golpes, la violencia, lo que obliga a tantos a pagar para cruzar en un tráiler y morir en una carretera. O morir asfixiados detrás de una puerta que nadie abrió.

Hablamos de cuán "complejo" es el fenómeno migratorio, pero aceptamos las políticas estadounidenses de siempre: aprehender o deportar o hacinar o deshumanizar o brutalizar. Por conveniencia mutua, Biden y AMLO han encontrado un acomodo pragmático que les es políticamente útil. El estadounidense pide favores y el mexicano se los da. El primero calla y el segundo se agandalla. Con tal de que México cumpla su papel de muro y policía antimigrantes, Biden está dispuesto a guardar silencio sobre todos los otros temas problemáticos de la relación bilateral. Con tal de que Estados Unidos no opine sobre la erosión democrática o el riesgo que entraña la reforma energética para el T-MEC, AMLO ha sido selectivamente humanista.

El gobierno mexicano usa palabras como "dignidad" y "soberanía" mientras acepta condiciones que gobiernos anteriores consideraron inaceptables. México aprehende, expulsa y maltrata a los centroamericanos de la misma manera que nuestros migrantes son aprehendidos, expulsados y maltratados en Estados Unidos. México no encara las redes de corrupción que permiten traficar a seres humanos como si fueran mercancía. La Guardia Nacional y el Instituto Nacional de Migración hoy son los encargados de limpiar el traspatio en el cual nos hemos convertido, con la anuencia del presidente. Con la aprobación de un amplio sector de la población. Con argumentos racistas que revelan lo peor de nuestro carácter nacional: el país que tiende la alfombra roja a mujeres afganas, pero mata a migrantes centroamericanos. México cruel, negándolo.

Celebremos entonces que nuevos analistas y activistas examinen las viejas heridas, abiertas aún. Aplaudamos que todos y todas nos pongamos a pensar en cómo curarlas con políticas públicas que combatan la discriminación, con debates que desentierren lo que se ha querido ocultar, con programas que combatan el menosprecio racial aunado a la injusticia económica y la deshumanización. Para así remover los obstáculos que han impedido subir a quienes están abajo. Para así prevenir las burlas y las palabras punzantes y los comportamientos lacerantes. Y de esa manera dejar de ser una discriminocracia que desaparece, persigue, encarcela y veja a los más vulnerables. Esa sí sería una verdadera transformación.

19

¿QUÉ QUEREMOS? PAZ ¿CUÁNDO LA QUEREMOS? AHORA

La muerte toca la puerta y entra. Sin matices, sin distinciones, sin cotos reservados. Alcanza a cualquiera en la calle, en un carro, rumbo a casa o de regreso a ella. Posa su mano gélida incluso sobre los candidatos políticos; en los últimos tiempos más de 100 han sido asesinados, al margen del partido al que pertenezcan, independientemente de la fuerza política que los postuló. Hombres y mujeres en campaña, baleados, golpeados, desaparecidos. Como escribe Mauricio Merino, "la macabra puntualidad de la muerte" llega ahora a los municipios, a las alcaldías, a los distritos electorales. La sangre tiñe las campañas y las boletas. Tiñe a México.

Antes los blancos del crimen organizado eran solo los cabecillas, nos decían. Los 250 000 homicidios y 113 000 desaparecidos de la última década son solo "daños colaterales", insistían los artífices de una guerra que México lleva tantos años peleando mal. La violencia se instaló entonces como una rutina necesaria, justificada incluso. Y precisamente porque se pensó de esa manera y se actuó de esa forma, hoy el Estado mexicano enfrenta un fenómeno inusitado: el ataque contra miembros de sus propias filas o a quienes aspiran a incorporarse a ellas.

Durante los ochenta y noventa no hubo un solo caso de presidentes municipales asesinados. El primero ocurrió en 2002, en Tamaulipas. Desde entonces, como lo documenta el reporte "An Analysis of Mayoral Assassinations in Mexico, 2000-2017" —publicado por el Proyecto Justicia de la

Universidad de San Diego—, al menos 150 presidentes municipales, expresidentes municipales y candidatos han sido ultimados. Son especialmente vulnerables. La tasa de homicidios para ellos es 12 veces mayor que para la población en general y tres veces mayor que para los periodistas. No hay un solo país de América Latina en el cual haya habido tantos asesinatos de políticos. Somos la excepción en el hemisferio, para mal. Y raras veces sucede algo. Raras veces suscita indignación.

El enojo con la clase política en general es mayúsculo, y la violencia se ha vuelto tan cotidiana que la sociedad no responde como debería. Las campañas presidenciales han consumido la atención, centrándose en temas periféricos cuando este debería ser central. La agresión sistemática contra quienes ocupan el poder local o desean ocuparlo es uno de los efectos de la democratización; es uno de los productos de la descentralización. Es ahí en los municipios y en los congresos locales donde se colude con el crimen o se le enfrenta. La pelea ya no es solo a nivel federal o estatal; ha descendido al nivel local, donde las bandas criminales presionan cada vez más para obtener protección o tolerancia hacia sus actividades ilícitas: la extorsión, el secuestro, el trasiego de drogas, el robo de autos, el cobro de piso.

Esta oleada de violencia local tiene implicaciones serias para la gobernabilidad democrática. Los municipios autónomos y fuertes son la piedra de toque de la transición democrática, o deberían serlo. En la última década han recibido más recursos y más poder, pero muchos se encuentran en zonas de gran pobreza y alta marginación. Carecen de infraestructura, carecen de presupuesto, carecen de los servicios más básicos. No sorprende entonces que se vuelvan terreno fértil para la operación del crimen organizado: es ahí donde la autoridad es menos fuerte y más susceptible a ser corrompida. No importa el partido o la afiliación ideológica. El municipio se vuelve zona de confrontación y corrupción desde que la guerra de Felipe Calderón fragmenta a los cárteles y los lleva a pelearse por el control territorial.

Como resultado, el crimen organizado comienza a centrar su atención en la política local. Instalado ahí, busca disuadir a candidatos adversos, chantajear a funcionarios que no cooperan, comprar la colaboración y mostrar su poder a balazos. La muerte tiene permiso a lo largo de los municipios del país, indistintamente de quién los gobierne. Del total de víctimas a nivel municipal, 40% ha sido del PRI, 20% del PRD, 15% del PAN y 8%

de otros partidos. Pero esto no quiere decir que el PRI sea el blanco deliberado de más ataques, ya sea por su historia de corrupción o su presencia predominante en los municipios de México. Pero no es así; la corrupción está presente en todos los partidos, e importa más el *timing* que la afiliación partidista.

Matan a más presidentes municipales en junio, justo cuando termina el periodo de cosecha de la mariguana, seguido de octubre y noviembre, mientras que el mes de mayor peligro para candidatos es mayo. Los ciclos de asesinatos están relacionados con los de cultivo y cosecha de droga, incluyendo la amapola. Una tercera parte de los casos documentados entre 2002 y 2017 se sitúa en tres estados: Michoacán, Guerrero y Chihuahua. Tres entidades que son puntos estratégicos de la guerra calderonista, que se han vuelto cada vez más militarizados, que son productores principales de drogas, que son territorios disputados por cárteles confrontados. El asesinato de políticos suele darse más en las zonas donde hay menor población, en franjas rurales, en ámbitos donde grupos criminales pelean entre sí; Michoacán y Guerrero lo ilustran. Antes la violencia política no afectaba a las candidatas mujeres y ahora sí lo hace.

Otros factores que inciden son si las presidencias municipales abarcan rutas de trasiego, como lo es el caso de Ciudad Juárez. O si la plaza está en disputa. O si la pelea por el control se traducirá en una búsqueda de protección política o colaboración. Lo que sí queda claro —al margen de las especificidades locales— es que el amedrentamiento llegó para quedarse. La senda sanguinaria persiste porque el crimen tiene una agenda que transita por el mundo político. Quiere castigar o mandar un mensaje o lograr la colaboración negada o colocar a alguien que cuide en lugar de perseguir. Pero será difícil detener la escalada de violencia mientras los cárteles peleen por la capacidad para sembrar droga, venderla y distribuirla. Quieren poder para controlar y para eso necesitan matar.

La violencia toca a la clase política, pero también nos toca a todos. De forma brutal. De manera indiscriminada. De las 10 ciudades más violentas del mundo, nueve están en México: Colima, Zamora, Ciudad Obregón, Zacatecas, Tijuana, Celaya, Uruapan, y Ciudad Juárez. Por eso, reza para que no te alcance una bala perdida, no te asalten en la calle, no te roben en una carretera, no te violen cuando salgas de tu casa. Reza para que las sirenas de las ambulancias no sean para ti. Reza para que no seas víctima y la ayuda demore horas en llegar. Reza para que venga un policía e implora que sea uno de los buenos. Uno de los que todavía no se corrompen, todavía no han sido "reventados" por mandos cercanos al crimen, y lejanos a la ciudadanía.

Nosotros desamparados y ellos también: mal entrenados, mal pagados, mal evaluados. Los "pinches policías" atrapados entre múltiples frentes, retratados de forma magistralmente ambivalente por *Una película de policías*, de Alonso Ruizpalacios. Ahí, en la pantalla, el costo humano e institucional de un sistema policial podrido, disfuncional, donde cuesta trabajo distinguir entre buenos y malos, policías y ladrones. Quienes nos cuidan y quienes nos expolian. Quienes tienen el deber de proteger pero no cuentan con qué. Aventados a lo hondo de la alberca durante el entrenamiento, y siguen ahogándose ahí.

Pocas cosas tan fáciles como denostar a la policía por corrupta, por ineficiente, por indolente. Pocas acciones tan irresponsables como señalar sus defectos sin entender de dónde vienen y cómo se podrían corregir. Policías con solo seis meses de entrenamiento, con un nivel de educación que pocas veces rebasa la secundaria. Policías que gastan 400 pesos a la semana de su propio sueldo para asegurar un chaleco, unas balas, una patrulla. Policías con un sueldo de 1 100 pesos a la quincena. Y aún así, intentando servir, buscando proteger, jugándosela, rogando no recibir un balazo porque si les disparan y se quitan el chaleco para atender la herida, el seguro de vida no les paga. Vulnerables ante una población que los desprecia o los soborna o los ignora. Ayudando a veces, cerrando los ojos tantas más. Aceptando la mordida para sobrevivir o mantener el *statu quo* que a tantos conviene.

Le conviene al ciudadano que le paga a un policía para que ignore una violación a la ley; le conviene al policía que recibe la mordida para cubrir sus necesidades básicas; les conviene a los mandos que pactan con el crimen organizado y reciben una jugosa tajada por hacerlo; le conviene al crimen organizado que infiltra al gobierno. Y el círculo vicioso sigue. Y la corrupción persiste. Y la violencia se expande. Y el desamparo se normaliza. A nadie le importa que maten a un policía. A pocos les preocupa que, ante la descomposición policial, se recurra a la Guardia Nacional. A pocos les alarma sacar a las calles a otra fuerza poco entrenada para las tareas que se le imponen. Mejor que nos mate y nos extorsione un militar a un policía, parece ser la lógica perversa pero compartida.

Una lógica que no encara el problema sistémico. Policías sin estándares profesionales para desempeñar la labor que les corresponde en una democracia. Sin capacitación para saber cómo detener, perseguir, identificar o interrogar a un sospechoso. Sin controles técnicos o legales para asegurar el debido proceso. Sin voluntad política, gobierno tras gobierno, para crear una fuerza capaz de asegurar el orden, al margen de alianzas políticas o colusión criminal. Sin apoyo de una ciudadanía que ve a un policía y no piensa "cómo me va a ayudar", sino "cómo me va a chingar". ¿Y el resultado de estas omisiones históricas, acentuadas por el gobierno que sustituye la profesionalización policial por la militarización de la seguridad pública? La frase lapidaria pronunciada por uno de los protagonistas de la película: ¡Qué puto miedo!

Todos vulnerables. Todos desprotegidos. Tú, yo, nuestros hijos, los policías mismos. Abandonados a nuestra suerte. Si eres víctima de un crimen estás solo. No sabes si el policía que se presentará a atenderte será un profesional o un ladrón disfrazado. No podrás discernir si el policía que llegará será alguien armado hasta los dientes o una persona tan atemorizada como tú, intentando ser fuerte para protegerse y protegerte. Quizás le tengas confianza o le escupas, o le pegues, o le mientas la madre, o le ofrezcas dinero. Te volverás cómplice de lo que denuncias, y facilitador de lo que repruebas, mientras los índices delictivos crecen, las policías se encogen, las Fuerzas Armadas toman su lugar. Como si esa fuera la solución. Como si cambiar de uniforme y de corporación fuera una salida a la orfandad obligada que nos han impuesto, y hemos aceptado. Vivir en México, vivir con miedo. Y sin saber qué hacer.

Durante la presidencia de López Obrador, el Estado ha pedido perdón por algunos abusos cometidos y ha establecido algunas comisiones de la verdad. Pero no se comprometió con la agenda de justicia transicional, indispensable para que México pueda impulsar procesos de paz a futuro. La cara "pacifista" de la 4T terminó desfigurada por la casaca militar que le colocaron encima, el cuerpo erguido se jorobó por el peso del rifle que le hicieron cargar. Morena no puede seguir argumentando que camina por el sendero de la paz, cuando trae las boinas y las botas puestas.

Hay una angustia compartida que muchos mexicanos sienten y las encuestas constatan: la política incomprensible y descoordinada de "abrazos no balazos" no está funcionando. No está dando resultados. Ahí sigue la indefensión de las mujeres y los niños. Hay un puñado de programas sociales bien intencionados, pero lejos de ser una verdadera política de Estado en materia de reducción de la violencia.

Nos están matando, desapareciendo, violentando de maneras cada vez peores. Seguir con más de lo mismo solo llevará a peor de lo mismo. Cada mes que transcurre es más violento que el anterior y —de seguir así— 2023 habrá sido el año más terrorífico de nuestra historia posrevolucionaria. Cada día que transcurre sin que sepamos exactamente qué ocurrió en lugares donde matan y por qué los operativos de la Guardia Nacional son tan fallidos, surgen más dudas sobre quién está al mando.

Cada hora que matan a un hombre, asesinan a una mujer o desaparecen a un joven, surgen las preguntas en torno a la claridad y la coherencia de una estrategia gubernamental que cambia de piel en cada mañanera; que da volteretas en cada conferencia matutina. A veces es militarista, a veces es humanista. A veces se centra en la seguridad de la población civil, a veces parece sacrificarla. A veces se impulsa la despenalización de las drogas, a veces se congelan las iniciativas que asegurarían ese fin. Y en lugar de la deliberación y el debate propios de cualquier democracia que se precia de serlo, tenemos a un presidente enconado con todos, siempre. Resta y aliena, en lugar de sumar y escuchar, como se esperaba de él. Parafraseando a Nietzsche, AMLO lleva tanto tiempo peleando contra monstruos, que no se da cuenta cuando empieza a parecerse a ellos. Ahora que entrega el bastón de mando a Claudia Sheinbaum no sabemos qué hará para encarar una descomposición que la Cuarta Transformación aceleró.

Para todas las víctimas, el problema ha sido y sigue siendo la salvaje impunidad. La que ha caracterizado al Estado mexicano, antes y ahora. El pasado se repite en el presente. Ante los abusos de ayer, persisten los abusos de hoy. En México la rendición de cuentas y la transparencia gubernamental todavía son exigencias incumplidas y seguimos esperando. En México el fin de la impunidad todavía no es un principio apoyado desde el poder, y la supervivencia política de tantos impunes lo constata.

La Guerra Sucia auspiciada desde Los Pinos ha sido reemplazada por la militarización decretada desde Palacio Nacional. Al lado de las familias deshechas de 1968 están paradas las familias de los desaparecidos de 2023, entre tantas más. Pasa el tiempo y la rendición de cuentas por los crímenes cometidos por el Estado rara vez se da. Hasta el día de su muerte, Luis

Echeverría seguía desligándose de las matanzas y de los muertos. Años después continuaba guardando silencio sobre ellos. Y cada presidente a partir del echeverrismo abrazó la impunidad uniformada porque le convenía hacerlo. AMLO no es la excepción; es la continuación.

México ha sido un país de investigaciones postergadas, de funcionarios inmunes y mentiras maquiladas. Echeverría podía dormir tranquilo porque el poder lo protegía, porque las comisiones callaron, porque el Ejército fue ensalzado, y jamás sancionado. La impunidad persiste a más de cincuenta años del 68 porque nunca ha sido verdaderamente combatida. Porque nunca se dieron las consignaciones a los responsables de la matanza del 10 de junio de 1971, ni de las que vinieron después, ni de las recientes. Porque nunca hubo asignación de responsabilidades a Echeverría y a quienes han violado la ley desde la presidencia. Porque nunca ha habido un rompimiento claro con el pasado.

Es imposible desconocerlo: el país tiene un pasado problemático que ha producido un presente antidemocrático. En casos de tortura hay víctimas que caminan cojeando. En casos de desapariciones hay familiares en busca de información. En casos de asesinatos políticos hay testigos obligados a callar. En casos de corrupción hay investigaciones anunciadas y luego archivadas. En casos de desabasto de medicamentos hay niños que murieron. No basta abrir algunos archivos polvosos a algunas personas con la esperanza de resolver algunos casos.

No basta presumir la constante creación de otra Comisión de la Verdad, o la apertura de una carpeta de investigación. No basta con decir que las Fuerzas Armadas ahora son "pueblo bueno" cuando lo reprimen. No es posible construir un futuro democrático sobre los cimientos de un pasado ciego, negado y olvidado. Todas las víctimas —los familiares de periodistas asesinados y campesinos acribillados, todos los que tienen algún muerto o desaparecido— merecen saber que las cosas han cambiado.

Merecen saber que los torturadores y represores de la Guerra Sucia y Ayotzinapa y Tlatlaya y Apatzingán y Nochixtlán y tantos casos más serán investigados. Merecen saber qué pasó con sus hijos. Merecen ser tratados como ciudadanos con derecho a obtener información sobre un Estado que los ha maltratado, o los ha engañado.

La verdad misma entraña una forma de justicia; entraña la reparación de un mundo moral en el que las mentiras son mentiras, las verdades son verdades y el Estado no es impune. México nunca escapará de su pasado, pero por lo menos podría lograr una verdad compartida sobre él. Eso jamás sucederá mientras la impunidad inaugurada por Luis Echeverría sea mantenida por Andrés Manuel López Obrador o quien venga después de él.

La única forma de romper con ciclos reiterativos de violencia e impunidad es a través de mecanismos de justicia transicional que sí funcionen. Que expongan, enjuicien y castiguen a miembros del Estado para así redefinir "las reglas de la coerción estatal y disuadir a miembros de las Fuerzas Armadas y la policía para que cesen de ser actores principales en la producción de violencia criminal". Así lo argumentan los especialistas Guillermo Trejo, Juan Albarracín y Lucía Tiscornia en el estudio *Breaking state impunity in post-authoritarian regimes. Why transitional justice processes deter criminal violence in new democracies.* Ahí argumentan que la pacificación necesariamente transita por la creación de procesos robustos de justicia transicional: comisiones de la verdad y juicios nacionales donde se encare a los perpetradores. No bastan los cambios socioeconómicos, no basta la amnistía, no basta el perdón, no funciona el olvido.

Habrá que acabar con la impunidad del Estado para que México sea menos vulnerable a la violencia criminal extendida. Tanto miembros de las Fuerzas Armadas como miembros de las fuerzas policiales tienen las manos manchadas, ya que han jugado un papel crucial en el desarrollo de empresas y organizaciones criminales. Se han vuelto criminales o los protegen. Recurren a la mano dura y esconden sus abusos. Por eso la importancia de removerlos, juzgarlos y disuadirlos. Por eso el imperativo de investigarlos, encarcelarlos y usarlos de ejemplo. Así se manda un mensaje poderoso a todos los actores estatales de que la impunidad no será tolerada. Así se obliga a las fuerzas del orden a actualizar sus creencias sobre las nuevas reglas de la nueva era. Miembros del Ejército y la policía sabrán que si continúan contribuyendo a la criminalidad y a la violencia serán castigados.

Ojalá que la próxima presidenta aprenda las lecciones comparativas de otros países que han lidiado con pasados violentos. Esa violencia no cesará si los especialistas estatales que la han producido no son expuestos y sancionados. Para reducir la criminalidad, importa más obligar a las Fuerzas Armadas a rendir cuentas que incrementar su poder o su presencia. Eso entrañaría una Comisión de la Verdad, pero no solo para Ayotzinapa;

tendría que abarcar también a generales, a soldados, a policías federales, a policías estatales, a policías municipales.

Mecanismos como comisiones de la verdad y tribunales generan información invaluable sobre patrones generalizados y sistemáticos de violación a los derechos humanos. Son armas poderosas para la investigación y la disuasión. Solo usándolas podremos acceder a la paz. Solo usándolas lograremos salir del despeñadero de la militarización permanente.

El discurso de construcción de la paz no puede ir acompañado de más militares en las calles. Su presencia no ha solucionado el problema de fondo, lo ha agravado, posponiendo la profesionalización policial, incrementando la violencia, militarizando un ámbito que debería estar en manos de civiles. El gobierno debe partir del reconocimiento de que la criminalidad coexiste con la corrupción y habrá que combatirla. El énfasis debe estar en la justicia transicional y cómo habrá que contar con asistencia internacional para instrumentarla. El diagnóstico debe partir de los costos que ha generado el paradigma prohibicionista de las drogas y la necesitad de transitar a su regulación. La agenda a futuro debe tomar en cuenta el imperativo de una reforma carcelaria y la reinserción social.

Nadie está exigiendo la retirada inmediata de las Fuerzas Armadas de los municipios más vulnerables. Lo que demandamos es una estrategia de construcción de paz, basada en la reconfiguración de policías y fiscalías, la desmovilización y el desarme de redes de criminalidad, la reinserción social y la responsabilidad estatal. Lo que demandamos es la paz, pero no de los sepulcros.

20

DEMÓCRATA CONGRUENTE, SE UNE AL CONTINGENTE

Imagínense el siguiente escenario. Después de los sismos de septiembre 2017 el candidato del PRI, José Antonio Meade, anuncia la creación de un fideicomiso para ayudar a los damnificados. El fondo privado es incorporado por personajes que simpatizan con el priismo, y tiene la misma dirección legal que la sede del partido. A ese fondo llegan múltiples aportaciones en efectivo por parte de personas no identificadas, incluyendo sumas que sobrepasan lo permitido por la ley. También llegan fondos de parte de empresas, lo cual está prohibido. El fideicomiso comienza a operar pero no le informa a la autoridad electoral los ingresos que recibe, y tampoco explica los egresos. El fideicomiso reparte una porción significativa de lo recaudado en efectivo, vía militantes o candidatos del PRI. Cuando surgen interrogantes en torno al comportamiento del fideicomiso, la reacción inicial del PRI es argumentar que como es un ente privado, no está sujeto al escrutinio de la autoridad electoral.

Si esto hubiera ocurrido, habría ardido Troya. La reacción de los opositores del PRI y la opinión pública hubiera sido contundente. "Compra de voto", "clientelismo", "lavado de dinero", sentenciarían los críticos y la comentocracia, aunque no se comprobara el vínculo entre el donativo y el voto. No se le habría dado el beneficio de la duda al PRI ni se habrían defendido sus buenas intenciones. Nadie defendería su espíritu solidario *vis à vis* los damnificados, ni justificaría las irregularidades del fideicomiso en aras de ayudar a los más necesitados. Morena habría apuntado un dedo acusador hacia el PRI, culpándolo de violar la ley, desnivelar el terreno de juego electoral, y comprar la conciencia de la gente, como lo ha hecho durante años. El problema es que ahora el partido que ha incurrido en ese tipo de irregularidades —al peor estilo priista— es Morena.

Morena ha buscado presentarse como un partido distinto a los demás, incorruptible e intachable. Démosle el beneficio de la duda por un momento. Supongamos que su deseo de ayudar a los damnificados era genuino; que detrás del fideicomiso no había una intención clientelar y no buscaba otorgar un beneficio a cambio de lealtad política. Sus intenciones eran puras y virginales e impolutas, lo cual debería ser motivo de celebración. Aplaudamos la buena voluntad y el espíritu humanitario de Morena, y escribo estas palabras sin sarcasmo.

Pero aunque fuera así, hay una serie de hechos documentados que alarman a quienes llevamos mucho tiempo preocupados por la relación lodosa entre el dinero y la política en México. El dinero bajo la mesa se ha vuelto un veneno que recorre el andamiaje electoral, corrompiendo todo lo que toca. Y en el caso del fideicomiso hubo una serie de comportamientos e interrogantes que siguen perturbando, por lo que ejemplifican. ¿Cómo entró el dinero, la velocidad con la cual llegó, los retiros por parte de operadores de Morena y en qué condiciones se entregaron los recursos? Más aún, como lo ha preguntado la periodista Peniley Ramírez: "¿Por qué el fideicomiso se abrió en el banco Afirme, cuyo dueño, Julio César Villarreal Guajardo, ha sido cercano a López Obrador desde 2006? ¿Por qué el banco aceptó una serie de depósitos en efectivo superiores a 50 000 pesos, si estaba prohibido por el contrato del fideicomiso? ¿Por qué el banco no reportó las operaciones como inusuales a la Comisión Nacional Bancaria y de Valores? ¿Por qué los miembros del Comité Técnico que administró el dinero dicen que el partido y el fideicomiso no tenían la misma dirección, si está en el contrato con el banco, ya público?". Estas dudas y otras se suman a las que forman parte del expediente del INE, donde se justificó la multa por el funcionamiento atípico del fideicomiso, no por el destino de los recursos.

La reacción de Morena y sus voceros fue fulminante e ilustrativa de nuestros tiempos incongruentes. Morena usó un doble rasero para justificar conductas que hubiera condenado si las hubiera tenido el PRI. Cualquiera que cuestionó el fideicomiso era un traidor a la patria, un miembro de la prensa fifí, un mexicano poco solidario con sus compatriotas víctimas de los sismos, alguien que buscaba anular la elección y orquestar un golpe de Estado contra AMLO, al estilo de Lula en Brasil.

AMLO y Morena debieron haber aprendido lecciones significativas del *affaire fideicomiso*. No importa cuán nobles sean los propósitos de un partido; asignar recursos vía figuras especiales como los fideicomisos engendra serios problemas, como lo argumentó el abogado Miguel Pulido, analista del podcast *Derecho Remix*. Incrementa las posibilidades de duplicidad, disminuye la rendición de cuentas y fiscalización, privatiza lo público y corre el riesgo de enredarse con la complicada regulación electoral del país. Pero esa hiperregulación existe por motivos legítimos; por el aparato dadivoso y clientelar que el PRI creó y que la transición democrática logró desmantelar. A Morena le correspondía cambiar esos malos modos priistas, no copiarlos, aunque fuera con las mejores intenciones. Porque el camino al infierno está pavimentado precisamente de buenas intenciones, y de incongruencias que demasiados han dejado pasar.

Y a AMLO/Morena todo lo que antes se criticaba, ahora se le perdona. La amnistía intelectual que se le ha otorgado al gobierno de la "transformación" ha sido alarmante. Muchos de los que fueron contrapesos críticos renunciaron a ese papel.

Como ejemplo de la incongruencia que transforma a ciudadanos demócratas en justificadores y propagandistas, presento la siguiente "Prueba de congruencia para demócratas remisos":

1) Si Enrique Peña Nieto hubiera tuiteado calificando a la revista *Proceso* como "una vergüenza" y parte de la "prensa vendida" por publicar una portada crítica sobre su gestión, tú:

a) Denunciarías a Peña Nieto por no respetar la libertad de expresión y usar su poder para minar la credibilidad de los medios.

b) Aplaudirías a Peña Nieto por ejercer su derecho de réplica y defenderse de ataques que el fundador de la revista, Julio Scherer García, jamás habría permitido.

2) Si el PRI hubiera votado primero por negarle la licencia a Manuel Velasco para que pudiera ser senador y gobernador de Chiapas al mismo tiempo, y en una votación posterior se la hubiera otorgado, tú:

    a) Denunciarías la falta de democracia interna del pri y la imposición autoritaria de sus coordinadores parlamentarios, dispuestos a imponer línea y violar las normas del Congreso.

    b) Justificarías la decisión, argumentando que Velasco tenía derecho a solicitar la licencia y además, a cambio, Morena obtuvo cinco diputados del Partido Verde, necesarios para lograr la mayoría absoluta en la Cámara baja.

3) Si Felipe Calderón hubiera organizado una consulta popular vinculante sobre el aborto, pero en la cual la mayor parte de las casillas fueran colocadas en el Bajío, las mesas fueran instaladas y supervisadas por el PAN, la tinta no fuera indeleble y muchos participantes pudieran votar en repetidas ocasiones, tú:

    a) Denunciarías a Calderón por llevar a cabo un ejercicio sesgado, parcial, ilegal y poco representativo con el objeto de legitimar una decisión tomada de antemano, disfrazándola de democracia participativa.

    b) Aplaudirías a Calderón por tomar en cuenta al pueblo, rechazar la imposición autoritaria e impulsar la democracia verdadera a través de un sondeo informal perfectible.

4) Si Enrique Peña Nieto hubiera dicho que Carlos Slim "es un ejemplo a seguir", que Ricardo Salinas Pliego es un empresario con "conciencia social" y que Televisa es "extraordinaria para el país", tú:

    a) Denunciarías a Peña Nieto por celebrar a los poderes fácticos en lugar de criticar cómo han manipulado y expoliado a millones de consumidores.

    b) Aplaudirías a Peña Nieto por demostrar el pragmatismo indispensable para llevar la fiesta en paz con los empresarios y así lograr la verdadera transformación del país.

5) Si Enrique Peña Nieto hubiera anunciado la creación una Guardia Nacional militarizada y les hubiera entregado la administración de áreas clave del gobierno a las Fuerzas Armadas, conformado por el Ejército, militarizando más al país, tú:

a) Denunciarías a Peña Nieto por continuar con el paradigma de seguridad nacional de la última década que ha convertido a México en un lugar de fosas, de desaparecidos, de ausentes.

b) Aplaudirías a Peña Nieto por ser sensible a las recomendaciones de las Fuerzas Armadas y comprender que es necesario mantener al Ejército en las calles por tiempo indefinido.

6) Si Felipe Calderón hubiera nombrado delegados estatales del PAN con el objetivo de llevar a cabo la gestoría de programas sociales al margen de los gobernadores, tú:

a) Denunciarías a Calderón por crear procónsules que se convertirían en poderes paralelos, con la capacidad de tejer redes clientelares y sin rendir cuentas a nadie.

b) Aplaudirías a Calderón por fomentar que la ayuda llegue directamente a la gente, sin mediaciones, ya que esa será una manera de combatir la corrupción.

7) Si Enrique Peña Nieto hubiera anunciado grandes obras de infraestructura propuestos por Juan Armando Hinojosa, del Grupo Higa, y después nombrara a la esposa del contratista como ministra a la Suprema Corte, tú:

a) Denunciarías la actitud de Peña Nieto y el conflicto de interés que crea la presencia y participación activa de un contratista que ha sido beneficiario de adjudicaciones directas del gobierno.

b) Aplaudirías a Peña Nieto por valerse de la asesoría de alguien en cuyo criterio puede confiar, que asegurará el futuro constitucional de la "transformación".

8) Si Felipe Calderón hubiera levantado un censo casa por casa de las necesidades sociales, llevado a cabo por Servidores de la Nación, sin la asesoría del INEGI y sin metodología clara, tú:

   a) Denunciarías a Calderón por recolectar datos personales sin protección, con la clara intencionalidad de usarlos para desplegar estrategias clientelares y partidistas.

   b) Aplaudirías a Calderón por pasar por encima de la burocracia para atender las necesidades urgentes del pueblo.

9) Si la mano derecha de Enrique Peña Nieto hubiera organizado una fastuosa boda con 9 000 rosas de adorno, langosta, Los Ángeles Azules y la cobertura de la revista *¡Hola!*, tú:

   a) Denunciarías a Peña Nieto por la frivolidad, el despilfarro y la insensibilidad demostrada ante un país con 53 millones de pobres.

   b) Justificarías a Peña Nieto argumentando que la boda se pagó con recursos privados y cada quién tiene derecho a casarse como quiera.

10) Si Enrique Peña Nieto hubiera nombrado como ministra de la Suprema Corte a la esposa del dueño del Grupo Higa, y que luego se descubriera el plagio de su tesis, tú:

   a) Criticarías a Peña Nieto por promover tanto el nepotismo como el conflicto de interés.

   b) Justificarías a Peña Nieto, argumentando que es "una mujer honesta" con los méritos necesarios para llegar al Tribunal Supremo, y no es válido descalificarla por un "error de juventud".

11) Si el PRI en Tabasco hubiera usado su mayoría en el Congreso local para eliminar el requisito de las licitaciones para obra pública, sustituyéndolo por las adjudicaciones directas, con el objetivo de ayudarle al presidente a poner en marcha su proyecto de infraestructura favorito, tú:

a) Denunciarías al PRI por promover una legislación a modo, saltándose la normatividad y las mejores prácticas a nivel internacional, con tal de favorecer a contratistas cercanos.

b) Aplaudirías la decisión, argumentando que es por razones de interés nacional y solo así se logrará el desarrollo del sureste del país, descuidado durante tantos años por otros gobiernos.

12) Si Peña Nieto hubiera anunciado la construcción de obras faraónicas a cargo del Ejército y de sus contratistas, y luego reservara la información de esas obras por "cuestiones de seguridad nacional", tú:

a) Condenarías la deshonestidad de un líder político que intenta eludir la transparencia y la rendición de cuentas.

b) Dirías que todo es un complot de los medios para desacreditar al presidente y es necesario dejarlo gobernar.

Si contestaste mayoritariamente *a)*, felicidades. Demuestras que por congruencia se debería criticar a AMLO y a Morena y a sus candidatos y a sus funcionarios, por hacer eso que antes hacían otros presidentes y otros partidos. Si contestaste mayoritariamente *b)*, lo lamento por ti. Te has convertido en una persona para la cual el fin justifica los medios, y no eres un demócrata congruente, sino remiso. Porque lo que más falta ha hecho en esta era de la Cuarta Transformación es congruencia democrática.

Ser demócrata implica señalar cualquier abuso de poder, aun cuando se trate del presidente y del proyecto por el cual votaste. Ser demócrata no implica la lealtad incondicional ni la defensa de lo indefendible. Si votaste por López Obrador y apoyarías a Claudia Sheinbaum, es tu derecho y tu obligación mantener alta la vara de medición y no permitir acciones y decisiones que jamás hubieras tolerado de sus predecesores. El hecho de que alguien encabece un "cambio de régimen" o una "Cuarta Transformación" o una "revolución de las conciencias" no debe otorgarle la capacidad de usar su poder de forma abusiva o antidemocrática o incongruente. AMLO/ Morena han abusado de su poder o han traicionado ideales democráticos una y otra vez. Y han sido justificados una y otra vez.

Un ejemplo de incongruencia democrática son las consultas populares. Por supuesto que tienen aspectos positivos. Son un mecanismo de democracia directa que les da voz y representación a los indignados con gobiernos elitistas e insensibles. Pero también conllevan riesgos, como lo hemos visto con Brexit, el referéndum sobre la paz en Colombia y el voto antiinmigrante impulsado en Hungría. Los referéndums piden a la población votar "sí" o "no" sobre temas técnicos de enorme complejidad. Son usados para proveerle legitimidad popular a algo ya decidido de antemano. Con frecuencia el resultado refleja menos el sentir de la opinión pública y más el poder de quien tiene mayor capacidad de movilización. El voto se vuelve un concurso de popularidad sobre una persona, y no una postura informada sobre el tema.

La consulta popular para "enjuiciar a los expresidentes" fue una farsa. Fue un montaje. Fue un ejercicio diseñado por el gobierno de López Obrador para no encarar el pasado, para no cumplir con su promesa de crear una Comisión de la Verdad, y para no proveer justicia sino eludir su aplicación. Duele escribirlo, porque muchos participamos en el activismo cívico del 2009 que buscó ampliar la participación ciudadana, rompiendo el monopolio de la partidocracia. Entristece ver la forma en que ese mecanismo aplaudible ha sido manipulado por el poder para proteger pactos políticos inconfesables. El pacto de impunidad que la llamada 4T rompe selectivamente, siempre protegiendo a la camarilla gobernante. El pacto que AMLO/Morena han hecho suyo, y tan es así que organizaron una consulta destinada a fracasar.

La consulta estuvo concebida para proteger, no para investigar; estuvo diseñada para encubrir, no para evidenciar; estuvo armada para archivar, no para encarar. El fiscal general de la República tuvo el tiempo suficiente para nutrir un expediente impecable, si deseaba hacerlo, con los casos de Agronitrogenados, Fertinal, la Casa Blanca, la Estafa Maestra y los moches entregados para comprar el Pacto por México. Su inacción exigía una explicación, que la consulta acalló.

Lo que se buscó fue proteger al poder que abusa, con una consulta que fracasa. Encubrir a quien se desea encubrir y postergar lo que se quiere postergar, como cualquier investigación a Enrique Peña Nieto, a quien AMLO ha felicitado por "ser demócrata". Atacar a la autoridad electoral por entorpecer lo que siempre fue contemplado como una misión imposible. Desacreditar al INE por no cumplir con una tarea que el presidente no quiso financiar para que funcionara adecuadamente. Ese fue el objetivo real detrás del simulacro presidencial. Una consulta con la cual AMLO creyó que podía seguir engañando a la población la mayor parte del tiempo, sin reconocer que en el "Quién es quién en la mentira", el ganador suele ser él. Una farsa fue aplaudida como un ejemplo de "democracia participativa", de "democracia real".

La misma incongruencia democrática se ha manifestado en quienes defienden "la libertad de expresión" ante las contenciones que le ha tratado de imponer el INE al presidente. En quienes ignoran cómo la reforma electoral de 2007 fue impulsada por una izquierda que le colocó cercos a la palabra presidencial y ahora desconoce por qué lo hizo. Hoy esos que denuncian la "censura" son los mismos que condonaron su uso, porque padecieron las estocadas del Estado. Yo, como ciudadana con memoria, tengo derecho a exigir que AMLO se coloque las mismas mordazas democráticas que impuso a sus predecesores. Yo, como ciudadana que financia la mañanera, tengo derecho a exigir que deje de usarla como macana.

Ustedes también, porque las palabras presidenciales —como las de todo funcionario público— tienen límites constitucionales. Sus palabras pueden violar la legislación electoral, pero además tienen consecuencias. Crean contextos donde se vale quemar la efigie de una ministra de la Suprema Corte en el Zócalo. Hace apenas unos meses ella era desconocida para la mayor parte de los mexicanos; hoy es tachada como corrupta y enemiga del pueblo, porque el presidente del país comenzó a pintarla de ese modo… en la mañanera. Y ese es solo un ejemplo de tantos cuando la "libertad de expresión" se vuelve permiso para agredir. Se convierte en señuelo para satanizar. Se transforma en derecho para difamar.

¿Acaso quienes hoy defienden la "libertad de expresión" irrestricta de AMLO habrían defendido una mañanera en la cual Peña Nieto llamara "provocadores" a los estudiantes de Ayotzinapa? ¿Una mañanera en la cual Calderón llamara "chayoteros" a periodistas de *Proceso*? ¿Una mañanera en la cual Fox calificara a AMLO como "un peligro para México"? ¿Una mañanera en la cual Zedillo llamara "traidores a la patria" al Ejército Zapatista de Liberación Nacional (EZLN)? ¿Una mañanera en la cual Salinas llamara "enemigos del pueblo" a quienes votaron por Cárdenas? ¿Habrían tolerado que presidentes del pasado se burlaran de las feministas, bautizaran como "pueblo" solo a sus seguidores, endiosaran al Ejército y taparan sus tropelías? No. Hubieran criticado el discurso de odio, la retórica polarizante.

Pero hoy los seducidos por el lopezobradorismo ostentan la consistencia de su incongruencia. Presumen el cambio de sus convicciones, ajustadas a los mandamientos de su tribu, o al tamaño del presupuesto que reciben. Defienden lo que jamás habrían defendido, porque el presidente es alguien con quien comulgan. Antes habrían alzado la voz ante el atropello; hoy son capaces de defender un abanico de ideas conservadoras o autoritarias solo porque las pronuncia AMLO o su sucesora designada. Antes habrían salido a las calles como lo hicimos frente a otros presidentes abusivos; hoy son capaces de justificar el macartismo mexicano.

Incluso el dedazo resucitado ha recobrado aceptación. Ese mecanismo predemocrático del pasado, revivido en el presente. Ese hábito autoritario del priismo, resucitado por el lopezobradorismo. AMLO desempolvó una costumbre arcaica que la transición dejó atrás, porque es el único método que afianzaría el control de su legado, la prolongación de su transformación. AMLO logró que su base apoyara el regreso del dedo divino. El dedo que Zedillo se cortó promoviendo la primera primaria del PRI en 1997; el dedo que López Obrador estiró de nuevo reviviendo los viejos tiempos en los cuales el poder no se conquistaba en las urnas; se traspasaba en los palacios. El poder que —en palabras de Edward Albee— siempre es peligroso porque atrae a los peores y corrompe a los mejores.

Al elegir a su sucesora buscó cimentar un proyecto individualista, hiperpresidencialista, edificado sobre el culto a la personalidad pero con una inerme institucionalidad. AMLO necesitaba asegurar que la 4T persistiera, aunque él no estuviera ahí diariamente para narrarla. Necesitaba ungir a una incondicional que fuera totalmente palacio.

Ello requería una heredera confiable y complaciente, dócil y displicente. Alguien que le prometiera proseguir al pie de la letra la vuelta en u que inició, la puesta en reversa que dictó. Alguien dispuesto a escuchar recomendaciones provenientes de La Chingada, el lugar a donde el presidente prometió que se retirará. Pero es difícil imaginar que se mantendrá al margen de las acciones y las decisiones llevadas a cabo en su nombre. Así como hubo un maximato, López Obrador quisiera un AMLOato; un esfuerzo por seguir influenciando, mandando, determinando. El otoño del patriarca ha sido acompañado del dedazo del patriarca.

Dedazo disfrazado por la selección del candidato de Morena mediante una "encuesta" con intención plebiscitaria para darle legitimidad a una designación personal. Las corcholatas compitieron entre sí para ver quién sería el elegido, quién sería el destapado, quién sería el presidente entrante que se comprometería a cumplir los compromisos del presidente saliente, para que no hubiera traiciones o alteraciones.

Claudia Sheinbaum fue la preferida de AMLO, y la mujer a la que quiso apuntalar, porque en momentos clave ella ha colocado la lealtad por encima de la gobernabilidad, la fidelidad por arriba de la institucionalidad. La Claudia competente a veces convertida en la Claudia complaciente. La científica racional, creyente en los datos, a veces apoya sin chistar los "otros" que presume el presidente. La jefa de Gobierno autónoma a ratos transfigurada en la regenta que no lo ha sido. Tan capaz para tratar algunos temas de política pública, tan sojuzgada para encararlos cuando su jefe se lo ha ordenado. Cargando con el colapso de la Línea 12 sobre sus hombros, en el cual tiene una responsabilidad compartida pero no aclarada. Arrastrando tras de sí la humillación electoral en un bastión que perdió y luego gobernó a medias, mientras hacía pre-pre-pre-campaña fuera del marco legal. "La presidenta". La hija creada y empoderada por el padre político que la colocó en la silla, detrás de la cual permanecerá parado. Ante esa obsesión, perdió Marcelo Ebrard, el canciller multiusos, el funcionario apagafuegos, el que compró pipas y vacunas e hizo todo lo que se le pidió. Pero era un político con trayectoria propia, menos propenso a subsumirla después de 2024.

No solo normalizaron el "dedazo plebiscitario" —como lo ha llamado Carlos Bravo Regidor. También normalizaron la militarización, y la entrega de poderes y negocios sin precedentes a las Fuerzas Armadas. Normalizaron la falta de vigilancia civil sobre la seguridad pública y blindaron a la Sedena del escrutinio público, reservando información sobre su involucramiento en megaobras sexenales con el pretexto de la "seguridad nacional". Permitieron la construcción de un poder paralelo, al cual AMLO le ha subcontratado labores cruciales del Estado, porque lo supone incorruptible y leal. A esto le llamaron "pacificación".

Normalizaron la agresión diaria desde la mañanera hacia cualquier persona que tuviera el atrevimiento de criticar las políticas del gobierno o el comportamiento presidencial. Permitieron la degradación del espacio público, y la política de la humillación desplegada por López Obrador contra el CIDE, la UNAM, los científicos, las feministas, la sociedad civil, los médicos y la prensa internacional. Justificaron la difamación diseminada por el "Quién es quién en las mentiras", y usaron el argumento de "yo tengo otros datos" para evitar la rendición de cuentas. A esto le llamaron "derecho de réplica" y "diálogo circular".

Normalizaron el debilitamiento de la capacidad de gestión del Estado en múltiples áreas de la vida pública como la salud y la educación. Desmantelaron programas de abastecimiento de medicamentos, dejando en el desamparo a sectores vulnerables, como a los niños enfermos de cáncer, y negaron el desbasto mientras empeoraba. Colocaron al frente de instituciones recién creadas —como el Insabi— a personas con experiencia insuficiente para asegurar su buena conducción, o a incondicionales que agravaron los problemas del sector a su cargo, especialmente durante la pandemia del covid-19. A esto le llamaron "como anillo al dedo" y "poner orden".

Normalizaron el mal uso del erario, aumentando la discrecionalidad y la opacidad en su uso y distribución, saltándose la normatividad y las leyes aplicables. Validaron el uso de "acuerdos" y "memorándums" para evadir responsabilidades constitucionales del gobierno, incluyendo la obligación de transparencia y vigilancia del Congreso. Ignoraron lineamientos que regulan al sector público como permisos, licitaciones, consultas a pueblos indígenas, y adjudicaciones directas presentándolos como estorbos y abriendo la puerta a una nueva mafia en el poder. Calificaron los amparos legítimos ante acciones arbitrarias o extralegales de la autoridad como "chicanadas". A esto le llamaron "acabar con el neoliberalismo" y "agilizar los trámites".

Normalizaron el voluntarismo y la ocurrencia detrás del diseño y la instrumentación de la política pública. Permitieron que cualquier propuesta presidencial —por inviable o descabellada que fuera— se convirtiera en norma gubernamental, sin evaluar sus consecuencias. Destruyeron mecanismos de evaluación y medición de la gestión del Estado, y cuando los periodistas independientes revelaron irregularidades en los censos o los programas sociales, los acusaron de ser "chayoteros" o "prensa sicaria". Colonizaron o estrangularon presupuestalmente a numerosas instituciones, dejando a la intemperie a las víctimas de los recortes. A esto le llamaron "empujar al elefante reumático" y "daños colaterales".

Normalizaron los ataques rutinarios al INE, a la SCJN, al INAI y a cualquier institución que no acatara la voluntad presidencial. Avalaron reducir la autonomía de los órganos diseñados para ser contrapeso al Poder Ejecutivo, permitiendo la recentralización del poder en el habitante de Palacio Nacional. Avalaron consultas populares al margen de las reglas establecidas para validar decisiones tomadas de antemano por el presidente. Tergiversaron el sentido de la revocación del mandato para convertirla en una reconfirmación de la popularidad presidencial e insistieron en llevarla a cabo, aunque el Congreso no proporcionó los fondos suficientes. Utilizaron el tema para continuar embistiendo al INE y justificar su debilitamiento. A esto le llamaron "defender la democracia".

No se vale que los políticos digan "que son diferentes" si actúan igual; no se vale bajar la vara a ras del suelo, argumentando que la ostentación se pagó con recursos privados o las adjudicaciones directas en el sexenio lopezobradorista fueron intachables solo porque que el presidente lo afirmó. Precisamente porque AMLO y Morena prometieron comportarse de otra manera, debería evaluárseles con un rasero distinto. La vara de medición debería estar más alta porque ellos mismos la colocaron ahí. Ante su incongruencia democrática, debe mantenerse la nuestra.

CONCLUSIÓN
TIENES QUE SER TÚ

La Cuarta Transformación ha buscado crear una narrativa de cambio verdadero, de ruptura real, de bandazo bendito. Según la historia oficial, membretada y diseminada en cada decisión y documento de gobierno, ha habido solo cuatro hitos de alteración auténtica: la Independencia, el periodo juarista, la Revolución de 1910 y la etapa actual. El gobierno no comprende que solo ganó una elección; presume un cambio de régimen. No entiende que solo llegó al poder; piensa que puede ejercerlo como le plazca. Para ello ha tenido que rechazar el pluralismo, la complejidad, la diferencia y la democratización.

El lopezobradorismo está repleto de quienes no hablan para dialogar, sino para mandar. Por personas que se volvieron sacerdotes de las vidas ajenas, cerrados al otro. El autoritario tiene miedo de la vida distinta, de la sociedad, del debate. No tiene más remedio que descalificar al otro, con ideas fijas y encajadas: los conservadores, "la derecha", el golpe blando.

Nada de negociaciones complejas o deliberaciones democráticas; nada de datos o mediciones o evaluaciones. Se ha gobernado con soluciones fáciles, mantras mediáticos, y una mentalidad que no admite cuestionamientos. Para enfrentar la crisis de inseguridad, la militarización expansiva. Para encarar la impunidad, el populismo penal y la prisión preventiva oficiosa. Para superar la crisis educativa, 100 universidades anunciadas pero inacabadas. Para acabar con la corrupción, la voluntad presidencial pero aplicada selectivamente. Para asegurar el desarrollo, apostarle a la petrolización y a las obras faraónicas aunque quiebren las finanzas públicas.

Ante cada reto complejo, la 4T ha tenido una solución simple. Una *app* o una promesa presidencial o una declaración mañanera. Para el lopezobradorismo solo se requiere sentido común, 99% de honestidad y 1% de capacidad. Y si alguien señala efectos contraproducentes o políticas públicas deficientes, la respuesta también es sencilla. Quien las critica representa intereses oscuros o se opone al cambio o no quiere perder sus privilegios o es un conservador o un sicario del periodismo. Lo único que se necesita para que la economía crezca y Pemex aumente su producción y la desigualdad disminuya es la exhibición de los moralmente derrotados. Lo único que se requiere para transformar a México es que desfilen los militantes de una "causa trascendente", como dice José Woldenberg.

Ante esta simplificación políticamente útil pero democráticamente peligrosa, urge reaccionar. Estos no son tiempos ordinarios y nos corresponde hacer cosas extraordinarias para defender instituciones acosadas, valores amenazados, y la posibilidad de un futuro esperanzador. Toca señalar y analizar y alertar ante el espectáculo de las ocurrencias cotidianas, las frases efectistas y la mercadotecnia manipuladora llevado a cabo por quienes no entienden la diferencia entre ser un propagandista y ser un funcionario público. Toca combatir los resortes autoritarios con las convicciones democráticas. Toca enfrentar a la Cuarta Simplificación con el arma más poderosa: la verdad. Y el acto más revolucionario y transformador en estos tiempos es decirla. El autoritarismo puede ser enfrentado con "el paradigma del pensamiento democrático", descrito por Marcia Tiburi en *Reflexiones sobre el autoritarismo de la vida cotidiana*, con la política de perforación de muros ideológicos, como guerrilla ciudadana.

Entonces, sé ciudadano. Edúcate sobre tus derechos democráticos y ejércelos. Están contenidos en la Constitución, en los tratados internacionales que México ha suscrito, en el andamiaje legal que deberías conocer. Recuerda que tú también eres pueblo, tú también formas parte del país. No permitas el encogimiento de la patria en función de criterios arbitrarios impuestos por el presidente en turno. No permitas que quienes gobiernan usen la expresión "pueblo" como si representara una sola voluntad, un solo juicio, un solo mandato unívoco, excluyendo a sectores amplios y diversos de la población.

Sé incluyente. Reconoce la realidad clasista, elitista y racista del país en el que vives, porque esa realidad discriminatoria produjo a López Obrador y explica su arraigo. No uses palabras derogatorias que son dardos, epítetos descalificadores que son flechas, expresiones elitistas que revelan el rostro oscuro de México. No reproduzcas los patrones que han llevado a millones de mexicanos a vivir y a sentirse marginados. Entiende el enojo legítimo de quienes han sido tratados como mexicanos de segunda. No seas parte de las minorías complacientes ante las mayorías marginadas.

Sé pluralista. No le concedas solo valor moral a tu bando, a tu partido, a tu género. Suscribe el compromiso de compartir el espacio político y social con los irreduciblemente diferentes en cuanto a intereses e identidades. La negación de la diversidad sobre lo que constituye un México mejor impedirá concebirlo y reinventarlo de manera colectiva.

Sé demócrata. Abrazar el antipluralismo, ya sea de izquierda o derecha, es ser antidemocrático. Y hay que sustituir la exclusión del pasado por la inclusión del futuro; no crear un cordón sanitario alrededor de los que no piensan como tú. De lo contrario, te conviertes en una calca de lo que criticas; te vuelves un "ciudadano autoritario", un antidemócrata. No saber lo que es un régimen democrático permite que otros lo definan por ti. Infórmate, lee, contrasta tu realidad con la de otros países. No eres demócrata si no eres capaz de respetar las reglas del juego al que te adheriste, o admites el cambio en esas reglas si favorecen a tu opción. No eres demócrata si luchas contra los derechos de otros.

Sé megáfono. Como sugiere Jan Werner Mueller, "hablar con populistas no es lo mismo que hablar como populistas". Hay que contenerlos, no emularlos. Hay que encararlos con argumentos, evidencia, datos, ciencia, y la realidad detrás del discurso que apela a la popularidad de un hombre, no a los resultados de un gobierno.

Sé silbato. Apoya al periodismo independiente que describe lo ocurrido durante los últimos dos años, sin adjetivos, sin opiniones. Apoya a organizaciones de la sociedad civil que el oficialismo denuesta a diario precisamente por cuanto evidencian. Timothy Snyder lo enfatiza: "Cree en la verdad", porque la posverdad diseminada desde Palacio Nacional pavimenta el camino al autoritarismo. Presta atención a lo que se te dice.

Sé puente. Reconoce que México lleva décadas requiriendo transformaciones capaces de encarar a los oligarcas y a los monopolistas y a los cuatistas y a los corruptos, tanto públicos como privados. Lamentablemente el proyecto de AMLO no ha sabido instrumentarlas. Piensa en cómo hacerlo, atendiendo agravios de forma audaz, emulando a ciudadanos en otras latitudes, luchando para impedir una erosión democrática mundial, mientras se exige mayor igualdad.

Sé constructivo. La 4T no es un gobierno; es una narrativa. La 4T no es un conjunto congruente de políticas públicas; es un argumento moral. La 4T no es un movimiento social; es la organización de agravios. De ahí deriva su fuerza, y cualquier alternativa no resultará creíble si solo ofrece una defensa del pasado o prescripciones tecnocráticas. Tendrá que pensar en un nuevo contrato social cuyo punto de partida sea la incorporación de quienes se han quedado afuera o atrás. No se trata de "Hacer Historia", sino de "Repensar a México" para que sea más próspero y más equitativo. Agrandar el pastel y repartirlo mejor.

Sé participativo. AMLO/Morena son fuertes porque los partidos y la sociedad civil son débiles. El gobierno tilda a los opositores como "ilegítimos", aprovechando el descrédito de unos y las divisiones de otros. Pero la existencia de opciones al lopezobradorismo es esencial para procesar diferencias, promover alternativas, construir muros de contención alrededor de actos autoritarios, y mantener viva la aspiración democrática. Hay que temerles a los países de un solo partido; así fuimos y de ahí venimos.

Vota. Porque el voto cuenta y se cuenta hay que ejercerlo para castigar. Para frenar los abusos del poder. Para ser un verdadero patriota. De esos que —como decía Mark Twain— defienden a su país siempre, y a su gobierno solo cuando se lo merece.

Son tiempos de definiciones y será necesario asumir una posición. He aquí la mía: México no es ni debería ser una teocracia o una monarquía o una tribu o una secta que acepte la palabra de un líder como ley. No es ni debería ser el país de la posverdad donde todo aquello que no le gusta al poder es catalogado como *fake news*, donde la mentira es manufacturada en la mañanera para parecer verdad, donde los preceptos constitucionales son tratados como papel de baño, donde cualquiera que esboce un desacuerdo es etiquetado como conservador aunque no lo sea, donde la democracia disfuncional se vuelve la democracia acechada por el partido-gobierno.

México aún puede ser el país anhelado, el que debate datos, busca entender problemas, legisla soluciones, institucionaliza conflictos, encara desigualdades históricas, combate corrupciones endémicas y hace eso de acuerdo con reglas consensadas *a priori*. Esa aspiración sigue viva. Habrá que seguir defendiéndola de un gobierno que ha traicionado principios esenciales que lo llevaron al poder. Que ha ignorado o violado las leyes, ignorado o menospreciado a las mujeres, ignorado o pisoteado a los pocos contrapesos construidos, ignorado o exacerbado la violencia, ignorado o eviscerado la demanda de desmilitarizar al país.

Las marchas cívicas en defensa del INE constataron que miles piensan de la misma manera. Personas que jamás habían puesto pie en el Zócalo lo hicieron. Mujeres que jamás habían marchado lo hicieron. No porque estuvieran en contra del pueblo, sino porque también forman parte de él. No porque se opongan a una transformación del país, sino porque no ocurrirá si permitimos la extinción de la democracia electoral. No porque el INE sea perfecto, sino porque las reformas que el gobierno tiene en mente acabarían con la posibilidad de mejorarlo. Coreamos y gritamos y cantamos el Himno Nacional para mandar un mensaje al palacio. Un recado sencillo pero trascendental. A nosotros nos corresponde cuidar y mantener abierta la llave de la democracia.

Lo he escrito antes, y lo reitero. Habrá que ser hobbits como los que destruyen el anillo del mal en *El señor de los anillos*, de Tolkien. Ahí, Galadriel le dice a Frodo, "hasta la criatura más pequeña puede cambiar el curso de la historia". No habrá alguien más grande, más valiente, más inteligente que descienda de las alturas a salvar al país. Esa tarea le corresponde a la unión de los magos, los elfos, los enanos, y la hermandad de los anillos. Los pequeños y los grandes, los fuertes y los que se sienten impotentes, los tercos y los comprometidos. Como escribe Srdja Popovic en *Blueprint for revolution*: "Alguien tiene que llevar el anillo a Mordor". Y ojalá seas tú.

APÉNDICE PARA APRENDER

Libros sobre la transición democrática (y lo que quedó pendiente) en México

Aguilar Camín, Héctor. 1988. *Después del milagro: un ensayo sobre la transición mexicana*. (Cal y Arena).

Aristegui, Carmen. 2009. *Transición. Conversaciones y retratos de lo que se dejó de hacer por la democracia en México*. (Grijalbo).

Córdova, Lorenzo, y Ernesto Núñez. 2021. *La democracia no se construyó en un día*. (Grijalbo).

Covarrubias, Ana. 2023. *El PAN. Doce años de gobierno*. (El Colegio de México).

Dresser, Denise. 2018. *El país de uno: reflexiones para entender y cambiar a México*. (Aguilar). (Va una disculpa por la desvergonzada autopromoción).

Lamas, Marta. 2021. *Dolor y política. Sentir, pensar y hablar desde el feminismo*. (Océano).

Loaeza, Soledad. 2010. *Acción Nacional, el apetito y las responsabilidades del triunfo*. (El Colegio de México).

Molinar Horcasitas, Juan. 1991. *El tiempo de la legitimidad. Elecciones, autoritarismo y democracia en México*. (Cal y Arena).

Raphael, Ricardo. 2014. *Mirreinato: la otra desigualdad*. (Temas de hoy).

Trejo, Guillermo, y Sandra Ley. 2022. *Votos, drogas y violencia*. (Debate).

Volpi, Jorge. 2018. *Una novela criminal.* (Alfaguara).

Zaid, Gabriel. 1995. *Adiós al PRI.* (Océano).

Libros sobre lo que estamos viviendo

Bartra, Roger. 2021. *Regreso a la jaula.* (Debate).

Escalante Gonzalbo, Fernando. 2023. *México: el peso del pasado.* (Ediciones Cal y Arena).

Esquivel, J. Jesús. 2023. *A sus órdenes, mi general: el caso Cienfuegos y la sumisión de AMLO ante el poder militar.* (Grijalbo).

Grupo Interdisciplinario de Expertos Independientes. *Informes de Grupo Interdisciplinario de Expertos Independientes sobre Ayotzinapa.*

Ibarra, Alejandra. 2023. *Causa de muerte, cuestionar al poder: acoso y asesinatos de periodistas en México.* (Aguilar).

Pomerantsev, Peter. 2022. *La manipulación de la verdad y las fake news en Rusia y el resto del mundo.* (RBA).

Ramírez, Peniley. 2020. *Los millonarios de la guerra: el expediente inédito de García Luna y sus socios.* (Grijalbo).

Roldán, Nayeli. 2022. *Mexicanas en pie de lucha: Reportajes sobre el Estado machista y las violencias.* (Grijalbo).

Roldán, Nayeli, y Manuel Ureste. 2022. *La Estafa Maestra: la historia del desfalco.* (Planeta).

Salazar, Diego, (coord.). 2023. *Populismos: una ola autoritaria amenaza hispanoamérica.* (Ariel).

Silva Herzog Márquez, Jesús. 2021. *La casa de la contradicción.* (Taurus).

Tello, Xavier. 2022. *La tragedia del desabasto.* (Planeta Mexicana).

Turati, Marcela. 2023. *San Fernando: última parada.* (Aguilar).

Vásquez Sánchez, Paula Sofía, y Juan Jesús Garza Onofre. 2022. *La mafia verde: traición, política y escándalos del Partido Verde Ecologista.* (Ariel).

Woldenberg, José, y Ricardo Becerra. 2020. *Balance temprano desde la izquierda democrática.* (Grano de Sal).

Libros sobre la erosión democrática global

Acemoglu, Daron, y James Robinson, James. 2012. *Por qué fracasan los países: los orígenes del poder, la prosperidad y la pobreza.* (Crítica).

Applebaum, Anne. 2020. *El ocaso de la democracia: la seducción del autoritarismo.* (Debate).

Fukuyama, Francis. 2019. *Identidad: La demanda de dignidad y las políticas de resentimiento.* (Ediciones Culturales Paidós).

Fukuyama, Francis. 2022. *El liberalismo y sus desencantados.* (Ariel).

Galston, William A. 2018. *Anti-Pluralism: The Populist Threat to Liberal Democracy.* (Yale University Press).

Gessen, Masha. 2021. *Sobrevivir a la autocracia.* (Turner).

Greenblatt, Stephen. 2023. *El tirano: Shakespeare en la política.* (Alfabeto).

Haggard, Stephan, y Robert Kaufman. 2021. *Backsliding: Democratic Regress in the Contemporary World.* (Cambridge University Press).

Levitsky, Steven, y Daniel Ziblatt. 2018. *Cómo mueren las democracias.* (Ariel).

Levitsky, Steven, y Lucan A. Way. 2020. "The New Competitive Authoritarianism". En *Journal of Democracy.* Vol. 31. núm. 1. Enero.

Mounk, Yascha. 2018. *El pueblo contra la democracia: por qué nuestra democracia está en peligro y cómo salvarala.* (Ediciones Culturales Paidós).

Muller, Jan-Werner. 2016. *¿Qué es el populismo?* (Grano de Sal).

Naím, Moisés. 2022. *La revancha de los poderosos.* (Debate).

Norris, Pippa, y Ronald Inglehart. 2019. *Cultural backlash, Trump, Brexit and authoritarian populism.* (Cambridge University Press).

Oz, Amos. 2002. *Contra el fanatismo.* (Siruela).

Popovic, Srdja. 2016. *Cómo hacer la revolución: instrucciones para cambiar el mundo.* (Malpaso).

Przeworski, Adam. 2019. *Las crisis de la democracia: ¿adónde pueden llevarnos el desgaste institucional y la polarización?* (Siglo XXI Editores),

Rachman, Gideon. 2021. *La era de los líderes autoritarios: cómo el culto a la personalidad amenaza la democracia en el mundo.* (Crítica).

Ressa, Maria. 2023. *Cómo luchar contra un dictador.* (Península).

Runciman, David. 2019. *Así termina la democracia.* (Paidós Ibérica).

Snyder, Timothy. 2017. *Sobre la tiranía: Veinte lecciones que aprender del siglo XX.* (Galaxia Gutenberg).

Tiburi, Marcia. 2015. *¿Cómo conversar con un fascista?* (Akal).

Urbinati, Nadia. 2019. *Yo, el pueblo: Cómo el populismo transforma la democracia.* (Grano de Sal).

Walzer. Michael. 2023. *The Struggle for a Decent Politics: On Liberal as an Adjective.* (Yale University Press).

Películas para entender tu tiempo

Duda razonable de Roberto Hernández (2022)
El caso Cassez-Vallarta: el montaje del siglo de Gerardo Naranjo (2022)
El violín de Francisco Vargas (2005)
Hasta los dientes de Alberto Arnaut (2018)
Heroico de David Zonana (2023)
La libertad del diablo de Everardo González (2017)
Las tres muertes de Marisela Escobedo de Carlos Pérez Osorio (2020)
Mirar morir: el ejército en la noche de Iguala de Témoris Grecko (2022)
Noche de fuego de Tatiana Huezo (2021)
Te nombré en silencio de José María Espinosa de los Monteros (2021)
Un extraño enemigo, serie, de Grabiel Ripstein (2018)
Una película de policías de Alfonso Ruizpalacios (2021)

Organizaciones de la sociedad civil con las cuales colaborar y en cuyos datos confiar

Amnistía Internacional
    +52 (55) 8880 5730
    https://amnistia.org.mx/
Artículo 19
    comunicacion@article19.org
    www.articulo19.org
Brigada Humanitaria de Paz Marabunta
    brigadamarabunta@gmail.com
    donaciones: https://www.paypal.com/paypalme/brigadamarabunta
Centro Prodh
    secretaria_direccion@centroprodh.org.mx
    https://centroprodh.org.mx/
Cero Desabasto
    cerodesabasto@nosotrxs.org
    https://cerodesabasto.org/
CIMAC: noticias con perspectiva de género
    Cimacnoticias.com.mx

Causa en Común
comunicacionsocial@causaencomun.org.mx
https://causaencomun.org.mx/beta/contacto/
Datacívica: Más Datos para Más Personas
info@datacivica.org
https://datacivica.org/
Equis Justicia
equis@equis.org.mx
https://equis.org.mx/
Fondo Semillas: Mujeres Sembrando Igualdad
soysemillas@semillas.org.mx
https://semillas.org.mx/
GIRE
correo@giremx.org.mx
www.gire.org.mx
IMCO
+52 55 5985 1017
www.imco.org.mx
Instituto de Liderazgo Simone de Beauvoir, A. C.
contacto@ilsb.org.mx
https://ilsb.org.mx/
Intersecta
contacto@intersecta.org
https://www.intersecta.org/
La Cana
https://www.lacana.mx/
Madres Buscadoras de Sonora
Tel: 662 341 5616
Mexicanos contra la Corrupción y la Impunidad
https://contralacorrupcion.mx/
movilizacion@contralacorrupcion.mx
México Cómo Vamos
https://mexicocomovamos.mx/contacto/
https://mexicocomovamos.mx/
Mexico Evalúa
info@mexicoevalua.org

https://www.mexicoevalua.org/
México Unido contra la Delincuencia
 comunicacion@mucd.org.mx
 https://www.mucd.org.mx/
Red Nacional de Refugios, A. C.
 renarac@rednacionalderefugios.org.mx
 https://rednacionalderefugios.org.mx/
Reinserta
 contacto@reinserta.org
 https://reinserta.org/
Serapaz: Servicios y Asesoría para la Paz
 https://serapaz.org.mx/
Tlachinollan
 cdhm@tlachinollan.org
 https://www.tlachinollan.org/
Tojil
 www.tojil.org
 asesoriajuridica@tojil.org

Directorios de Organizaciones de la Sociedad Civil:

https::/eldiadespues.mx/directorio-de-organizaciones/
https://hchr.org.mx/colaboradores/organizaciones-de-la-sociedad-ci-
vil-de-derechos-humanos-en-mexico/

Numeralia del dolor

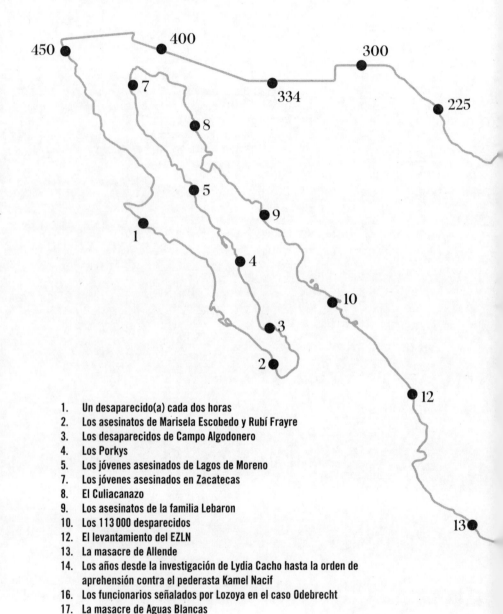

1. Un desaparecido(a) cada dos horas
2. Los asesinatos de Marisela Escobedo y Rubí Frayre
3. Los desaparecidos de Campo Algodonero
4. Los Porkys
5. Los jóvenes asesinados de Lagos de Moreno
7. Los jóvenes asesinados en Zacatecas
8. El Culiacanazo
9. Los asesinatos de la familia Lebaron
10. Los 113 000 desaparecidos
12. El levantamiento del EZLN
13. La masacre de Allende
14. Los años desde la investigación de Lydia Cacho hasta la orden de aprehensión contra el pederasta Kamel Nacif
16. Los funcionarios señalados por Lozoya en el caso Odebrecht
17. La masacre de Aguas Blancas
19. La masacre de Camargo
20. La masacre de San Miguel Totolapan

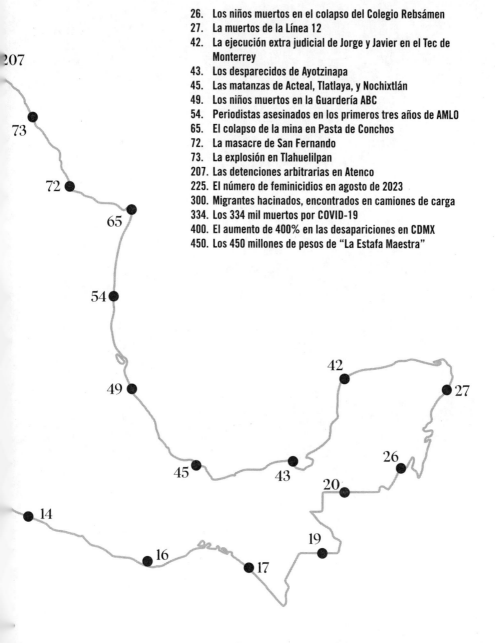

¿Qué sigue? de Denise Dresser
se terminó de imprimir en noviembre de 2023
en los talleres de
Impresora Tauro, S.A. de C.V.
Av. Año de Juárez 343, col. Granjas San Antonio,
Ciudad de México